Der filmische Raum
Konstruktion, Wahrnehmung, Bedeutung

Deep Focus 5

Danksagung:
Das vorliegende Buch ist eine überarbeitete Fassung meiner im Mai 2006 fertiggestellten Dissertation. An dieser Stelle möchte ich einigen Personen danken, ohne die ich diese Arbeit so nicht hätte schreiben können. Ich danke: Knut Hickethier für die geduldige Betreuung, dem Bertz + Fischer Verlag für sein Engagement und Maurice Lahde für das fachlich kompetente Lektorat, meiner Mutter Anneliese Khouloki für die Geduld und die Akribie, die sie für das zweimalige Korrekturlesen aufbrachte, meinem Vater Mohammad Khouloki für die finanzielle Unterstützung, Florian Siebert für die Konzeption und den Entwurf des Umschlags, Joachim Schreiber und Katrin Schumacher für die unschätzbare Hilfe bei inhaltlichen und vielen anderen Schwierigkeiten. Die letzten Zweifel zu zerstreuen und den gesamten Promotionsprozess so erfolgreich abzuschließen hätte ich ohne Marietta König nicht geschafft – vielen Dank dafür.

Über den Autor:
Rayd Khouloki, Studium der Erziehungswissenschaft mit dem Schwerpunkt Medienpädagogik in Düsseldorf. Spezialisierung auf Filmtheorie und -psychologie. Danach Promotion am Institut Medien und Kommunikation und Lehrbeauftragter an der Universität Hamburg und an der Muthesius-Kunsthochschule in Kiel.

Rayd Khouloki

Der filmische Raum
Konstruktion, Wahrnehmung, Bedeutung

BERTZ + FISCHER

Bibliografische Information Der Deutschen Bibliothek
Die Deutsche Bibliothek verzeichnet diese Publikation in der
Deutschen Nationalbibliografie; detaillierte bibliografische Daten
sind im Internet über <http://dnb.ddb.de> abrufbar.

Lektorat und Satz:
Maurice Lahde

Redaktionelle Mitarbeit:
Katharina Franck, Julia Grabowski, Barbara Heitkämper

Fotonachweis:
Umschlagfotos: vorne: 2001: A SPACE ODYSSEY;
hinten: 2001: A SPACE ODYSSEY, DER KRIEGER
UND DIE KAISERIN, NORTH BY NORTHWEST,
THE SHINING
Innenteil: DVD-Prints, Archiv des Verlages
Weitere Abbildungen in Teil II: s. Bildunterschriften
© Photographs: original copyright holders

Alle Rechte vorbehalten
© 2007 by Bertz + Fischer GbR, Berlin
Wrangelstr. 67, 10997 Berlin
Druck und Bindung: druckhaus köthen, Köthen
Printed in Germany
ISBN 978-3-86505-305-3

Inhalt

Einleitung — 9

I. Stand der Forschung — 11

Heuristische Definition des Begriffs »Filmischer Raum« — 11

Theorien zur Konstruktion filmischen Raums — 15

Der russische Formalismus I: Eisenstein — 16

Der russische Formalismus II: Pudowkin und Kuleschows Experimente — 20

Die Anti-Montage-Theorie Bazins und der Realismus des filmischen Raums (Benjamin, Panofsky, Balázs) — 22

Hartmut Winkler: *Der filmische Raum und der Zuschauer. »Apparatus« – Semantik – »Ideology«* — 32

Der matieralorientierte Ansatz David Bordwells — 36

Zusammenfassung — 37

II. Gestaltung und Wahrnehmung filmischer Raumkonstruktionen — 39

Tiefenkriterien im statischen Bild — 39

Figur-Grund — 39

Licht und Schatten — 42

Grundlegende Begriffe zur Lichtgestaltung — 44

Gewohnte Größe von Gegenständen — 46

Verdeckung/Überschneidung — 48

Gestaltung des Raums mit Farbe und das Tiefenkriterium der Atmosphäre — 50

Durchsichtigkeit — 51

Texturgradient — 53

Relative Größe im Blickfeld	53
Relative Höhe im Blickfeld	53

Bewegungsinduzierte Tiefenkriterien   54

Bewegung von Objekten	54
Die illusionierte Eigenbewegung	57
Bewegungsparallaxe	58
Fortschreitendes Zu- oder Aufdecken von Objekten	58
Aspekte der Kamerabewegung	59
Kameraschwenks	60
Kamerafahrten vorwärts	65
Kamerafahrten rückwärts	66
Zoom	68
Kamerafahrten seitwärts	69
Kombination verschiedener Typen von Kamerabewegungen	75

Perspektiven   78

Montage   86

Exkurs: Der Ton im Film   94

Zusammenfassung   96

III. Der filmische Raum: Typologie und Beispielanalyse   113

Definitionskritierien der einzelnen Raumtypen   113

Katalogisierung der Raumtypen   114

Objektbezogene Raumkonstruktionen	114
Bildkomposition	117
Emotion	120
Kognition	121

Beispielanalyse: 2001: A SPACE ODYSSEY   124

Ambivalenz zwischen agoraphobischem und   124
klaustrophobischem Raum und assoziierte Räume

Planimetrische Räume   128

Raum als Flucht   131

Erzählerraum und leere Räume   136

Bühnenräume   142

Schuss/Gegenschuss: Raum als montiertes Kontinuum   144

Nichteuklidische Räume   151

Figurenzentrierte Räume   153

Detailräume   156

Tiefe Räume   158

Agoraphobische Räume   162

Klaustrophobische Räume   164

Amorphe und weite Räume   167

Schuss/Gegenschuss: Raum als montiertes,   170
zeitliches Diskontinuum

Aufhebung vertrauter Größenverhältnisse   178

Zusammenfassung   179

IV. Zur Ambivalenz filmischer Raumerfahrung   181

Anmerkungen   184

Literaturverzeichnis   186

Verzeichnis der besprochenen Filme   188

Index   190

Einleitung

Sequenzielle Bilder umgeben uns heute mehr denn je. Fernsehen, Internet und Kino liefern sie uns tagtäglich. Trotz der unterschiedlichen technischen Verfahren, Rezeptionsbedingungen und Gebrauchsformen haben diese Bilder eins gemeinsam: Sie erzeugen eine Raumillusion in einem flächigen Bild mit Bewegung, wodurch sie sich von anderen visuellen Künsten wie der Malerei und der Fotografie grundlegend unterscheiden.

Der Film im Kino erzeugt durch seine Rezeptionsbedingungen eine der stärksten Raumillusionen. Die Größe der Leinwand und der abgedunkelte Saal verstärken die Wirkung des filmischen Bildes, da hierdurch der Ort der Rezeption von visuellen und akustischen Außenreizen abgeschirmt wird. Die Leinwand wird der Grund, auf dem die Wahrnehmung Anker wirft: Der Zuschauer lässt sich bereitwillig in die diegetische Welt des Films hineinziehen, und er erfährt sie trotz ihrer Künstlichkeit als nahezu unmittelbar präsent. Die Intensität dieser Präsenz wird über die Illusionierung eines Raums erzeugt, in dem sich das Geschehen abspielt.

Die Mechanismen, die dem Film zur Verfügung stehen, um diese Illusionierungsleistung vollbringen zu können, sind der Untersuchungsgegenstand dieses Buches. Die Raumkonstruktionen in Kino-Spielfilmen stehen dabei im Zentrum der Analyse.

Die Art und Weise, wie eine Einstellung etwa durch Tiefe, Bewegung, Farbe und nicht zuletzt den Ton die Sinne affiziert, spielt neben der semantischen Bedeutung des Dargestellten eine entscheidende Rolle. Die Forschung ist auf diesem Feld bisher jedoch schwach vertreten. Ein Problem bildet die Darstellbarkeit filmischer Bilder im Text. Noch schwieriger scheint es, die Ästhetik von Bildern und die Bedeutung, die sie erzeugen, zu versprachlichen, wenn man über eine verbale Reinszenierung hinauswill.

Die im filmischen Bild entworfene Welt scheint durch ihren starken Realitätseindruck dem Zuschauer so nahe, und doch gibt es genug Indizien, die sie als Illusion ausweisen. Diese Ambivalenz bildet das zentrale Problem bei der Untersuchung der Filmwahrnehmung.

Die Möglichkeiten des Films, eine Raumillusion zu erzeugen, haben zwar Filmtheoretiker von Beginn an beschäftigt, ihre Überlegungen stehen dabei aber immer im Kontext einer allgemeinen Theorie des Films. Eine dezidierte Untersuchung des filmischen Raums erweist sich bis heute als ein Desiderat in der Filmtheorie. Die letzte umfassende Publikation zum filmischen Raum stellt der Band *Onscreen/Offscreen. Grenzen, Übergänge und Wandel des filmischen Raums* (2000) dar, in dem Autoren wie Hans Beller, Fred van der Kooij und Joachim Paech auf verschiedene Weise versuchen, das Problembewusstsein in diesem Punkt zu schärfen. Bei den meisten der Beiträge steht die Montage im Mittelpunkt, die das am gründlichsten untersuchte Gestaltungsmittel zur Erzeugung eines filmischen Raums darstellt; andere beleuchten die Digitalisierung des Bildes als filmhistorische Innovation im Hinblick auf die filmische Raumkonstruktion.

Robin Curtis spricht in ihrem Aufsatz *Über die Grenzen des Körpers hinaus: Zur sinnhaften und sinnenhaften Rezeption filmischen Raums* (2004) die Bedeutung der Wahrnehmungsvoraussetzungen des Zuschauers für die Theoriebildung an, indem sie die Begriffe »haptische bzw. kinästhetische oder auch propriozeptische Visualität« (Curtis 2004: 133; siehe hierzu Teil II, S. 57 dieser Arbeit) zumindest nennt und damit der Konstruktion innerhalb des Bildraums implizit eine bisher vernachlässigte Bedeutung zugesteht.

Im Zentrum der vorliegenden Arbeit steht die Raumkonstruktion im Bildraum [1]. Methodisch folgt sie einem phänomenologischen Grundverständnis des Films und beschreibt und kategorisiert den filmischen Raum in seinen Erscheinungsweisen. Dementsprechend bilden Einstellungen und Sequenzen aus Filmen, die als Beispiele herangezogen werden, die Basis für die Argumentation.

Teil I beginnt mit heuristischen Vorüberlegungen zum Thema und stellt bisherige theoretische Positionen zum filmischen Raum exemplarisch vor. Bei den meisten Filmtheorien handelt es sich um normative oder ideologiekritische Entwür-

Einleitung

fe, die versuchen, dem Film oder dem Kino eine Bestimmung zuzuordnen. Die Erörterung dieser Positionen verdeutlicht, in welche Sackgassen sie bei einer Diskussion um den filmischen Raum teilweise führen. Dieses Buch setzt sich für einen materialorientierten Ansatz ein, wie ihn unter anderem David Bordwell vertritt. Bordwell versteht seine Auseinandersetzung mit dem Film auch als »historische Poetik« (Bordwell, zitiert nach Hartmann/Wulff 1995: 6), die von einer Geschichte des visuellen Stils von Filmen ausgeht. Die hier vorgeschlagene Systematik versucht hingegen, die Erscheinungsweisen unabhängig von ihrer Entstehungszeit zu beschreiben.

In Teil II werden die Kriterien, die im filmischen Bild den Eindruck von Tiefe erzeugen können, ausführlich diskutiert. Tiefenkriterien wie Texturgradient, relative Größe im Blickfeld, verschiedene Formen von Perspektive bis hin zur Kamerabewegung werden aus Sicht der Kunsttheorie und der Wahrnehmungspsychologie beleuchtet und an Filmbeispielen erläutert. Auch Montage und Ton werden untersucht. Grundsätzlich geht es in diesem Teil darum, die einzelnen ästhetischen Elemente vorzustellen, aus denen der Raumeindruck bei der Filmbetrachtung entsteht. Dabei wird stets berücksichtigt, dass dieser Eindruck eine Konstruktionsleistung des Zuschauers ist.

Die Arbeit mündet schließlich in einer Kategorisierung des filmischen Raums. Teil III entwickelt zunächst eine allgemeine Typologie der wichtigsten Raumkonstruktionen, die in Spielfilmen vorkommen. Anschließend bildet der Film 2001: A SPACE ODYSSEY (2001: Odyssee im Weltraum; 1968) von Stanley Kubrick eine Art Leitfaden für Beispielanalysen, an denen diese Typologie filmanalytisch ausdifferenziert wird. In einem Step-by-Step-Verfahren werden die Raumkonstruktionen einzelner Einstellungen und Sequenzen – von der ersten Einstellung des Films an – beschrieben und deren Bedeutungszusammenhang analysiert. Der Filmanfang wird dabei besonders detailliert rekonstruiert, um exemplarisch zu zeigen, wie die diegetische Welt eines Films entwickelt und wie in sie hineingeführt wird.

Um der Analyse mehr Allgemeingültigkeit zu geben, werden neben Kubricks Film Beispiele aus anderen Filmen mit jeweils ähnlichen Raumkonstruktionen herangezogen. Die Methode kann als hermeneutisch-interpretativ bezeichnet werden, da bei der Analyse der Raumkonstruktion auch deren Bedeutung in ihrem spezifischen Kontext eine Rolle spielt [2].

Abschließend wird in Teil IV versucht, aus den Ergebnissen, die noch einmal kurz zusammengefasst werden, Ansätze einer Ästhetik des filmischen Raums abzuleiten. Dabei wird auch auf aktuelle Tendenzen der Raumgestaltung eingegangen und die Bedeutung von bewegten Bildern im Alltag thematisiert.

Grundsätzlich ist die Arbeit dem Bewusstsein der Problematik in der Filmrezeption verpflichtet, die Bordwell wie folgt beschreibt: »Während wir den Film sehen, saugen wir die Bilder wohl in uns auf, neigen aber als Zuschauer und Kritiker dazu, ihre Gestalt kaum wahrzunehmen, und erinnern uns auch später nicht sonderlich stark an sie. Es scheint vielmehr so, als würden wir durch die Bilder hindurch die Geschichte sehen.« (Bordwell 1997: 17)

Die formale Gestaltung filmischer Bilder zu versprachlichen und den Zusammenhang mit ihrer jeweiligen narrativen Bedeutung wenigstens ansatzweise zu erklären stellt ein zentrales Anliegen dieses Buches dar. Diesem Anliegen ist auch der Ansatz geschuldet, der bei den Beispielanalysen zunächst von der spezifischen Erscheinung der jeweiligen Bilder ausgeht. Wie Bordwell implizit sagt, stellt das filmische Bild zunächst eine Oberfläche dar, die aber in der Regel vom Zuschauer gar nicht als solche wahrgenommen wird. Die räumliche Tiefe, die er selbst konstruiert, erscheint ihm als unmittelbar gegeben, die Verbindung zwischen zwei Einstellungen als fließend, obwohl sie nur Fragmente darstellen. Der Zuschauer kann das, was er sieht, nur als Ausgangspunkt für einen Konstruktionsprozess nehmen, und das sichtbare Filmbild auf der Leinwand bildet auch den Ausgangspunkt für diese Untersuchung. ❑

I. Stand der Forschung

Heuristische Definition des Begriffs »Filmischer Raum«

Eine vorläufige Bestimmung des filmischen Raums dient als Ausgangspunkt, von dem aus die Filmtheorien mit ihren zum Teil ideologischen Hintergründen betrachtet und hinterfragt werden können. Die an die Definition anschließende Diskussion der verschiedenen Raumkonzeptionen in den Theorien legt die Ergebnisse und Defizite der bisherigen Forschung offen, um daraus das weitere Vorgehen für die Arbeit zu entwickeln.

Die Aufnahme der Filmkamera transponiert einen dreidimensionalen Raum in eine zweidimensionale Fläche. Bei jedem filmischen Einzelbild entsteht eine Art von Perspektive und damit beim Betrachter der Eindruck von Räumlichkeit. (Die Ausnahme wäre ein monochromes Bild, das nicht einmal durch Helligkeitsabstufungen Raum schafft.)

Das Filmbild, das als zweidimensionale Projektion auf der Leinwand erscheint, ist dem Zuschauer trotz aller Tiefenkriterien (Linearperspektivität, Verdeckung, Texturgradient [1] etc.) als Flächenbild bewusst und für ihn als solches wahrnehmbar, das heißt, die Illusion der Dreidimensionalität ist nicht vollkommen. Der Einsatz verschiedener filmtechnischer Verfahren, wie zum Beispiel unterschiedlicher Objektive oder computerunterstützter Bildmanipulation, ermöglicht den Filmemachern, die Perspektive des Bildes nach ihren Vorstellungen zu gestalten. Die Abfolge von Einzelbildern lässt beim Zuschauer die Illusion einer fließenden Bewegung entstehen. Die Bewegung erscheint als wirklich und kann nur reflexiv als Folge eines Illusionsmechanismus rekonstruiert werden. Dem Film eignet, wie Christian Metz schreibt, die Illusion einer »wirklichen Präsenz der Bewegung« (Metz 1972: 28). Dieser Eindruck von Bewegung konstituiert die Handlungssequenzialität [2] im filmischen Bild; sie stellt ein grundlegendes Moment des Films dar und unterscheidet ihn fundamental von den statischen Bildern der Fotografie und der Malerei [3]. Er aktualisiert das aufgenommene Geschehen und verleiht den Objekten durch die Bewegung eine ausgeprägte Körperlichkeit. Dieser Eindruck wird durch den ständigen Perspektivwechsel verstärkt, der mit der Bewegung einhergeht, sei es die Bewegung der Kamera oder die Bewegung vor ihr. Fährt die Kamera zum Beispiel um einen Gegenstand herum, erfährt der Zuschauer dessen dreidimensionale Ausdehnung im Bewegungsablauf. Ebenso verhält es sich, wenn eine Person sich von der Kamera wegbewegt und dadurch im Bild immer kleiner wird. Für den Betrachter erschließt sich in beiden Fällen die Tiefe des Raums deutlicher als in den Einstellungen, in denen keine Bewegung enthalten ist, was allerdings nur selten vorkommt (vgl. Anm. 3). Durch diese Analogie zu unserer Alltagswahrnehmung vermittelt der Film einen stärkeren Eindruck von Räumlichkeit als die Fotografie.

Der filmische Raum bildet die Voraussetzung für nahezu jedes filmische Geschehen, wenn man von einer Abfolge von Ereignissen (im Folgenden allgemein auch als Handlung bezeichnet) im Bild als Konstituens filmischer Repräsentation ausgeht. Oder wie Pudowkin sagt: »Nun hat jede Handlung nicht nur eine zeitliche, sondern auch eine räumliche Ausdehnung.« (Pudowkin 1961: 93)

Ein weiteres wichtiges Moment für die filmische Raumillusionierung ist die Montage. Sie verbindet die Einstellungen in einer Weise, die dem Zuschauer ermöglicht, eine Vorstellung der diegetischen Welt zu konstruieren. Obwohl der Film nur eine Aneinanderreihung von Fragmenten ist, kann er beim Zuschauer die Illusion eines homogenen Raums hervorrufen. Das ist nur möglich, weil

I. Stand der Forschung

Orientierung durch Analogiebildung: ...

der Off-Raum, also der Teil des Raums, der nicht im Bild gezeigt wird, als Verlängerung des Bildraums selbstverständlich vorausgesetzt wird. Er spielt eine fundamentale Rolle in der Filmwahrnehmung. Der nicht im Bild präsente Teil des Raums zwischen den Einstellungen wird vom Zuschauer ergänzt, sodass jeder Einstellungswechsel innerhalb einer Sequenz in der Regel, solange nichts Eindeutiges dagegen spricht, als Sprung in ein- und demselben Raum wahrgenommen wird. Eine Ausnahme bilden hier zum Beispiel Traumsequenzen oder Rückblenden, die aber meistens deutlich als solche markiert sind.

Der Zuschauer erfährt bei der Betrachtung eines Films ein in sich geschlossenes Raum-Zeit-Kontinuum, in dem sich die Handlung abspielt oder durch das sie sich vielmehr erst manifestiert. Aus dieser These, die sicher nicht auf jeden, aber auf die meisten Filme zutrifft, ergeben sich die drei folgenden Parameter, nach denen ein Film funktioniert: die Geschlossenheit
– der Zeit,
– des Raums,
– der Logik der Handlung.

Diese drei Ebenen bieten dem Zuschauer in der Regel die Möglichkeit zur Orientierung in der Geschichte. Mit »Geschlossenheit« ist hier also eine für den Zuschauer wahrnehmbare Folgerichtigkeit gemeint.

Selbst wenn eine Geschichte nicht chronologisch erzählt wird, kann der Zuschauer die Chronologie der Geschichte in der Regel konstruieren. So wird zum Beispiel in ONCE UPON A TIME IN AMERICA (Es war einmal in Amerika; 1984; R: Sergio Leone) eine Geschichte, die sich über den Zeitraum eines halben Jahrhunderts erstreckt, in einer komplexen Rückblendentechnik erzählt. Die Übergänge zwischen den drei verschiedenen Zeitebenen sind jedoch so geschickt gestaltet, dass der Zuschauer die verschiedenen Handlungsstränge ohne Schwierigkeiten zeitlich einordnen kann. IN PULP FICTION (1994; R: Quentin Tarantino) hingegen bleibt der Zeitbezug zwischen den einzelnen Episoden vorübergehend unklar. Der Film ist insofern ein Sonderfall, als es sich bei den Zeitsprüngen nicht um Rückblenden handelt, die – für den Zuschauer kenntlich gemacht – die Erinnerung einer bestimm-

Heuristische Definition

ten Figur wiedergeben. Sie sind allein der »Willkür« der Erzählinstanz zuzuschlagen und entspringen keiner zwingenden inhaltlichen Logik, sondern dienen vor allem dem dramaturgischen Effekt. So wird es beispielsweise möglich, dass eine Figur, die in der zweiten Episode stirbt, in der dritten wieder lebendig auftaucht. Erst am Ende des Films sind alle Informationen gegeben, um die Chronologie der Geschichte rekonstruieren zu können, vorher entstehende Irritationen können und müssen sogar verdrängt werden, um der Geschichte der einzelnen Episoden folgen zu können. Diese Verschachtelung von Zeitebenen ist ein Stilmittel des Films, mit dem er seine eigene Zeit-Gesetzlichkeit schafft. Seit Mitte der 1990er Jahre sind solche und ähnliche Experimente mit nicht-chronologischen Plots immer häufiger zu finden und weit bis ins Mainstreamkino vorgedrungen. Einen Extremfall stellt MEMENTO (2000; R: Christopher Nolan) da, der seine Geschichte chronologisch *rückwärts* erzählt, was sich dem Zuschauer während der Rezeption erst sukzessive erschließt. In der Regel sind Filme jedoch nach wie vor so gestaltet, dass die Frage nach der zeitlichen Folgerichtigkeit gar nicht ins Bewusstsein des Zuschauers rückt.

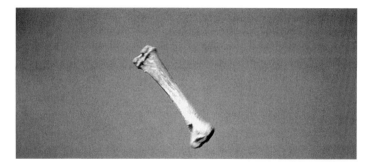

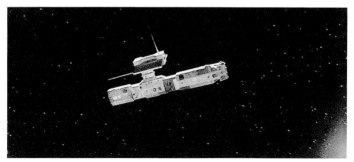

... Der Raum-Zeit-Sprung in 2001: A SPACE ODYSSEY

Ähnlich verhält es sich mit der Gestaltung räumlicher Zusammenhänge. Ein Film, bei dem diese aus dramaturgischen Gründen unüberschaubar gestaltet sind, ist THE SHINING (1980; R: Stanley Kubrick). Der Zuschauer wird hier mit langen Kamerabewegungen durch das Hotel geführt, das den zentralen Schauplatz für die Geschichte bildet. Die Orientierung im Raum wird dadurch jedoch nicht unterstützt, weil die Größe des Hotels mit seinen langen Gängen die räumlichen Bezüge unübersichtlich macht. Der Raum ist als Labyrinth inszeniert, als ein undurchdringliches Universum zwischen Realität und Fantasie, in dem sich die Protagonisten – und mit ihnen der Zuschauer – verlieren.

Eine berühmte Sequenz in 2001: A SPACE ODYSSEY (2001: Odyssee im Weltraum; 1968; R: Stanley Kubrick) zeigt einen in die Luft geschleuderten Knochen, dessen Bewegung, als er wieder herunterfällt, in der nächsten Einstellung von ei-

I. Stand der Forschung

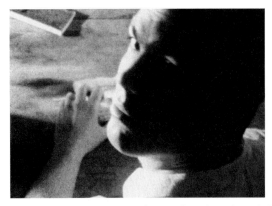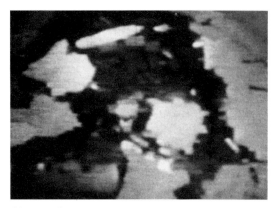

Kein räumlicher Zusammenhang erkennbar: Assoziative Montage in AUS DER FERNE

nem Raumschiff im All mit einer ähnlichen Form fortgesetzt wird. Der Knochen wird von einem Primaten in die Luft geworfen, nachdem er ihn als Waffe zur Vertreibung einer konkurrierenden Horde benutzt hat. Der enorme Raum-Zeit-Sprung ist zunächst ungewöhnlich, kann jedoch vom Zuschauer nach kurzer Zeit als Sprung in eine andere Epoche der menschlichen Evolution eingeordnet werden: Mit der fortgesetzten Bewegung des fallenden Knochens durch das Raumschiff entsteht eine Analogie, die Letzteres als weiterentwickeltes Werkzeug des Menschen zur Eroberung von Territorium darstellt.

Dass selbst solche Abweichungen von einer konventionellen Inszenierung noch immer zeitliche bzw. geografische Orientierung erzeugen können, macht deutlich, dass Geschlossenheit in Bezug auf Zeit und Raum eine in sich schlüssige Realisierung von Raum und Zeit im Film meint. Diese Schlüssigkeit versucht der Zuschauer permanent aus der fortlaufenden filmischen Darstellung zu konstruieren. Er insistiert geradezu auf ihr, bis sie hergestellt ist, oder eine Überforderung eintritt.

Die Logik der Handlung schließlich ist mit den anderen beiden Parametern verschränkt. Sie umfasst die Plausibilität der Charaktere, die Nachvollziehbarkeit der Geschichte etc. Die Handlung ist durch die Parameter Raum und Zeit als ein eigenes, in sich geschlossenes Universum gestaltet. Insofern muss die Aussage von Pudowkin anders akzentuiert werden. Die zeitliche Ausdehnung der Handlung hat nicht *auch* eine räumliche Ausdehnung, sondern der Raum stellt den Urgrund oder die Voraussetzung dar, damit die zeitliche Ausdehnung einer Handlung, oder vielmehr: Handlung überhaupt stattfinden kann.

Diese drei Parameter (Geschlossenheit der Zeit, des Raums und der Logik der Handlung) bilden einen normativen Rahmen, in dem die meisten Filme konzipiert werden. Doch selbst in Filmen, die diese Geschlossenheit nicht anstreben und stattdessen eher assoziativ funktionieren, gelten diese Gesetzmäßigkeiten in gewissem Maße. Auch solche Filme haben eine innere Logik, ein ästhetisches Konzept. Wann eine Einstellung gezeigt wird und wie lange sie dauert, bestimmt den Rhythmus, also die Komposition in der Zeit. Die Raumkonstruktion ist bei Filmen, die vom Zuschauer eine Verknüpfung auf der Ebene der Assoziation verlangen, allerdings häufig schwieriger zu bestimmen, weil es nicht mehr um die Illusionierung eines homogenen dreidimensionalen Raums geht. In Matthias Müllers Kurzfilm AUS DER FERNE (1989) zum Beispiel ist in einer Einstellungsfolge ein junger Mann zu sehen, der an einem Schreibtisch sitzt. Die Aufnahme zeigt die Figur von hinten, schräg oben. Der Mann dreht sich um und blickt in Richtung der Kamera bzw. des Zuschauers. Dann erfolgt ein Schnitt, und es wird eine einstürzende Betondecke von schräg unten gezeigt. Einerseits ist auf der Blickachse ein räumlicher Zusammenhang zwischen den beiden Einstellungen konstruierbar, andererseits ist das in diesem Fall zu wenig, um einen homogenen Raum anzunehmen, in dem diese Ereignisse geschehen: Dass sich der Mann und die einstürzende Decke in demselben Raum-Zeit-Kontinuum befinden, müsste (zum Beispiel durch eine totale Einstellung) bestätigt werden. Filmisch wird hier suggeriert, dass es sich bei der zweiten Einstellung um eine Metapher für den Seelenzustand des Mannes handelt, denn nur so ist die Einstellungsverbindung »sinnvoll«. Weder handelt es sich um eine Fantasie des Mannes noch um ein Ereignis, das sich in der dargestellten empirischen Wirklichkeit abspielt. Die Blickachse reicht aus, um einen Bedeutungszusammenhang zwischen den beiden Einstellungen zu erzeugen, ohne dass die Frage nach dem geografischen Raumzusammenhang eine Rolle spielt. Ein Merkmal der ästhetischen Konzeption des Films ist also, dass der Zusammenhang zwischen den Bildern in keiner eindeutigen handlungslogischen Verbindung besteht, sondern assoziativ Bedeutungen evoziert. Durch die von einem räumlichen Zusammenhang unabhängigere Verknüpfung der Einstellungen haben Filme wie der eben beschriebene die Möglichkeit, die einzelnen Einstellungen stärker für sich wirken zu lassen, da sie nicht als Teil eines Handlungskontextes funktionalisiert werden müssen.

In dem genannten Beispiel ist noch relativ leicht ein Zusammenhang erschließbar. In anderen Filmen, die auf dieser assoziativen Ebene funktionieren, ist eine Kohärenz nur über die Stimmung der Bilder oder die symbolische Bedeutung des Repräsentierten zu erschließen. Solche Filme haben also mehr Freiheiten im Umgang mit dem filmischen Raum als Filme, die so konstruiert sind, dass vom Zuschauer ein Kausalzusammenhang der dargestellten Ereignisse rekonstruiert werden kann. In diesem Buch ist jedoch die bedeutungskonstituierende Wirkung der Raumkonstruktion für die Diegese Gegenstand der Untersuchung, sodass sich die Definition des filmischen Raums vor allem auf Filme bezieht, bei denen der Zuschauer aus kausal zusammenhängenden Ereignissen eine Geschichte konstruieren kann.

Diese allgemeinen Überlegungen genügen, um zu verdeutlichen, wie grundlegend die Frage nach dem Raum für das Medium Film ist, und um eine vorläufige Definition zu formulieren:

Der filmische Raum schafft die Illusion eines in sich geschlossenen, eigenständigen, homogenen, dreidimensionalen Universums. Die Montage und die mittlerweile nahezu beliebige Manipulierbarkeit des filmischen Bildes ermöglichen es, jede auf einer zweidimensionalen Fläche mögliche Raumvorstellung zu realisieren. Die spezifische Qualität filmischen Raums entfaltet sich zwischen der Künstlichkeit des Films (zweidimensionale Fläche, Fragmentarisierung durch die Montage) und seinem starken Realitätseindruck (fotografisches Bild, Bewegung). Die einzelnen Einstellungen repräsentieren Fragmente des Raum-Zeit-Kontinuums des dargestellten Universums, das, so wird es suggeriert, vor Beginn der filmisch repräsentierten Zeit existiert hat und nach dem Ende auch weiterexistieren wird.

Theorien zur Konstruktion filmischen Raums

Im Folgenden wird der Forschungsstand zum Thema diskutiert, um die vorgestellte Definition auf ihre Stichhaltigkeit hin zu überprüfen und um festzustellen, wo die bisherigen Versäumnisse in der Filmforschung auszumachen sind.

Da die Raumillusion als ein grundlegendes Merkmal des Films bei nahezu jedem filmtheoretischen Text eine mehr oder weniger wichtige Rolle spielt und die Argumente sich häufig wiederholen, werden hier diejenigen Theorien vorgestellt, die die wichtigsten Argumentationslinien repräsentieren. Die Reihenfolge, in der sie vorgestellt werden, ergibt sich zum einen aus ihrer theoriegeschichtlichen Einordnung und zum anderen aus systematischen Gründen.

Mit Sergej Eisenstein und Wsewolod Pudowkin sind die beiden wichtigen Schulen der Montagetheorie vertreten. Die Schriften beider Autoren, die den Ausführungen zugrunde liegen, entstanden in den 1920er Jahren.

Anhand von André Bazin, Hartmut Winkler und David Bordwell werden hauptsächlich theore-

I. Stand der Forschung

tische Überlegungen zum Bildraum diskutiert. Bazin stellt die *mise en scène* auf der Basis einer Theorie filmischen Raums in den Mittelpunkt und vertritt damit eine Gegenposition zu den Montagetheoretikern. Seine in den 1950er Jahren veröffentlichten Schriften sind ein wichtiger Beitrag zur Realismus-Debatte, die die gesamte Theoriegeschichte durchzieht. Neben Bazin werden noch andere wichtige Positionen in dieser Debatte (Walter Benjamin, Erwin Panofsky, Béla Balázs) herangezogen. Die Darstellung konzentriert sich auf die ästhetischen Argumente der Autoren für die Begründung eines filmischen Realismus.

Winkler schließt an die Apparatus-Debatte an, die in den 1970er Jahren begonnen hat, und versucht, ihre Überlegungen in Bezug auf den filmischen Raum weiterzuführen. Sein Beitrag entstand Anfang der 1990er Jahre.

Mit Bordwell wird ein Sprung zurück in die 1980er Jahre vollzogen. Der Überblick schließt mit diesem Autor ab, da er seine Forschungen filmanalytisch fundiert und damit methodisch einen Ausgangspunkt für das weitere Vorgehen dieser Arbeit bildet.

Der russische Formalismus I: Eisenstein

Sergej Eisenstein entwickelte seine in den 1920er Jahren entstandene Montagetheorie im Spannungsverhältnis von theoretischen Überlegungen und ihrer praktischen Anwendung in seinen Filmen über etliche Jahre hinweg weiter. Das erschwert ihre übersichtliche Gesamtdarstellung. Hier wird daher nur das für die Fragestellung dieser Arbeit wichtigste Konzept der Kollisions-Montage diskutiert, das er Ende der 1920er Jahre entwickelte und am radikalsten in seinem Film OKTJABR (Oktober; 1928) umsetzte. Dieses Konzept steht in Opposition zu den anderen filmästhetischen Konzepten, die Einheitlichkeit oder Kontinuität in der filmischen Erzählung proklamieren. Zum Verständnis seiner Theorie ist es notwendig, zu Beginn den ideologischen Hintergrund zu betrachten, vor dem sie entstanden ist.

Eisenstein sieht die Aufgabe der Kunst und vor allem des Films darin, die Massen im Sinne der marxistischen Theorie zu beeinflussen. Wie er 1924 in *Montage der Filmattraktionen* (Eisenstein 1988), einer seiner frühen Schriften, schreibt, liegt die Qualität des Films in dessen Möglichkeiten zur Emotionalisierung des Zuschauers in eine bestimmte ideologische Richtung (vgl. Eisenstein 1988: 18ff.). Dies geschehe am wirkungsvollsten durch die Kombination von »Attraktionen«, die Assoziationen beim Zuschauer auslösen. Eine Attraktion ist »jeder zu demonstrierende Fakt (jede Handlung, jeder Gegenstand, jede Erscheinung, jede bewusste Kombination), der durch Druckausübung eines bestimmten Effekts auf die Aufmerksamkeit und Emotion des Zuschauers überprüft und bekannt wurde und der, kombiniert mit anderen, dazu geeignet ist, die Emotion des Zuschauers in diese eine oder in eine andere, vom Ziel der Aufführung diktierte Richtung hin zu verdichten« (Eisenstein 1988: 18). Als Beispiel führt er eine Sequenz aus seinem Film STATSCHKA (Streik; 1924) an.

Die Niederschlagung des Arbeiterstreiks durch Soldaten wird mit der Tötung eines Rinds in einem Schlachthof ineinander montiert. Die Niederschlagung ist in Totalen und Halbtotalen gedreht, die Schlachtung in Nahaufnahmen. Hier werden zwei Handlungen gezeigt, die in keinem raum-zeitlichen oder handlungslogischen Zusammenhang stehen. Eine Verbindung beider Sequenzen kommt nur durch eine Analogie auf der Bedeutungsebene zustande. Eisenstein konstatiert hier als Begründung für seine Verfahrensweise lediglich, er wolle einen »thematischen Effekt« bzw. einen »maximalen Effekt« (Eisenstein 1988: 22) erzielen.

Die Analogie besteht in der Darstellung einer Tötung, bei der das Opfer dem Täter wehrlos ausgeliefert ist. Die Soldaten werden auf dieser Ebene mit dem Schlächter gleichgesetzt, die Masse der Arbeiter mit dem hilf- und ahnungslosen Vieh. Eine Steigerung der Wirkung soll nun erzeugt werden, indem die Montage dem Zuschauer nahelegt, die Ermordung von Menschen mit der Abschlachtung von Vieh gleichzusetzen.

Der Zuschauer muss also, um den Sinn dieser Montage verstehen zu können, die Bedeutung der Schlachthaus-Sequenz abstrahieren und in die andere Sequenz transponieren. Seine Verstehens-

Theorien zur Konstruktion filmischen Raums

Montage der Attraktionen: Die Schlachthaus-Metapher in Sergej Eisensteins STATSCHKA

leistung ist bei dieser Montage-Ästhetik in hohem Maße gefordert, damit die beabsichtige Wirkung erreicht wird. Die Emotionalisierung durch die menschenverachtende Tat des Militärs wird durch die Schlachthausszene unterbrochen. In welchem zeitlichen und räumlichen Verhältnis sie zu dem

I. Stand der Forschung

Streik steht, ist unklar, weder vorher noch nachher kommt in dem Film ein Schlachthaus vor. Eigentlicher Handlungsraum ist der Ort, an dem der Kampf der Arbeiter gegen die Kosaken stattfindet. Die Schlachthausszene bleibt als Metapher davon gänzlich abgegrenzt und bildet ein eigenes Raum-Zeit-Kontinuum. Der Raum zerfällt in dieser Sequenz in verschiedene Orte, von denen das Schlachthaus eine symbolische Bedeutung hat, die die Struktur des Konfliktes zwischen den Arbeitern und den Kosaken verdeutlicht.

Bei diesem Beispiel zeichnet sich bereits die Tendenz zur Abstraktion ab, die Eisensteins späteres filmtheoretisches Denken stark prägt. In seiner Theorie der Kollisions-Montage vertritt er die Auffassung, dass zwei unabhängige Einstellungen, die hintereinander gezeigt werden, einen Konflikt ergeben, aus dem dann ein Gedanke entsteht [4]. Nach Eisenstein geht es bei einem Film also nicht darum, die raum-zeitliche Kontinuität einer Handlung zu suggerieren, sondern um die filmästhetische Verwirklichung der marxistischen Theorie, die ihrer dialektischen Struktur nach im »Wesen« der Technik des Mediums selbst begründet liegt (vgl. Eisenstein 1995: 283ff.). Die dialektische Struktur besteht seiner Ansicht nach beim Film darin, dass aufeinanderfolgende Standbilder den kontinuierlichen Eindruck einer Bewegung ergeben, da der erste Bildeindruck noch präsent ist, wenn bereits der zweite erscheint. Aus dieser Konfrontation entsteht in der Wahrnehmung eine Bewegung, die in Wirklichkeit aber keine ist. Sie ist das schöpferische Resultat, das der Zuschauer aus zwei unterschiedlichen Bildern geschaffen hat.

Das Modell der Kollisions-Montage ist von der japanischen Schriftsprache inspiriert, »wo zwei selbständige ideographische Zeichen (Bildausschnitte) nebeneinandergestellt zu einem Begriff *explodieren*.« Zum Beispiel Auge + Wasser = Weinen (Eisenstein 1995: 283). Die Montage rückt damit den Schnitt als Eingriff in den kontinuierlichen Bilderfluss in die Aufmerksamkeit des Zuschauers. Für den filmischen Raum bedeutet das, dass völlig disparate Einstellungen miteinander kombiniert werden können, ohne dass sie in einer raum-zeitlichen oder handlungslogischen Verbindung zueinander stehen müssen.

Bis hierhin bezieht sich der Montage-Begriff nur auf die Kombination von Einstellungen, Eisenstein erweitert ihn jedoch auf die Komposition des Einzelbildes, die schon in sich konfliktträchtig sein könne. Er nennt zehn Kategorien von Konflikten, die über die Bildkomposition in den Einstellungen gestaltet werden können (vgl. Eisenstein 1995: 288): 1. Grafischer Konflikt, 2. Konflikt der Pläne, 3. Konflikt der Volumen, 4. Raum-Konflikt, 5. Beleuchtungs-Konflikt, 6. Tempo-Konflikt, 7. Konflikt zwischen Stoff und Ausschnitt (erzielt durch *räumliche Verzerrung* mittels Einstellung der Kamera), 8. Konflikt zwischen dem Stoff und seiner Räumlichkeit (erzielt durch *optische Verzerrung* mittels Objektiv), 9. Konflikt zwischen dem Vorgang und seiner Zeitlichkeit (erzielt durch *Zeitlupe* und *Multiplikator*) und 10. Konflikt zwischen dem ganzen *optischen* Komplex und einer anderen Sphäre.

Eisenstein betont, dass diese Kategorisierung nicht vollständig ist, sondern es sich nur um Möglichkeiten der Konfliktgestaltung handelt und in der Regel mehrere von diesen Gestaltungsprinzipien in einer Einstellung wirksam sind.

Die Kombination von Einstellungen oder von Elementen innerhalb einer Einstellung zielt auf eine assoziative Verknüpfung der filmischen Repräsentationen, die in Eisensteins späterer Theorie in einem Begriff aufgehen soll. Eisenstein begnügt sich nicht mehr damit, den Zuschauer im Sinne des Klassenkampfs zu emotionalisieren, er will ihn nun auch *überzeugen*.

»Dem Dualismus der Sphären ›Gefühl‹ und ›Vernunft‹ muß durch die neue Kunst Einhalt geboten werden. Der Wissenschaft soll ihre Sinnlichkeit zurückgegeben werden, dem intellektuellen Prozeß – sein Feuer und seine Leidenschaftlichkeit. Der abstrakte Denkprozeß ist in das Brodeln praktischen Wirkens einzutauchen.« (Eisenstein 1988: 68)

Obwohl Eisenstein »Gefühl« und »Vernunft« zunächst als gleichrangig darstellt, strebt er letztlich den »*intellektuellen Film*« (Eisenstein 1988: 69) an. Die filmische Darstellung im Bildraum der einzelnen Einstellung zeigt ein stellvertretendes Zeichen für einen sprachlichen Ausdruck, das entschlüsselt werden muss.

Theorien zur Konstruktion filmischen Raums

Indem Eisenstein die Anschaulichkeit der Filmbilder ins Korsett begrifflicher Übertragbarkeit zwängt, depraviert er das Potenzial ihrer sinnlichen Ausdruckskraft: Der Zuschauer muss die Anschaulichkeit des Bildes sofort auf einen Begriff reduzieren, um den Sinnzusammenhang zwischen den einzelnen Einstellungen herstellen zu können. Das Bild enthält aber zwangsläufig mehr Informationen, als die Sprache ausdrücken kann. Umgekehrt wird auch die spezifische Qualität der Sprache hintertrieben, da die Bilder, sofern sie überhaupt unmissverständlich in Begriffe übertragbar sind, nicht wie Wörter im Gefüge einer durch den Konsens einer Sprachgemeinschaft regelerzeugten Syntax, Semantik und Pragmatik in einem sinnvollen Zusammenhang stehen. Die auf begriffliche Übersetzbarkeit hin konstruierten Bilder werden nicht mit Konjunktionen, Verben, Artikeln etc. verbunden und dadurch in ihrer Bedeutung präzisiert. Sie bleiben deshalb in ihrer individuellen Bedeutung und der Bedeutung innerhalb des filmischen Kontextes für eine sprachliche Übersetzung zu vage.

Der filmische Raum ist in Eisensteins Konzept diskontinuierlich, und muss es sogar sein, soll dieses Konzept radikal umgesetzt werden. Andernfalls würde eine Bedeutung auf der Ebene des raum-zeitlichen Zusammenhangs der Bildelemente suggeriert, also auf der Ebene der sichtbaren Handlung wahrgenommen. Die Bilder sollen doch aber von sich weg in die Sphäre der Sprache führen.

Auf der Basis einer ideologischen Setzung hat Eisenstein implizit Ansätze zu einer Klassifikation filmischer Raumdarstellungen entworfen. Sie unterliegt der normativen Vorstellung, dass jedes Element des Films zur visuellen Gestaltung von Konflikten beitragen muss, die in Begriffen aufgelöst werden können. Insofern ist der filmische Raum bei Eisenstein immer ein Konflikt-Raum. Die Ignoranz gegenüber der Anschlusslogik, im Sinne eines raum-zeitlichen Zusammenhangs der im Bild gezeigten Raumausschnitte, führt dazu, dass jede Einstellung einen Ausschnitt eines eigenen Raum-Zeit-Kontinuums repräsentieren kann (vgl. auch Kersting 1989: 384).

Das Bild wird auf zwei Ebenen funktionalisiert. Zum einen wird der Bildraum auf einen sinnlich wahrnehmbaren Konflikt hin komponiert, wie die zehn Kategorien für Konfliktgestaltung zeigen. Nach dieser Kategorisierung entstehen die Konflikte durch die geometrische Anordnung der Bildelemente und nicht als Resultat einer Handlung in einem homogen gestalteten Raum. Zum anderen soll von der sinnlichen Erfahrung ein Begriff abstrahiert werden. Eisenstein setzt also Fragmente des geografischen Raums willkürlich zusammen und postuliert eine durch diese erzeugte sinnliche Erfahrung, die wiederum in ihrer Bedeutung begrifflich rekonstruiert werden muss, um einen Zusammenhang zwischen den Einstellungen herzustellen. Die sinnliche Raumerfahrung, die der Film ermöglichen kann, wird bei diesem ästhetischen Konzept zugunsten des begrifflichen Denkens marginalisiert. Die Freiheit, die der intellektualistische Ansatz Eisensteins beim Umgang mit dem visuell repräsentierten Erfahrungsraum eröffnet, wird auf der anderen Seite durch die rigide Forderung nach einem hinter der Repräsentation liegenden abstrakten Sinngehalt wieder zunichte gemacht.

In den Filmen Eisensteins wird diese Position nicht durchgängig so radikal verwirklicht, wie er sie in seinen Schriften formuliert. Viele Sequenzen, wie zum Beispiel die berühmte Treppensequenz von Odessa in BRONENOSEC POTJOMKIN (Panzerkreuzer Potemkin; 1925), gewähren eine räumliche Orientierung dadurch, dass sie durchgängig am selben Ort spielen. Die Qualität der Filme Eisensteins liegt mehr in der suggestiven Kraft der Bildkompositionen und der Rhythmisierung der Montage begründet, als dass sie zu begrifflichem Denken im Sinne der marxistischen Dialektik führen. In der eben erwähnten Sequenz etwa marschieren Soldaten am Kopf der Treppe auf und eröffnen das Feuer auf wehrlose Menschen, die die breite Treppe hinabflüchten. Die Soldaten schreiten in einer Reihe unerbittlich voran, während Frauen, Kinder und alte Menschen in einer Abwärtsbewegung um ihr Leben rennen – ein kleiner Junge wird durch einen Gewehrschuss getötet und von seiner Mutter den Soldaten entgegengetragen –, bis der Panzerkreuzer Potemkin eingreift. Die Sequenz lebt auf formaler Ebene von der stark kontrastierenden Inszenierung der Konfliktparteien in ihrer Anordnung und ihrer Positionierung.

I. Stand der Forschung

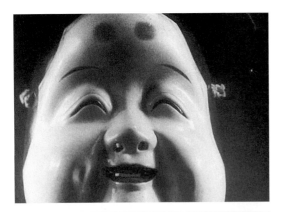

Simultanes Platzen: Kollisions-Montage in OKTJABR

Hinzu kommt die geschickte Rhythmisierung der Sequenz durch die Montage. Die raum-zeitliche Anschlusslogik wird hier nicht beachtet. Eisenstein ging es nicht um die realistische Darstellung einer Handlung, sondern darum, eine Handlung möglichst effektiv zu inszenieren. Die Orientierung in Raum und Zeit gelingt nur grob durch das Wiedererkennen der Personen, des Ortes und der Handlung, deren Verlauf jedoch für den Zuschauer nicht genau rekonstruierbar ist. Inhaltlich wirkt die Ermordung hilfloser Menschen, insbesondere die des Kindes, stark emotionalisierend, aber veranlasst kaum zu einem dialektischen Denkprozess.

Eines der berühmtesten Beispiele für Eisensteins intellektuelle Montage ist eine Sequenz aus OKTJABR. Der Regisseur hat hier einen »in Strahlen (zer-)blitzenden Barock-Christus und eine eiförmig geschlossene Uzume-Maske kurz ineinandergeschnitten« (Eisenstein 1995: 295), um den Feldzug des Generals Kornilov mit Muslimen und Christen gegen die Bolschewiki zu illustrieren. Die Montage soll »den Effekt eines simultanen Platzens (Bombe, Schuß)« (Eisenstein 1995: 295) erzeugen. Hier zeigt sich noch deutlicher als bei der Sequenz aus STATSCHKA das Problem der Kollisions-Montage. Wie wahrscheinlich ist es, dass das Gros der Zuschauer hier eine Explosion erkennt und auf diesem Umweg begreift, dass die »militärische *Tendenz* Kornilovs« (Eisenstein 1995: 294) gezeigt werden soll? Liegt es nicht näher, etwa eine Gegensätzlichkeit der Kulturen in den unterschiedlichen Formen der Skulpturen zu sehen? Die Vieldeutigkeit des Bildes scheint also nur zu bannen zu sein, wenn außer der zeitlichen Nähe der Präsentation noch eine andere Verbindung zwischen den Einstellungen gegeben ist (vgl. Reisz/Millar 1968: 40).

Ende der 1930er Jahre rückt Eisenstein in seinen Schriften immer mehr von dieser Konzeption ab. In seinem Aufsatz *Montage 38* (Eisenstein 1961: 229ff.) werden Handlung, Sujet und Charaktere (vorher spielte die Masse der Arbeiter die Hauptrolle) mit in seine Überlegungen einbezogen.

Die Theorie und die Filme Eisensteins haben weiterhin Bedeutung für die filmtheoretische Diskussion. In der Praxis des Filmemachens konnte sich die Konzeption des intellektuellen Films nicht durchsetzen. Ein Grund für diese Entwicklung war sicherlich die Überforderung des Publikums. Zumal sich mit diesem ästhetischen Konzept auch nur schwer publikumswirksame Geschichten erzählen lassen, die Vermarktung solcher Filme also schwierig wird. Ob sich Eisensteins Konzept vielleicht nicht durchsetzen konnte, weil es »unfilmisch« ist, ob also die Gründe für das Scheitern in der Beschaffenheit des Mediums selbst begründet liegen, muss hier offen bleiben.

Der russische Formalismus II: Pudowkin und Kuleschows Experimente

Zeitgleich mit Eisenstein entwickelte Pudowkin seine Filmtheorie, die im Gegensatz zum Konzept der Kollisions-Montage steht. Zwar ist auch für

Pudowkin die Montage das wichtigste ästhetische Element des Films, jedoch mit dem Eisensteins Ansatz entgegengesetztem Ziel, dem Zuschauer die Kontinuität einer Handlung zu suggerieren. Während Eisenstein mit der Kollision der Einstellungen den Schnitt in die Aufmerksamkeit des Zuschauers rückt, zielt die Montage bei Pudowkin auf die Verschleierung der fragmentarischen Gestaltung des Films.

Pudowkin vergleicht in der »Einführung zur deutschen Ausgabe«, die er zu seinem theoretischen Hauptwerk *Filmtechnik, Filmmanuskript und Filmregie* 1928 (deutsche Erstausgabe) schrieb, die einzelne Einstellung mit dem Wort, dem Rohmaterial des Schriftstellers, mit dem dieser Sätze baue (Pudowkin 1961: 8). Je nachdem, in welchen Kontext das Wort gesetzt werde, entstehe eine andere Bedeutung. Dasselbe gelte für die einzelnen Einstellungen beim Film. Sprache und Film werden von Pudowkin nicht mit der Absicht verglichen, einen semiologischen Ansatz zu entwickeln, sondern um zu verdeutlichen, dass die einzelnen Elemente des Films so verbunden werden oder werden sollten, dass vom Zuschauer ein kontinuierlicher Bilderfluss wahrgenommen wird. Dessen Bedeutung konstituiert sich aus dem Gefüge einzelner Einstellungen, und die Bedeutung der einzelnen Einstellung sollte wiederum im Kontext der anderen Einstellungen eindeutig sein.

In einem Anfang der 1940er Jahre erschienenen Aufsatz formuliert Pudowkin seinen normativen Grundsatz für die Montage:

»Gleichzeitig faßt der Zuschauer, wenn der Film von guten Meistern gemacht wird, seine Bewegung als kontinuierliches Ganzes auf. Nur Mißlungenheit oder Unvermögen können das Gefühl eines Bruches in der Bewegung, unangenehme Stöße beim Wechsel der Abbildungen oder einer Irritation beim schroffen Wechsel von Handlungszeit und -ort aufkommen lassen.« (Pudowkin 1995: 78)

Hier grenzt sich Pudowkin implizit von Eisensteins Prinzip des Zusammenpralls ab. Der ästhetische Zweck der Montage sei die »psychologische Führung« (Pudowkin 1961: 76) des Zuschauers. Der von Pudowkin selbst in Anführungszeichen gesetzte Terminus wird nicht näher erläutert. Aus einer Formulierung an einer anderen Stelle kann jedoch geschlossen werden, dass die psychologische Führung nur gelingt, wenn die formale Gestaltung im Dienst der Handlung steht. Ihr muss der Zuschauer ohne Irritation folgen können.

»Wenn die Montage aber auf der Basis einer planmäßigen Konzeption eine Handlung oder Gedankenfolge veranschaulicht, erregt oder ruhig, so wird sich die angestrebte Erregung oder Beruhigung dem Zuschauer mitteilen.« (Pudowkin 1961: 74)

Diese Kontinuität könne nun auf verschiedene Weise erzeugt werden. Pudowkin nennt fünf Kategorien der Montage: Kontrast, Parallele, Symbolismus, Gleichzeitigkeit und Leitmotiv (Pudowkin 1961: 76ff.). Alle fünf Methoden zeigen letztlich zwei ineinander montierte Handlungen. Die Unterschiede bestehen in deren inhaltlicher Verknüpfung.

Beim Kontrast etwa soll die Wirkung einer filmischen Repräsentation durch eine andere verstärkt werden. Pudowkin nimmt als Beispiel die Darstellung eines Hungernden, die mit der Darstellung eines im Überfluss Lebenden kontrastiert wird. Der Zusammenhang besteht in der Analogie auf der Bedeutungsebene. In beiden Darstellungen ist eine Sache in krasser Gegensätzlichkeit gezeigt, sodass der Zuschauer zum Vergleich herausgefordert wird. Bei der Parallele werden zwei zeitgleich ablaufende Handlungsstränge ineinander montiert. Ein zum Tode verurteilter Arbeiter wird hingerichtet, während der Fabrikdirektor betrunken ein Lokal verlässt und auf sein Bett sinkt. Seine Uhr ist dabei zu sehen und zeigt genau den Zeitpunkt an, an dem der Verurteilte gehängt wird.

Ein raum-zeitlicher Zusammenhang ist für diese Montagemethoden nach Pudowkins Beschreibung nicht notwendig [5]. Eigenartig ist, dass er bei seinen Kategorien die Illusionierung eines homogenen dreidimensionalen Raums ausspart, obwohl er in anderen Zusammenhängen dieser Montagemethode große Bedeutung beimisst. Der filmische Raum ist für Pudowkin ein artifizieller Raum, der keine Entsprechung mehr in der empirischen Wirklichkeit hat. Als Beispiel dient ihm eines von Lew Kuleschows viel zitierten Montage-Experimenten (vgl. z.B. Monaco 1995: 417 und Beller 1993: 20ff.).

In einer Einstellung geht ein Mann von links nach rechts, in einer zweiten eine Frau von rechts

I. Stand der Forschung

nach links. In der dritten Einstellung treffen sich die beiden, und anschließend wird in einer vierten Einstellung das Weiße Haus gezeigt. Die Aufnahmen sind an weit voneinander entfernt liegenden Orten gemacht worden. Die Montage schafft durch die Suggestion einer kontinuierlich ablaufenden Handlung die Illusion, dass sie unmittelbar nebeneinander liegen. Die Voraussetzung dafür ist, dass der Zuschauer die Lücken zwischen den präsentierten Raumausschnitten nach den Gesetzmäßigkeiten seiner natürlichen Wahrnehmung ergänzt. Die Montage der Einstellungen muss diesen Prozess unterstützen. Kämen sowohl der Mann als auch die Frau von links und würden sie dennoch in der dritten Einstellung frontal aufeinander zulaufen, wäre der Zuschauer wahrscheinlich irritiert [6].

Bei den Beispielen für die Kategorien der Montage stehen die Handlungsorte in keiner erkennbaren geografischen Beziehung zueinander. Die als bruchlos wahrgenommene Bilderfolge funktioniert hier also über die Bedeutung der Handlungen, die in Beziehung gesetzt werden. Pudowkins Forderung nach Kontinuität vollzieht sich demnach auf zwei Ebenen: einmal durch die Montage von Einstellungen, die auf der Handlungsebene in Verbindung gebracht werden können, zum anderen durch die Montage von Einstellungen, die eine räumliche Orientierung konstituiert. Im ersten Fall geht es um die Bedeutung von Orten und der sich an ihnen abspielenden Handlung, die jedoch in keinem erkennbaren räumlichen Zusammenhang stehen müssen. Im zweiten geht es um die Konstruktion von Räumen, die selbstverständlich auch Orte mit Bedeutung und keinesfalls abstrakte Größen darstellen.

Folgt man den Beispielen Pudowkins, scheint hier aber die geografische Orientierung Voraussetzung für die Bedeutung der Sequenz zu sein. Die strikte Trennung ist für die Analyse von Filmen nicht sinnvoll, da es in der Regel nur Mischformen gibt. Pudowkin gibt, ohne diese Differenzierung zu explizieren, ein Beispiel mit einem Montage-Experiment, dessen Ergebnis als Kuleschow-Effekt berühmt wurde (bei dem sich allerdings um eine bis heute nicht verifizierte Legende handelt): Die Großaufnahme eines Schauspielers mit gleichmütigem Gesichtsausdruck wird mit der Aufnahme eines Tellers Suppe, einer Toten in einem Sarg und eines Mädchens kombiniert. Bei jeder der drei Kombinationen soll das Publikum einen anderen Gesichtsausdruck wahrgenommen haben. Bei der ersten Kombination vermeinte es angeblich Nachdenklichkeit, bei der zweiten Trauer und bei der dritten ein Lächeln im Gesicht des Mannes feststellen zu können (Pudowkin 1961: 198ff.).

Das Experiment sollte den Beweis dafür liefern, dass der Kontext die Bedeutung der einzelnen Einstellung bestimme. Die Beziehung der beiden Einstellungen kommt jeweils aber nur durch den »›richtigen‹ Anschluß auf der Blickachse« (Kersting 1989: 368) zustande, was von Pudowkin nicht berücksichtigt wird, obwohl er in seiner Beschreibung des Experiments betont, dass der Schauspieler die Suppe ansehe (vgl. Pudowkin 1961: 198). Die Suggestion eines homogenen Raums ist damit die Voraussetzung für das Gelingen des Experiments. Einstellungen sind also nicht beliebig kombinierbar. In diesem Fall muss eine raum-zeitliche Beziehung konstruierbar sein, damit die beiden Einstellungen in (handlungslogischen) Zusammenhang gesetzt werden.

Was Pudowkin theoretisch zu fassen versucht, ist im Grunde genommen die Verfahrensweise des »Continuity-Systems« (vgl. Beller 1999: 18) oder des unsichtbaren Schnitts, die sich ab 1910 vor allem in Hollywood zu etablieren begann und bis heute die vorherrschende Montage-Ästhetik geblieben ist.

Die Anti-Montage-Theorie Bazins und der Realismus des filmischen Raums (Benjamin, Panofsky, Balázs)

Der französische Filmkritiker und -theoretiker André Bazin weist die Montage als gestalterisches Mittel zur Schöpfung eines neuen, filmischen Raums zurück. Montage sei zwar unvermeidbar, zerstöre aber die eigentliche ästhetische Qualität des Films, »die Realität in ihrem wahren Ablauf auf der Leinwand zu zeigen.« (Bazin 1975: 42) [7] Das geeignete Gestaltungsmittel, um die Montage vermeiden zu können und das filmische Bild als Abbild der Realität zu rehabilitieren, stellt nach Bazins Ansicht die Tiefenschärfe dar. Mit ihr könn-

Theorien zur Konstruktion filmischen Raums

ten Bilder tief in den Raum komponiert werden, sodass mehr von den für die Handlung relevanten Objekten und Ereignissen in einer Einstellung sichtbar seien. Dadurch zeige der Film mehr »unzerstückelte Realität« und werde damit der »Kontinuität des dramatischen Schauplatzes und natürlich dessen Dauer« (Bazin 1975: 36) besser gerecht. Der abgefilmte Raum, in dem das Geschehen stattfindet, solle möglichst vollständig im Bild präsent sein. Eisenstein, Kuleschow und Gance sind für Bazin Regisseure, in deren Filmen die Montage vom eigentlichen Gegenstand der Darstellung ablenkt (Bazin 1975: 29ff.). Die Organisation der Einstellungen dränge sich zu sehr in den Vordergrund. Dass die Bedeutung dieser Filme nicht unmittelbar im Bild enthalten ist, sondern aus der Kombination von Bildern vom Zuschauer erst konstruiert werden muss, ist für Bazin ein Defizit: »Der Sinn liegt nicht im Bild, er ist dessen durch die Montage in das Bewusstsein des Zuschauers projizierter Schatten.« (Bazin 1975: 30)

Bazin ist der Auffassung, dass die Vermittlung der Bedeutung eines Ereignisses durch die Montage unscharf ist, dass dieses nur noch in seiner Kontur erkennbar bleibt und damit die Bestimmung des Films, nämlich Realität abzubilden, hintertrieben wird.

Wenn die Tiefenschärfe die Montage ersetzt, so Bazin, wird dem Zuschauer mehr Autonomie bei seiner Aufmerksamkeitslenkung überlassen. Ihm wird ein Blick in den Raum gewährt, der keine durch Unschärfe gekennzeichnete Peripherie zeigt. Die Objekte sind dadurch in ihrer Bedeutsamkeit nicht eindeutig durch unterschiedliche Schärfe abgestuft. Bei einem uneingeschränkten Schärfenbereich sind komplexere Bildkompositionen möglich, die den Zuschauer dazu auffordern, sich selbstbestimmt zu orientieren. Bazin schlussfolgert, dass dem Bild mit der Tiefenschärfe seine potenzielle Vieldeutigkeit zurückgegeben wird.

Die Montage hingegen gebe dem Zuschauer viel bestimmter vor, was er sehen soll und wann, da die Handlung in Einzelaufnahmen von Details aufgelöst sei. Es solle allerdings auch nicht auf Montage verzichtet werden: Der Regisseur »integriert die Montage in seine Gestaltung« (Bazin 1975: 37). Die Bedeutung der dargestellten Szenerie solle auch bei der »inneren Montage« (vgl. Kersting 1989: 359) für den Zuschauer klar erkennbar sein (Bazin 1975: 37).

Der Begriff der Vieldeutigkeit ist bei Bazin unklar. Er meint damit nicht, dass ein Gegenstand, eine Person, eine Handlung dem Zuschauer mehrere Deutungsmöglichkeiten anbietet, sondern dass möglichst viele Elemente von Bedeutung für das darzustellende Ereignis in einer Einstellung wahrnehmbar und unmissverständlich in Beziehung zu setzen sind. Damit »hat der Zuschauer die Möglichkeit, zumindest den endgültigen Schnitt selbst zu machen« (Bazin zitiert nach Kersting 1989: 519).

Aber selbst wenn alles in einer Einstellung gezeigt wird, ist eine Führung des Zuschauers möglich und dieser entgegen Bazins Vermutung nicht vollständig autonom. In der berühmten Einstellung aus CITIZEN KANE (1941; R: Orson Welles) [8] wird der Selbstmordversuch von Kanes Frau Susan (Dorothy Comingore) gezeigt: Im Bildvordergrund steht ein Tablett mit einem Glas und einer geöffneten Flasche, in der offensichtlich ein Medikament war. Im Bildmittelgrund ist zwischen Glas und Flasche im Schatten der Kopf Susans zu erkennen, die im Bett liegt, und im Hintergrund betreten Kane und noch eine Person durch eine Tür das Zimmer, nachdem sie zuvor wiederholte Male eindringlich geklopft haben. Auch hier wird die Wahrnehmung des Zuschauers durch die Positionierung der Objekte und Personen gelenkt. Außerdem wird die Blickführung in diesem Fall von der vorgehenden Einstellung gestützt, in der die Detailaufnahme eines erlöschenden Drahts einer Glühbirne zu sehen war, die in eine Abblende überging. Nach der Aufblende wird ungefähr an der Position, an welcher der Draht der Glühbirne war, der Kopf der Frau sichtbar. Der Zuschauer hat zwar theoretisch die Möglichkeit, zuerst den Bildhintergrund zu betrachten und dann den Vordergrund, aber die Bildkomposition und die durch die vorhergehende Einstellung konstruierte Blickführung lenken, zumindest im ersten Moment der Präsentation, seine Aufmerksamkeit auf die Frau, da der Blick an der Stelle haften bleibt, an der bei der Abblende zuletzt etwas sichtbar war, bevor sich das Bild vollständig verdunkelt. Die Montage

I. Stand der Forschung

wirkt also unvermeidbar in die Wahrnehmung der einzelnen Einstellung hinein.

Bazin weist zu Recht auf den Unterschied zwischen fragmentarischer Analyse eines Ereignisses durch Montage und dem Zeigen eines Ereignisses in einer Einstellung hin (vgl. Bazin 1975: 37). Der Unterschied liegt aber nicht im Grad an Realismus begründet, der sich laut Bazin durch die verschiedenen Inszenierungsweisen ergibt. Eine Montagesequenz könnte sogar durchaus realistischer (im Sinne der Wirkung) sein, da ihre Auflösung in einzelne Einstellungen ein selektives Wahrnehmen suggerieren könnte und damit unsere natürliche Wahrnehmung imitiert. Für die beschriebene Szene aus CITIZEN KANE bedeutete das, dass zuerst in einer Einstellung die Frau gezeigt würde, dann erst die Flasche und in einer dritten Einstellung Kane, der das Zimmer betritt. Je nach Tempo könnte diese Einstellungsfolge langsam Spannung aufbauen oder eher hektisch sein.

Dass »die Tiefenschärfe den Zuschauer in eine Beziehung zum Bild setzt, die enger ist als seine Beziehung zur Realität« (Bazin 1975: 40), bleibt eine starke Behauptung, deren Begründung Bazin schuldig bleibt. In der Realität kann der Zuschauer in das Ereignis verwickelt werden, der filmische Raum und der Zuschauerraum hingegen bleiben voneinander getrennt, und dieser Umstand ist dem Zuschauer in jedem Augenblick bewusst. Worin dieses Mehr an Realität bei der filmischen Aufnahme mit Tiefenschärfe bestehen soll, bleibt letztlich ungeklärt.

Eine Art Theorie des filmischen Hyper-Realismus vertritt auch Walter Benjamin in seinem Aufsatz *Das Kunstwerk im Zeitalter seiner technischen Reproduzierbarkeit*, der 1936 erschien. »Unter der Großaufnahme dehnt sich der Raum«, aber »sowenig es bei der Vergrößerung sich um eine bloße Verdeutlichung dessen handelt, was man ›ohnehin‹ undeutlich sieht, sondern vielmehr völlig neue Strukturbildungen der Materie zum Vorschein kommen, so wenig bringt die Zeitlupe nur bekannte Bewegungsmotive zum Vorschein« (Benjamin 1996: 36). Die Apparatur der Kamera vermag dem Zuschauer das zu zeigen, woraus seine alltägliche, materielle Realität eigentlich besteht, die für ihn aber nicht direkt wahrnehmbar ist. Benjamin zieht eine Analogie zwischen Film und Psychoanalyse. Beide seien Hilfskonstruktionen, um Strukturen offenzulegen, die unser Leben determinieren. Der Film zeige sie auf der materialen Ebene, die Psychoanalyse auf der seelischen. Interessant ist Benjamins Formulierung, dass sich der Raum unter der Großaufnahme dehne. Die Kamera stellt also ein von unserer alltäglichen Wahrnehmung eher abweichendes Abbild des Raums bereit, indem sie den gewählten Ausschnitt vergrößert darstellt. Die Stärke des Films liegt demnach in den Möglichkeiten, etwas von der Realität sichtbar werden zu lassen, das dem bloßen Auge verborgen bleibt. Benjamin akzeptiert implizit, dass der Film ein Artefakt produziert, eine Art hypothetisches Konstrukt. Die aufklärerische Funktion des Films soll sein, »daß an die Stelle eines vom Menschen mit Bewußtsein durchwirkten Raums ein unbewußt durchwirkter tritt« (Benjamin 1996: 36). Die Kamera ist demnach eine vermittelnde Instanz, die Unsichtbares in Sichtbares transponiert.

Während die von Bazin für den filmischen Realismus stark gemachte Tiefenschärfe konservieren und die abgefilmte Realität unverändert reproduzieren soll, soll die Wirklichkeit bei Benjamin so abgefilmt werden, dass etwas enthüllt wird. Damit leiste der Film eine Zusammenführung von Kunst und Wissenschaft (vgl. Benjamin 1996: 35). Der Filmemacher, deutet Benjamin an, nutzt die Kamera in diesem Fall wie ein Mikroskop. Das Enthüllte bleibt aber ein durch die filmische Apparatur hervorgebrachtes Konstrukt und ist nicht einfach reproduzierte Wirklichkeit. Diese von Benjamin so verstandene Zusammenführung von Film und Wissenschaft ist nur selten verwirklicht worden [9].

Eine ähnliche Funktion schreibt Erwin Panofsky der Großaufnahme zu, allerdings mit Betonung ihrer ästhetischen Qualität und nicht ihres wissenschaftlichen Wertes:

»Indem die Kamera das Gesicht [...] in starker Vergrößerung zeigt, verwandelt sie die menschliche Physiognomie in einen Schauplatz: schauspielerische Qualität vorausgesetzt, wird die feinste, aus gewöhnlicher Entfernung nicht erkennbare Regung des Gesichts zum ausdrucksstarken Ereignis im sichtbaren Raum [...]« (Panofsky 1993: 26).

Theorien zur Konstruktion filmischen Raums

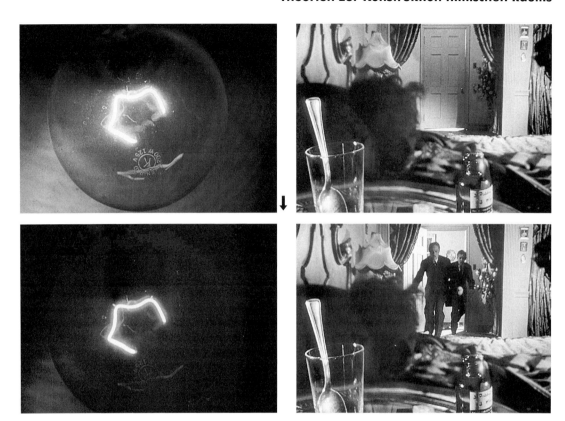

Blickführung durch die Bildkomposition: Die Selbstmordszene in CITIZEN KANE

In seinem Aufsatz *Stil und Medium im Film* aus dem Jahr 1947 definiert Panofsky die filmspezifischen Möglichkeiten als »*Dynamisierung des Raumes*« und »*Verräumlichung der Zeit*« (Panofsky 1993: 22). Der Vergrößerung entspreche die Definition von Dynamisierung des Raums. Der Zuschauer identifiziere sich mit dem Blick der Kamera und erfahre durch die Montage und die Kamerabewegungen eine ständig wechselnde räumliche Beziehung zum filmisch Dargestellten. Auf diese filmische Ausdrucksmöglichkeit haben schon andere der bereits diskutierten Theorien hingewiesen. Interessant ist an dieser Stelle auch Panofskys zweite Definition, die sich in dem Beispiel auf das Mienenspiel bezieht. Die Dynamisierung des Raums durch den Schnitt, zum Beispiel von der Halbtotalen einer Person zu einer Großaufnahme, ist ein Sprung im Raum. Der Faktor Zeit ist hier untergeordnet. Die unmittelbar wahrnehmbare Zeit im Film manifestiert sich im Ablauf von Ereignissen in der Einstellung, sei es durch Bewegung der Kamera oder Bewegungen vor der Kamera, und bleibt damit an eine räumliche Ausdehnung gebunden. Das meint Panofsky, wenn er von der »Verräumlichung der Zeit« spricht.

Insofern handelt es sich hier um eine Theorie filmischen Raums als Voraussetzung für einen filmischen Realismus, die dem von Panofsky postulierten »materialistischen Weltverständnis« (Panofsky 1993: 48) entspricht. Panofskys Ansicht nach darf die abgefilmte Realität zwar »angeordnet«, das heißt durch Beleuchtung, Kameraarbeit etc. präpariert werden, aber nicht gänzlich verfremdet oder, wie er sagt, stilisiert werden, wie es

I. Stand der Forschung

etwa in DAS CABINET DES DR. CALIGARI (1920; R: Robert Wiene) der Fall ist (Panofsky 1993: 48). Die Realität solle vielmehr so aufgenommen werden, dass »das Ergebnis Stil hat« (Panofsky 1993: 48). Panofsky begründet diesen Ansatz mit der Beschaffenheit des Rohmaterials, das bei anderen Kunstgattungen ungestaltet sei, beim Film jedoch immer schon existiere. Der Filmkünstler müsse es nur noch arrangieren. Nach Panofsky wird damit das Material, die »äußere Realität« (Panofsky 1993: 47), nicht gänzlich der Vorstellung des Künstlers unterworfen, sondern, so muss man aus seiner Aussage schließen, behält eine Art Autonomie, die für ihn das Kriterium für Stil ist [10].

Abgesehen von der grundsätzlichen Frage, warum Filme einer normativen Setzung entsprechen sollen, wenn es auch andere Möglichkeiten gibt, bleibt die Vorstellung Panofskys eines filmischen Realismus, die er aus der Analyse des Mediums ableitet, auch sonst vage, weil die Grenze zwischen Anordnung und Stilisierung nicht deutlich gezogen wird. Manipulationen des Dekors, der Schauspieler etc. oder fantastische Sujets sind zwar nicht verpönt, aber stets einem irgendwie gearteten Realismus verpflichtet.

Bazins Realismus-Begriff ist ebenfalls problematisch. Einerseits soll der Ablauf der Ereignisse möglichst naturgetreu abgefilmt werden. Hier zeigt sich schon das erste Problem, da jede Aufnahme aus einem bestimmten Blickwinkel erfolgt und deshalb nie das gesamte Geschehen erfassen kann. Die Aufnahme kann zwar die Dauer einer Handlung realistisch abbilden, aber die räumlichen Zusammenhänge unterliegen einer perspektivischen Sichtweise. Andererseits muss die aufgenommene Realität so gestaltet sein, dass sich dem Zuschauer die Bedeutung der Handlung erschließt, ohne dass die Gestaltung sich in seiner Wahrnehmung in den Vordergrund drängt, damit der Eindruck eines realistischen Ablaufs erhalten bleibt. Die Voraussetzung dafür ist nach Bazin die Tiefenschärfe. Dieses ästhetische Verdikt gilt jedoch auch für den unsichtbaren Schnitt, wie ihn beispielsweise Pudowkin vertritt (vgl. Kersting 1989: 359f.), und könnte auch für andere Gestaltungsmittel im Sinne von Bazins Realismus geltend gemacht werden. Es ist nicht eindeutig, ob das, was Bazin durch den Film als Kunst eingelöst wissen will, eine realistische *Wirkung* auf den Zuschauer sein soll, die auch oder eventuell sogar eindrucksvoller mit einer Gestaltungsweise erreicht werden kann, die sich tendenziell selbst verleugnet, wie zum Beispiel dem unsichtbaren Schnitt, oder ob Realität mit möglichst reduziert eingesetzten Mitteln filmisch reproduziert werden soll. Letzteres wird von Bazin propagiert und als Bestimmung des Films aus dessen spezifischer Eigenschaft der Raumillusion abgeleitet. Die grundlegende Voraussetzung für den Realismus des Films sei nämlich der »Realismus des Raums, ohne den aus der lebenden Fotografie kein Film entstehen kann.« (Bazin 1975: 100) Die räumlichen Beziehungen zwischen den Objekten und Personen wirken tatsächlich bei einer Einstellung mit Tiefenschärfe unmittelbarer, als wenn der Zuschauer die räumliche Ausdehnung der gleichen Handlung aus mehreren Einstellungen konstruieren muss. Aber auch eine Aufnahme mit Tiefenschärfe unterliegt der Eingrenzung durch die Kadrierung und den Blickwinkel. Damit ist dem Zuschauer auch eine bestimmte Sichtweise vorgegeben, wie ein weiteres Beispiel aus CITIZEN KANE veranschaulichen wird. Kane (Orson Welles) entlässt seinen langjährigen Freund und Mitarbeiter Leland (Joseph Cotten). Er sitzt im linken Bildvordergrund frontal zum Zuschauer in der Nahaufnahme und schreibt auf einer Schreibmaschine die Rezension – einen Veriss – eines Auftritts seiner Frau zu Ende, die Leland begonnen hatte (diese Information hat der Zuschauer aus der vorhergehenden Einstellung). Leland nähert sich Kane aus dem Hintergrund. Die Aufmerksamkeit des Zuschauers wird zunächst durch die Perspektive, den von Kane beanspruchten Platz im Bildraum und die Beleuchtung vor allem auf Kane gelenkt. Der Blick verweilt aber nicht bei ihm, sondern oszilliert zwischen dem sich bewegenden Leland und dem konzentriert arbeitenden Kane. Es besteht also ein Relationsverhältnis zwischen der Bewegung Lelands und der vom Zuschauer erwarteten Interaktion zwischen den beiden. Je näher Leland kommt, um so wahrscheinlicher ist, dass einer der beiden etwas sagt oder tut. Kane wartet, bis Leland bei ihm ist. Leland bleibt im rechten Bildvordergrund schräg hinter Kane stehen und stützt sich auf das

Theorien zur Konstruktion filmischen Raums

niedrige Geländer zwischen ihnen. Ohne sich von seiner Arbeit abzuwenden, spricht Kane mit Leland und teilt ihm lapidar mit, dass er entlassen sei.

Mimik und Körpersprache der beiden Akteure sind aus dieser Perspektive gut zu sehen, zumal die Beleuchtung, die große Teile des Raums im Dunkeln oder im Halbdunkeln lässt, sie deutlich hervorhebt. Die gewählte Perspektive definiert die Beziehung zwischen ihnen in ganz bestimmter Weise. Kane sitzt mit dem Rücken zu Leland. Lelands Gestik ist Kane gewissermaßen zugeneigt. Er lehnt sich leicht über das Geländer, das gleichzeitig eine Art Grenze zwischen den beiden bildet. Leland ist an diese Grenze herangetreten, um Kontakt zu Kane aufzunehmen, der ihn allerdings, wie schon die Körperhaltung signalisiert, abweisen wird, indem er ihn entlässt, ohne seine Haltung dabei zu verändern. Die Choreografie der Schauspieler ist genau mit dieser Perspektive abgestimmt. Aus der Vogelperspektive zum Beispiel hätte der Zuschauer einen besseren Überblick über den raum-zeitlichen Ablauf des dargestellten Ereignisses. Die Wirkung wäre jedoch eine ganz andere, da unter anderem die im Mienenspiel ausgedrückte Unsicherheit Lelands und die Unbarmherzigkeit Kanes nicht zur Geltung kämen. Der Blick auf das Geschehen wäre distanzierter und gliche dadurch eher einer »allmächtigen« Perspektive.

Die Einstellung in allen Einzelheiten zu analysieren wäre hier zu aufwändig. Es sollte nur gezeigt werden, dass die Wahl der Perspektive ein wesentlicher bedeutungskonstituierender Faktor bei einer filmischen Repräsentation ist. Es gibt keinen neutralen Standpunkt, von dem aus ein Ereignis lediglich protokolliert und in seiner »äußeren Einheit« (Bazin 1975: 37) erfasst wird. Die Perspektive ist immer eine Stellungnahme, ein Gestus des Zeigens. Sie ist Resultat der Entscheidung für das, was von einem Ereignis gezeigt wird, und ist als Ergebnis eines Selektionsprozesses eine fragmentarische Darstellung, da nun einmal nicht alle Ansichten eines Ereignisses – vor allem nicht gleichzeitig – gezeigt werden können.

Ein weiteres Problem von Bazins Theorie ist, dass in einem Film nur Handlungen vorkommen dürften, die in einer Einstellung darstellbar wären, damit sie seiner Vorstellung von filmischem Realis-

Die Perspektive ist eine Stellungnahme: CITIZEN KANE

mus entsprechen (vgl. Kersting 1989: 356). Nach Bazin erkennt der Zuschauer die im Film dargestellte Realität nur an, wenn er in ihr Gemeinsam-

I. Stand der Forschung

Bazins Realismus-Anspruch genügend: LA PASSION DE JEANNE D'ARC

keiten mit der ihn umgebenden Realität wiederfindet. Grundlegend sei dafür die Erfahrung des Raums.

»Wir sind bereit zuzugeben, daß die Leinwand sich einem künstlichen Universum öffnet, vorausgesetzt, daß es zwischen den Filmbildern und der Welt, in der wir leben, einen gemeinsamen Nenner gibt. Unsere Erfahrungen mit dem Raum bilden die Basis für unsere Auffassung vom Universum. Man könnte den Satz Henri Gouhiers, ›die Bühne ist für alle Illusionen empfänglich, mit Ausnahme der der Präsenz‹, abwandeln und sagen: ›Man kann dem filmischen Bild jede Realität nehmen, nur eine nicht: die des Raums‹.« (Bazin 1975: 97)

Nach dieser Definition wirkt der filmische Raum auf den Zuschauer nur überzeugend, wenn sich die präsentierte Raumkonstruktion mit seiner alltäglichen Raumerfahrung in Einklang bringen lässt. Damit meint Bazin nicht ein realistisches Sujet, sondern die filmische Realität eines homogenen dreidimensionalen Raums, der dem Zuschauer eine Welt für sich suggeriert, die für die Dauer eines Films zu seiner eigenen wird. Diesen Realitätseindruck gewährleisten »bestimmte natürliche Garantien« (Bazin 1975: 98). Das können, auch wenn ein Film sonst extrem stilisiert ist, Details wie etwa das Rauschen des Windes sein (vgl. Bazin 1975: 98ff.), die ausreichen, damit eine filmische Darstellung realistisch ist. Als Argument für die ganzheitliche Wirkung filmischer Realität formuliert Bazin eine normative Setzung, die er aus dem realistischen Abbildungscharakter des Films ableitet:

»Da der Film seinem Wesen nach eine Dramaturgie der Natur ist, kann es keinen Film geben ohne die Errichtung eines offenen Raumes, der an Stelle des Universums steht und sich nicht als Teil dieses Universums begreift.« (Bazin 1975: 98)

Der Film bildet Realität ab und reproduziert damit auch die Unendlichkeit des empirischen Raums. Dadurch erreicht der filmische Raum seine Autonomie gegenüber der empirischen Wirklichkeit. Bazin stellt am Beispiel von LA PASSION DE JEANNE D'ARC (Die Passion der Jungfrau von Orléans; 1928) von Carl Theodor Dreyer fest, dass »außergewöhnliche Kamerawinkel« dazu geeignet seien, eine »vollständige Zerstörung des Raums« (Bazin 1975: 97) zu bewirken. Der Film wird von Bazin dennoch als realistisch betrachtet, da in den Nahaufnahmen, die sein wesentliches ästhetisches Merkmal sind, die Natürlichkeit der Gesichter bewahrt wird. Dementsprechend fallen Filme wie DAS CABINET DES DR. CALIGARI in der Bewertung Bazins durch, denn die Beleuchtung und das Dekor vermittelten keinen realistischen Eindruck.

Bazin entwickelt seine Überlegungen zum filmischen Raum in Abgrenzung zum Theater. Der Unterschied zwischen den beiden Kunstgattungen liege »im Wesen der Dekoration und ihrer Funktion« (Bazin 1975: 92) begründet. Bazin stellt fest, dass »der Raum der Leinwand zentrifugal ist«

(Bazin 1975: 95). Der filmische Raum werde immer über seine unmittelbare Präsenz auf der Leinwand hinaus wahrgenommen. Die Dekoration im Theater hingegen beziehe sich auf den Bühnenraum. Dieser sei also nach innen auf den für den Zuschauer sichtbaren Raum bezogen. So konstituiere sich im Theater der »dramatische Raum« (Bazin 1975: 92). Indem das filmische Bild aber nur einen Teil des Raums zeige, verstecke es den Rest (vgl. Bazin 1975: 94). Anders gesagt: Das Bühnenbild stellt einen geschlossenen Raum dar. Die Einstellung im Film zeigt einen Ausschnitt des vom Zuschauer vorzustellenden Gesamtzusammenhangs.

Damit hat Bazin ein wesentliches Element filmischer Raumillusion angesprochen. Ein für den Zuschauer nicht sichtbarer, aber vorausgesetzter Off-Raum wird bei einem Film immer als grenzenlose Verlängerung des in der Kadrierung repräsentierten Raumausschnitts wahrgenommen. Bazins Versuch, dieses Phänomen zu erklären, bleibt unzureichend, da er, um den Anspruch auf den Realismus des filmischen Bildes halten zu können, die Argumente ausklammert, die gegen diesen normativen Ansatz sprechen. Die Trennung des Universums der Leinwand von unserem ist auch auf die Elemente des Films zurückzuführen, die den Zuschauer das Filmbild als etwas Künstliches oder Gestaltetes wahrnehmen lassen. Die Kadrierung markiert die Grenze zwischen den beiden Welten. Hinzu kommt die Flächigkeit des Bildes, die im Prinzip eine Begrenzung in der dritten Dimension bildet. Wenn diese in der Wahrnehmung letztlich auch, je nach Komposition des Bildes, mehr oder weniger in den Hintergrund tritt, wird sie nie vollständig aufgehoben. Innerhalb dieser Grenzen jedoch kann der

Stil statt Realismus: DAS CABINET DES DR. CALIGARI

Film beliebige Perspektiven beliebiger Räume zeigen. Diese Tatsache unterschlägt Bazin zwar nicht, räumt ihr aber nur einen untergeordneten Stellenwert ein (Bazin 1975: 92). Ihm entgeht, dass diese potenzielle Grenzenlosigkeit Resultat einer filmtechnischen Verfahrensweise ist: der Ungleichzeitigkeit von Aufnahme und Aufführung. Ob nun durch Montage oder durch Kamerabewegungen vermittelt, der Film kann ständig und in kürzester Zeit die Perspektive wechseln, was eindeutig die Künstlichkeit filmischer Darstellung offenlegt. In Bazins Metapher des Verstecks ist die Möglichkeit des Films, andere Perspektiven zu zeigen, enthal-

I. Stand der Forschung

ten. Verstecken heißt nichts anderes, als etwas seiner potenziellen Sichtbarkeit zu entziehen. Bazin umschreibt diese Möglichkeit des Films, um das unrealistische Moment zu schwächen. Die Formulierung suggeriert, dass die Einstellung eines Films immer ein Stück unverstellter Realität repräsentiert. Dass dies nicht so ist, zeigt das Beispiel aus CITIZEN KANE.

Die technische Aufzeichnung erlaubt zusätzlich eine nachträgliche Manipulierbarkeit des Materials und ermöglicht beliebig häufige Aufführungen derselben Inszenierung. Die technischen Voraussetzungen des Films sind also geradezu prädestiniert, in Raum und Zeit zu »springen« und dadurch eigene Raum-Zeit-Verhältnisse zu schaffen. Die Zuschauer werden außerdem durch die von der Rezeption anderer Filme erworbenen Sehgewohnheiten solche – im Sinne von Bazin – unrealistischen Möglichkeiten des Films erwarten.

Bazin ist jedoch nicht überzeugend, wenn er darauf beharrt, dass der Film sich auf seine »realistischen« oder den Realismus fördernden Elemente beschränken soll. Näher kommt er der spezifischen Qualität filmischer Raumillusionierung, wenn er eine Gegensätzlichkeit in der Ästhetik des Films sieht:

»Wenn das ästhetische Paradoxon des Films in einer Dialektik von Konkretem und Abstraktem liegt, und wenn die Leinwand darauf angewiesen ist, allein durch die Vermittlung von Realität etwas zu sagen, dann ist es um so wichtiger, die Regieelemente zu unterscheiden in solche, die den Begriff der natürlichen Realität bestätigen und jene, die ihn zerstören.« (Bazin 1975: 98)

Mit den Begriffen »abstrakt« und »konkret« meint Bazin offensichtlich die das »Unrealistische« bzw. das »Realistische« fördernden Regieelemente. Worin genau das dialektische Verhältnis besteht, bleibt unklar. Bazin macht deutlich, dass er den Film insgesamt als realistisch wirkendes Universum sieht. Er konstatiert, dass die Illusionierungsmechanismen des Films in dem komplizierten Verhältnis seines starken Realitätseindrucks und der Künstlichkeit, die durch seine Technik bedingt ist, begründet liegen. Die Möglichkeit des Films, aufgrund seiner technischen Bedingungen eine Raumerfahrung zu vermitteln, die jenseits einer realistischen liegt, weist Bazin hier explizit zurück. Dass gerade in dieser Möglichkeit eine besondere Ausdruckskraft liegen könnte, wird deshalb auch nicht von ihm erörtert. Wie der Film mittels seiner Künstlichkeit *und* seines starken Realitätseindrucks unsere alltägliche Raumerfahrung außer Kraft zu setzen vermag, wird die Analyse von 2001: A SPACE ODYSSEY zeigen.

Im Gegensatz zu Bazin vertritt der ungarische Filmtheoretiker Béla Balázs einen Ansatz, der die Möglichkeiten des Films zur Überwindung der alltäglichen Raumerfahrung hervorhebt. Balázs begann sein filmtheoretisches Schaffen in den 1920er Jahren. Eines seiner Hauptwerke, in das noch Teile aus früheren Schriften mit einfließen, ist *Der Film: Werden und Wesen einer neuen Kunst* aus dem Jahr 1949 (Balázs 1972). Auch seine Theorie ist als eine realistische zu betrachten, da die Kamera ihr zufolge Dinge sichtbar machen kann, die dem bloßen Auge verborgen bleiben (vgl. Monaco 1995: 422). Balázs entwickelt seine Kategorien im Wesentlichen aus der Technik der Kamera heraus, und als ein besonderes Merkmal des Films rückt er die Großaufnahme ins Zentrum. Im Gegensatz zu Benjamin, der die wissenschaftliche Präzision der Apparatur hervorhebt, sieht Balázs die Stärke der Großaufnahme in ihrer potenziellen »lyrischen Wirkung« (Balázs: 1972: 48). Deren Beschreibung bleibt indes sehr vage. Es handle sich um Aufnahmen, die das Wesen von etwas oder jemanden enthüllen, so Balázs (vgl. Balázs 1972: 48). Wichtig sei, dass den Dingen jener Ausdruck verliehen werde, »der *der projizierte Ausdruck unserer unregistrierten Gefühle ist*« (Balázs 1972: 48). Die Kamera kann den Zuschauer also in eine räumliche Beziehung zur abgefilmten Objektwelt versetzen, wodurch bei diesem verborgene Gefühle hervorgerufen werden, die er mit dem Gezeigten verbindet. Balázs begründet diese Möglichkeit des Films mit der Voraussetzung, dass der Zuschauer sich mit dem Blick der Kamera identifiziert. Damit kann er sich die Illusion erzeugen, sich mitten in der vom Film dargestellten Welt zu befinden: »Im Kino reißt die Kamera unseren Blick mit sich fort in die Räume der Filmhandlung, des Filmbildes« (Balázs 1972: 38). Nach Balázs' Ansicht stellt der Film die einzige Kunst dar, bei der die innere Distanz des Rezipienten zum Kunstwerk aufgehoben wird (vgl. Balázs 1972: 38). Dadurch werde die »dramatische Wucht des Raumes« spürbar (Balázs 1972: 37). Die Kamerabewegung wiederum sei das geeignete Stilmittel, um diese Eigenschaft des Films besonders gut zur Geltung zu bringen. In dem Kapitel *Panorama* – Balázs benutzt diesen Terminus als Synonym für Kamerabewegung – beschreibt er deren ästhetische Kraft: »Der *Raum selbst* wird zum Erlebnis, nicht das in perspektivischer Aufnahme *dargestellte Bild des Raumes*.« (Balázs 1972: 125)

Unabhängig davon, ob eine Reihe von Gesichtern, wie in Dreyers JEANNE D'ARC, oder Landschaften gezeigt werden: Die Kamerabewegung vermittele den räumlichen Zusammenhang der Objekte intensiver, da die Entfernungen zwischen den Dingen mit dem Blick der Kamera durchlaufen würden. Es handele sich bei der filmischen Aufnahme um die Imitation der natürlichen Wahrnehmung, bei der der Blick auch umherschweifen müsse, um eine Szenerie überschauen zu können.

Die Ausdehnung des Raums werde durch die Kamerabewegung bedeutsam, ohne dass der Ort oder die Objekte dabei relevant seien. Balázs nennt als Beispiel Joe Mays Film ASPHALT (1929), in dem eine Kamerafahrt durch die Wohnung eines Polizeiwachtmeisters führt. Die Details (zum Beispiel Schrank, Vogelkäfig, Fotografie der Eltern, Uhr), die die Kamera einfängt und die in engster geografischer Nähe zueinander stehen, vermitteln eindringlich »die enge Welt eines Spießerdaseins« (Balázs 1972: 126). Die geografische Nähe der Gegenstände, die mit der Kamerafahrt für den Zuschauer erfahrbar wird, so kann man aus Balázs' Aussage schließen, ist die visuelle Darstellung der geistigen und emotionalen Beschränktheit einer kleinbürgerlichen Existenz. Doch Balázs irrt, wenn er behauptet, der Raum habe unabhängig vom Ort und den Objekten Bedeutung. Vielmehr ist die Bedeutung auf das Engste mit den Objekten und dem Ort verschränkt. Die geografische Enge kann nur aufgrund der Bedeutung der gezeigten Gegenstände als Beengtheit im übertragenen Sinn wahrgenommen werden.

In diesem Beispiel zeigt sich deutlich ein Problem bei der detaillierten Analyse filmischen Raums in einzelnen Einstellungen oder Sequenzen. Nähe könnte ebenso gut auch Harmonie oder Vertrautheit bedeuten. Nur die Verbindung der spezifischen Wohnung mit der Bedeutung der Objekte in ihr verleiht der Nähe die negative Bedeutung.

Trotz der Differenzen zwischen den in diesem Abschnitt besprochenen Autoren im Detail lässt sich in Bezug auf die Ästhetik filmischen Raums eine wichtige Gemeinsamkeit feststellen: Das Kamerabild kann, in Anlehnung an McLuhans Medientheorie, die er unter anderem in *Die magischen Kanäle* darlegt, als eine Verlängerung des Sehorgans des Zuschauers beschrieben werden (McLuhan 1992).

Bazin setzt einerseits die Objektivität der Kamera, die dem Zuschauer die Objekte unvoreingenommen zeigt, für den Realismus der fotografischen Abbildung voraus (Bazin 1975: 24). Andererseits verwendet er bei der Erläuterung einer Einstellung die Metapher des subjektiven Kamera-Auges, durch das der Zuschauer den Schauspieler betrachtet (Bazin 1975: 148). Eine Art Objektivierungsleistung spricht auch Benjamin der Kamera zu. Er beschreibt das Filmbild als ein Resultat der testenden Haltung, die die Kamera einnimmt und in die sich der Zuschauer »einfühlt« (Benjamin 1996: 24). Panofsky spricht explizit von einer Identifizierung des Auges mit der Linse der Kamera (Panofsky 1993: 22) [11]. Am emphatischsten vertritt Balázs den Zusammenhang von Identifizierung mit der Kamera und der Wahrnehmung filmischen Raums:

»Das Panorama [also die Kamerabewegung, R.K.] hingegen lässt uns überhaupt nicht aus dem Raum hinaus. Wir durchmessen ihn in Begleitung der Kamera dank unserer *Identifizierungsfähigkeit*, und auch unser Zeitgefühl mißt die realen Entfernungen, die zwischen den einzelnen Objekten bestehen.« (Balázs 1972: 125)

Wie in den vorhergehenden Ausführungen erläutert, geht Balázs nahezu von einem Ersatz der Wahrnehmung der Augen durch die Kamera aus. Die Grenzen zwischen dem Zuschauer und der Leinwand sind für ihn verwischt, und der Zuschauer nimmt den filmischen Raum als unvermittelt wahr.

Balázs' Euphorie in Bezug auf das Raumerlebnis scheint aus heutiger Sicht übertrieben. Der Zu-

I. Stand der Forschung

schauer kann sehr wohl noch zwischen dem Geschehen auf der Leinwand und dem ihn real umgebenden Raum unterscheiden. Es trifft allerdings zu, dass der Film auf den Zuschauer auch eine starke physiologische Wirkung haben kann. Es kann in dem Sinne von einer Identifizierung des Zuschauers mit der Kamera gesprochen werden, als dass über den Sehsinn, der auch zu den propriozeptiven Sinnen gezählt wird (Goldstein 2002: 297), der Gleichgewichtssinn angesprochen wird, durch den die Kamerabewegung als Illusion einer Eigenbewegung nachvollzogen werden kann. Wie stark die Illusion ausfällt, hängt vor allem von der Geschwindigkeit ab. In Teil II, S. 57 wird dies näher ausgeführt.

Hartmut Winkler: *Der filmische Raum und der Zuschauer.* »Apparatus« – Semantik – »Ideology«

Das Buch *Der filmische Raum und der Zuschauer* von Hartmut Winkler (1992) ist meines Wissens das bislang einzige Buch, das sich ausschließlich mit dem filmischen Raum auseinandersetzt.

Winkler geht von Überlegungen aus, die im Rahmen der seit den 1970er Jahren geführten Apparatus-Debatte diskutiert wurden. Er bezieht sich im Wesentlichen auf die Autoren Marcelin Pleynet, Jean-Louis Baudry und Jean-Louis Comolli (Winkler 1992: 19ff.), die sich mit der Frage beschäftigen, inwieweit die Technik des Films bzw. des Kinos ideologische Implikationen enthält, die den dargestellten Inhalt formen. Ihnen zufolge darf Film deshalb nie losgelöst von seinen technischen Voraussetzungen analysiert werden. Die durch die Kameraapparatur bedingte Raumkonstruktion beim Film spielt innerhalb dieser Debatte eine wichtige Rolle. Winkler unterzieht sie in seinem Buch einer Revision und versucht ihre Grenzen zu überwinden, indem er eine Vielzahl anderer theoretischer Ansätze in diese Überlegungen einbezieht. Er verzichtet dabei auf Filmanalysen, seine Ausführungen beschränken sich also auf theoretische Überlegungen und stehen damit schon allein methodisch im Gegensatz zu der vorliegenden Untersuchung.

Im ersten Schritt referiert und analysiert Winkler die Argumente der Apparatus-Autoren im Hinblick auf ihre Bedeutung für den filmischen Raum. In ihren Texten werde der Kinoraum in seiner Einteilung von Leinwand, Zuschauer und Projektor analysiert, etwa in Baudrys (vgl. Winkler 1992: 25) berühmter Analogie zwischen der Kino-Situation und Platons Höhlengleichnis (Baudry 1994). Winkler konzentriert sich in seinen Ausführungen aber hauptsächlich auf eine Auseinandersetzung mit den filmtheoretischen Aspekten der Debatte. Die zentrale These der Apparatus-Autoren ist, dass die Filmkamera Bilder nach den Gesetzen der in der Renaissance entwickelten zentralperspektivischen Flächenprojektion produziere und damit den dargestellten Inhalten auch den ideologischen Gehalt dieser spezifischen Bildkonstruktion einschreibe. Alles im Bild Dargestellte sei auf den Betrachterstandpunkt hin konstruiert. Dadurch werde der Zuschauer gegenüber dem Dargestellten in eine erhöhte Position gerückt (Winkler 1992: 10). Das Produkt, der für den Zuschauer sichtbare Film auf der Leinwand, sei damit unabhängig von seinem Inhalt ideologisch aufgeladen. Den Autoren zufolge besteht das Problem darin, dass diese Form der Bildkonstruktion als selbstverständlich hingenommen werde und der kulturelle Zusammenhang, in dem diese Technologie entstanden ist, unhinterfragt bleibe. Der Zuschauer werde dadurch ideologisch infiltriert, ohne dass es ihm bewusst wird.

»Haben Sie bemerkt, daß die Debatten, die um den Film, um das Kino geführt werden [...], alle von der *a priori*-Existenz einer bilderproduzierenden Maschinerie ausgehen, die für sich genommen nichts bedeutet, die man unterschiedslos für dieses oder jenes gebrauchen kann, rechts oder links. [...] Bevor sie einen Film produziert, produziert die technische Konstruktion der Kamera bürgerliche Ideologie.« (Pleynet zitiert nach Winkler 1992: 20)

Pleynet wirft hier also der gesamten filmwissenschaftlichen Diskussion mangelnde Reflexion vor, insofern sie von der Neutralität der Technik ausgeht. Dieser Naivität entgegenzuarbeiten liegt im gemeinsamen Interesse der Apparatus-Autoren. Allerdings ziehen sie aus der Analyse der Kamera-Apparatur, die bei ihnen allen identisch ist, unterschiedliche Konsequenzen. Diese Argumentationen im Detail nachzuvollziehen würde zu weit führen und ist für die Untersuchung des filmischen Raums auch nicht notwendig. Die Ausgangsthese der Apparatus-Theoretiker, der sich auch Winkler anschließt, dass das filmische Bild *an sich* zentralperspektivisch sei, wird vielmehr auf ihre Richtigkeit hin überprüft, um zu zeigen, dass der Film auch andere Möglichkeiten der Bildkonstruktion hat und diese auch nutzt. In einem zweiten Schritt wird die Frage aufgeworfen, ob die Zentralperspektive nicht doch Allgemeingültigkeit besitzt, was Winkler unter Rückgriff auf eine bestimmte kunsttheoretische Strömung bestreitet, wie sie unter anderem von Panofsky (Panofsky 1992) vertreten wird (Winkler 1992: 11). Es wird deutlich werden, dass eine filmwissenschaftliche Auseinandersetzung mit dem filmischen Raum nur sinnvoll sein kann, wenn sie materialorientiert entfaltet wird, das heißt unter Berücksichtigung der Kameratechnik sowie der Analyse des für den Zuschauer sichtbaren Films.

Einen wichtigen Beitrag dazu liefert David Bordwell in seinem Buch *Narration in the Fiction Film* (Bordwell 1985: 107ff.), in dem er anhand mehrerer Standbilder nachweist, dass die filmische Bildkonstruktion sehr unterschiedlich sein kann. Eine dezidiertere Auseinandersetzung mit den verschiedenen Bildkonstruktionen, die der Film hervorbringen kann, wird in Teil II, S. 78ff. geleistet. Es wird an dieser Stelle mit Hilfe Bordwells nur insoweit eine Gegenposition zu den Apparatus-Theoretikern und damit zu Winklers Basis für seine Argumentation vertreten, um die Unhaltbarkeit der These von der Kamera als ideologischer Bildermaschinerie zu zeigen. Bordwell schreibt: »The motion picture camera is constructed to produce an image by virtue of the central projection of light rays. Many film theorists have taken this to imply that the film image is condemned to repeat the single spatial schema, and thus the ›positionality‹, of Albertian linear perspective. This conclusion is utterly unwarranted. Like photographers, filmmakers transform the light that enters the camera.« (Bordwell 1985: 107)

Diese Veränderungen des einfallenden Lichts und damit der Perspektive können beispielsweise durch den Einsatz von Teleobjektiven hervorgerufen werden. Mit einem Teleobjektiv kann ein Bild so aufgenommen werden, dass es parallel-perspektivisch konstruiert ist und dadurch keine Fluchtpunkte hat (Bordwell 1985: 109). Die Linien verlaufen, wie der Name schon sagt, parallel.

Außerdem kann ein Filmbild mehrere Fluchtpunkte aufweisen (Bordwell 1985: 107), sodass hier schon eine andere Rezeptionshaltung evoziert wird als bei einer Projektion, die auf nur einen Fluchtpunkt hin konzipiert ist. Es bleibt bei Winkler unklar, ob er unter Zentralperspektive auch die Mehrfluchtpunktperspektive versteht.

»Die Raumkanten, die dem Fluchtpunkt zustreben und die das wohl deutlichste Kennzeichen einer zentralperspektivischen Konstruktion sind, orientieren den Raum ebenso zuverlässig wie jene Rasterfußböden, die die Renaissancemaler ihren Bildern als räumliche Grundorientierung mitgaben.« (Winkler 1992: 79)

Bei der Beschreibung der Zentralperspektive spricht Winkler von *einem* Fluchtpunkt und diskutiert nicht die Möglichkeit des Films, Bilder mit mehreren Fluchtpunkten zu produzieren. Und auch bei Bildkonstruktionen mit nur einem Fluchtpunkt macht es einen Unterschied, ob dieser in der Mitte des Bildes oder eher am Rand liegt. Im letzteren Fall liegt das Zentrum nicht mehr dem Betrachterstandpunkt gegenüber. Dadurch verändert sich die gesamte Dynamik und Blickführung innerhalb des Bildes, da die Linien nicht mehr auf den Betrachter zulaufen, sondern an ihm vorbei.

Die angeführten Beispiele sind Variationen perspektivischer Darstellung. Der entscheidende Punkt ist, dass jede spezifische Bildkomposition den Zuschauer in eine andere Position gegenüber dem Abgebildeten versetzt und sich durch dieses veränderte Verhältnis von Zuschauer und abgebildeter Objektwelt auch die Bedeutung des Bildes verändert.

Bordwell führt noch Beispiele anderer Bildkonstruktionen an. Seine Thesen belegt er anhand von Fotografien oder Standbildern aus Filmen.

Die Zentralperspektive der Renaissance unterscheidet sich streng genommen von der perspektivischen Bildkonstruktion einer Kamera, auch wenn deren Bilder ebenfalls mit einem Fluchtpunkt komponiert sind. Der Unterschied besteht darin, dass bei einem fotografischen Bild die Umrisslinien

I. Stand der Forschung

mit zunehmender Entfernung je nach Wahl des Objektivs mehr oder weniger gekrümmt sind. Solche Krümmungen entsprechen auch dem Netzhautbild, werden aber mit der Konstanzskalierung von uns automatisch korrigiert, sodass die Umrisslinien als gerade wahrgenommen werden (Gregory 2001: 225; vgl. auch Panofsky 1992: 103). Rudolf Arnheim hat das wie folgt dargestellt:

»Man stelle sich ein großes frontales Rechteck vor, vielleicht die Fassade eines Gebäudes. Solche frontalen Formen werden in Bildern als unverformt dargestellt; wir bekommen ein regelmäßiges Rechteck zu sehen. Da aber alle sichtbaren Flächen mit zunehmender Entfernung von den Augen des Betrachters kleiner werden sollten, sollte das zum Beispiel in konvexen Umrissen zum Ausdruck kommen. Diese konvexen Linien lassen sich tatsächlich auf Fotografien erkennen, die mit ausreichend weitem Winkel aufgenommen sind. Der Zeichner verwendet sie nicht, weil eine solche Verformung nicht in ein Zurückweichen zu übersetzen ist und vom Auge deshalb als eine Verzerrung des frontalen Objektes aufgefasst würde.« (Arnheim 1978: 279)

Abgesehen davon ist der Betrachterstandpunkt beim Film dynamisiert und durch Montage und Bewegung einer ständigen, durch die Filmemacher vorgegebenen Veränderung unterworfen. Der Zuschauer ist dadurch immer wieder neuen Blickwinkeln auf andere Raumausschnitte ausgesetzt. Selbst bei nahezu zentralperspektivischen Bildern kann die »definitionsmächtige Stellung« (Winkler 1992: 10) des Zuschauers aufgehoben sein, indem durch schnelle Schnitte, Reißschwenks, Großaufnahmen von Gesichtern etc. der Raum unübersichtlich und dadurch zur Gefahrenzone wird. Solche Raumgestaltungen sind in Action- und Horror-Filmen durchaus Standard.

Es gibt selbstverständlich filmische Aufnahmen, die der zentralperspektivischen Flächenprojektion nahezu entsprechen. Es wird nun die These Winklers hinterfragt, ob es sich bei der Zentralperspektive wirklich um ein beliebiges System zur Raumdarstellung handelt, das »inhaltliche Implikationen« in die Bilder hineinträgt, wie er unter Rückgriff auf Panofskys Aufsatz *Die Perspektive als »symbolische« Form* behauptet (Winkler 1992: 11), oder ob sie objektive Gültigkeit beanspruchen kann. Letztere Auffassung vertritt der Kunsthistoriker E.H. Gombrich in seinem Buch *Kunst und Illusion* (Gombrich 2002: 209ff.).

Die Technik der zentralperspektivischen Darstellung basiert, so Gombrich, auf der »schlichten Erkenntnis, daß man nicht um die Ecke sehen kann. Aus der Tatsache, daß unsere Blickbahn geradlinig verläuft, folgt zwangsläufig alles, was die Perspektive lehrt« (Gombrich 2002: 212). Und geradlinig verlaufen unsere Blicke nicht erst seit der Renaissance (Gombrich 2002: 213). Dementsprechend sehen wir nur die uns zugewandte Seite eines Objekts und können durch undurchsichtige Objekte verdeckte Teile anderer Objekte eben nicht erkennen. Weiter liege die Begrenzung der zentralperspektivischen Darstellung darin, dass ebene Flächen für die Projektion benutzt werden (darin sieht Gombrich die Konvention der perspektivischen Darstellung). Damit unterscheide sie sich von einem dreidimensionalen Modell, bei dem das Tiefenkriterium der Querdisparation durch unseren binokularen Blick noch zum Tragen käme (Gombrich 2002: 214ff.). Diese Begrenzung verlangt vom Betrachter ein größeres Maß an Mitarbeit zur Illusionierung von Dreidimensionalität als ein wirklich dreidimensionales Modell.

Die Ausführungen genügen, um zu zeigen, dass es auch gute Argumente gegen Winklers Auffassung von der Symbolik der Zentralperspektive gibt. In diesem Zusammenhang ist zu erwähnen, dass Winkler trotz seiner propagierten Methode, auf Beispiele bewusst zu verzichten (vgl. Winkler 1992: 15), Regisseure anführt, die gegen die »Ideologie« der Zentralperspektive arbeiten. In dem Kapitel *Maßnahmen gegen den Raum* (Winkler 1992: 92) nennt er unter anderem Hitchcock, der zum Beispiel in seinen Filmen NORTH BY NORTHWEST (Der unsichtbare Dritte; 1959) und REAR WINDOW (Das Fenster zum Hof; 1954) spezifische Raumerfahrungen schaffe, die den üblichen filmischen Raumkonstruktionen widersprächen. Die Beispiele werden jedoch nur genannt und nicht analysiert, sodass sich die Frage stellt, ob Hitchcock wirklich eine Ausnahme darstellt oder ob Desorientierung, klaustrophobische und agoraphobische Zustände nicht zu dem grundlegenden

Theorien zur Konstruktion filmischen Raums

Jenseits üblicher filmischer Raumkonstruktionen? NORTH BY NORTHWEST und REAR WINDOW

Repertoire an Grundängsten gehören, die das Kino aufgrund seiner starken räumlichen Wirkung ebenso gut erfahrbar machen kann und erfahrbar macht wie das Gefühl der Raumbeherrschung.

Weiterhin nennt Winkler Michelangelo Antonionis Film IL DESERTO ROSSO (Rote Wüste; 1964), der eine Vielzahl von Einstellungen enthalte, bei denen der Hintergrund unscharf oder monochrom sei, wodurch der zentralperspektivische Filmraum konterkariert werde. Auch hier stellt sich die Frage, ob solche Bildarrangements nicht eher zum Standard gehören. In vielen Filmen gibt es Aufnahmen, in denen Figuren vor verschwommenen Hintergründen agieren. Häufig ist dies etwa bei Dialogen der Fall, bei denen die Aufmerksamkeit ganz auf die Mimik, Gestik und Sprache der Akteure gelenkt werden soll. In Kubricks THE SHINING zum Beispiel unterhalten sich zwei Personen, die an einem Tisch sitzen. Die Sequenz ist mit dem konventionellen Schuss/Gegenschuss-Verfahren aufgenommen. Das Bild ist extrem hell ausgeleuchtet, und der Schärfenbereich liegt jeweils auf den Personen, während der Hintergrund so unscharf ist, dass keine Details mehr erkennbar sind. Die Figuren wirken wie aus dem Raum herausgelöst. Tiefe kommt in diesen Aufnahmen durch die Perspektivität der Körper und eine Figur-Grund-Beziehung, also die Abgrenzung zwischen Schauspieler und Hintergrund, zustande (s. S. 41).

Weiterhin versucht Winkler durch die Integration verschiedener theoretischer Ansätze, die Thesen der Apparatus-Theoretiker zu stützen. Auf der Basis der Gestalttheorie etwa will er den Film als Sprache dechiffrieren, da den Apparatus-Theoretikern vorgeworfen wurde, dass sie das »symbolische System« (Winkler 1992: 118) des Films überspringen würden. »Symbolisch« meint in diesem Zusammenhang nur die sprachliche Struktur des Films. Winkler versucht auf diesem Wege also die Lücke zwischen den technischen Bedingungen einer filmischen Aufnahme und ihren ideologischen Implikationen für den Inhalt zu schließen (Winkler 1992: 118ff.). Diese Argumentationslinie führt ihn weiter in die Metapherntheorie (Winkler 1992: 151ff.). Das Buch schließt mit einer Diskussion der Zuschauerposition unter Rückgriff auf Autoren wie Paul Virilio, Michel Foucault und Laura Mulvey (Winkler 1992: 185ff.).

Die Argumentation im Einzelnen nachzuzeichnen ist an dieser Stelle nicht notwendig, da die Problematik von Winklers Ausgangsthese und seiner Methodik bereits gezeigt wurde. Die Mängel dieser Betrachtung der technischen Voraussetzun-

Unscharfe Hintergründe: IL DESERTO ROSSO

I. Stand der Forschung

gen für den Film konnten sowohl mit Gegenargumenten von Bordwell und Arnheim als auch mit immanenter Kritik an Winklers Ausführungen deutlich gemacht werden. Dass Winkler seine Argumente nicht filmanalytisch stützt, führt zum einen zu einer eindimensionalen Darstellung filmischer Präsentationsmöglichkeiten. Zum anderen weist auch die an die Behauptung vom zentralperspektivischen Bildraum anschließende Argumentation so weit vom eigentlichen Gegenstand der Analyse weg, dass es schwerfällt, eine konkrete Vorstellung von Winklers Thesen zu entwickeln.

Desiderat bleibt eine filmanalytische Untersuchung des filmischen Raums, die sich genauer mit den technischen Voraussetzungen der Raumkonstruktion auseinandersetzt, um der Raum-Ästhetik des Mediums Film auf die Spur zu kommen, und sich nicht von vorneherein auf eine kulturkritische Position festlegt.

Der materialorientierte Ansatz David Bordwells

Der amerikanische Filmtheoretiker David Bordwell – und mit ihm eine Reihe anderer Filmwissenschaftler, von denen vor allem Kristin Thompson zu nennen ist – vertritt einen Ansatz, für dessen Methode kennzeichnend ist, dass der Analyse filmästhetischen Materials ein hoher Stellenwert bei der Theoriebildung eingeräumt wird. Außerdem wird die Verstehensleistung des Zuschauers bei der Filmrezeption einbezogen. Bordwell wirft poststrukturalistischen und psychoanalytischen Konzepten vor, Filme in vorgefertigte Modelle zu pressen und damit notwendigerweise deren Spezifität zu verfehlen (vgl. Hartmann/Wulff 1995: 11).

In seinem Buch *Narration in the Fiction Film* (Bordwell 1985) verfolgt Bordwell das Anliegen, Strukturen filmischen Erzählens zu analysieren und in historisch und kulturell geprägte Modi zu kategorisieren. Bordwell integriert in seine Filmtheorie die Literaturwissenschaft, Wahrnehmungspsychologie und Kunsttheorie. Der Ansatz wird an dieser Stelle nur in Grundzügen dargestellt, da im Verlaufe der Untersuchung immer wieder auf den Autor zurückgegriffen wird.

Die Basis für Bordwells Theorie bilden der Russische Formalismus und der Kognitivismus bzw. »the ›Constructivist‹ trend« (Bordwell 1985: 100). Die theoretische Ausrichtung von Bordwell wird auch als Neoformalismus bezeichnet (vgl. Hartmann/Wulff 1995: 5).

Vom Russischen Formalismus übernimmt Bordwell vor allem das Konzept von Syuzhet (konkrete Präsentation der Geschichte in ihrer Anordnung) und Fabula (die vom Zuschauer aus der Präsentation heraus konstruierte Geschichte), das große Bedeutung für seine Narratologie hat. Weiterhin teilt Bordwell mit den Formalisten, von denen er Wiktor Schklowski, Juri Tynjanow und Boris Eichenbaum nennt, die Überzeugung, dass die künstliche Trennung von »theory, history and criticism« nicht sinnvoll sei (Bordwell 1985: XII). Im Gegenzug postuliert er die Integration der verschiedenen Disziplinen für seine Filmtheorie.

Wichtiger für die Raumproblematik ist der kognitionstheoretische Einfluss auf Bordwells Theorie. Der Autor beruft sich vor allem auf die Arbeiten des Kunsttheoretikers E.H. Gombrich und der Wahrnehmungspsychologen R.L. Gregory und Julian Hochberg. Bordwell grenzt sich von James J. Gibson (»the perspectivist view«) und Rudolf Arnheim (»the Gestaltist view«) ab, deren Theorien er zwar prinzipiell für fruchtbar, aber für seine Untersuchung nicht geeignet hält, da ihre Modelle zu statisch seien. Gibson geht davon aus, dass der visuelle Reiz die Wahrnehmung bestimmt. Arnheim bzw. die Gestalttheorie behauptet, dass es festgelegte Muster gebe, nach denen die Wahrnehmung die visuellen Reize zu Gestalten organisiert. Diese Ansätze könnten aber nicht das Phänomen erklären, wie der Zuschauer auf der Basis einer Aneinanderreihung von Fragmenten, die der Film mit seinen einzelnen Einstellungen darstellt, eine kohärente Geschichte konstruiert. Laut Bordwell setzen die Möglichkeiten filmischen Erzählens die Aktivität des Rezipienten voraus (vgl. Bordwell: 100ff.). Auf der Basis der gezeigten Einstellungen entsteht der filmische Raum in der Vorstellung des Zuschauers.

»Speaking roughly, the typical act of perception is the identification of a three-dimensional world on the basis of cues. Perception becomes a process of active hypothesis-testing. The organism is tuned to pick up data from the environment. Perception tends to be anticipatory, framing more or less likely expectations about what is out there.« (Bordwell 1985: 31)

Bordwell konzipiert die Filmwahrnehmung als aktiven, dynamischen Prozess, der aus dem Präsentierten ständig neue Hypothesen über das Folgende aufstellt und das Vergangene aufgrund des Präsenten verifiziert oder falsifiziert. Der Zuschauer befindet sich in einem Fluss ständiger Revision und Modellierung des Geschichtsverlaufs.

Bordwell nennt zwei Prinzipien der visuellen Wahrnehmung: *top down* und *bottom up*. Die Wahrnehmung des filmischen Raums baue sich also von zwei Seiten auf: zum einen von der Wahrnehmung von Details. Bordwell führt als Beispiel Farbunterschiede an, die die Grenzen von Objekten markieren können und damit eine Objektwelt wahrnehmbar machen. Zum anderen sei die Wahrnehmung des Bildes von Erwartungen, Wiedererkennen und ähnlichen Prozessen geprägt, die größere Einheiten der bildlichen Darstellung erfassen (Bordwell 1985: 31). Letzteres ist der Wahrnehmungsmodus, der von Bordwells kognitiver Filmpsychologie besonders stark gemacht wird (Bordwell 1985: 102). Mit Rekurs auf Gombrich (Bordwell 1985: 102) vertritt Bordwell die Auffassung, dass sich bei der Wahrnehmung eines Bildes nichts erschließe, was nicht durch die Erfahrung vertraut sei.

Im Folgenden führt Bordwell einige grundlegende Gedanken zu perspektivischen Konstruktionsmöglichkeiten des filmischen Bildes aus. Er unterteilt die Beschreibung der technischen Möglichkeiten des Films, den Eindruck von Räumlichkeit zu erzeugen, in die Kapitel *shot space, editing space, sonic space* und *offscreen space* (Bordwell 1985: 113ff.). An diese Ausführungen werden die Überlegungen in dieser Arbeit anknüpfen und diese erweitern. Bordwell exemplifiziert seine Theorie anhand einer Analyse des Spielfilms FÉNYES SZELEK (Schimmernde Winde; 1969) [12] von Miklós Jancsó (Bordwell 1985: 130ff.). Die Analyse zielt auf die Raumgestaltung im Zusammenhang mit der Narration des Films ab: Wie sind die Einstellungen und die Übergänge konzipiert, um die Geschichte zu erzählen, und wie lässt sich die spezifische Raumgestaltung des Films beschreiben? Die Frage, *warum* der Regisseur die Geschichte in dieser Raum-Ästhetik konzipiert hat, also wie über die Gestaltung des Raums Bedeutung produziert wird, liegt nicht im Interesse Bordwells.

Bordwell selbst bezeichnet seinen Ansatz auch als »historische Poetik des Kinos« (Bordwell 1992: 23). Er sieht jeden Film in einer Tradition verortet, die sich bestimmter Schemata und Normen bedient und diese durch Variation verändert und weiterentwickelt. Der Zuschauer versteht Filme, weil er sich durch die Rezeption von Filmen diese Schemata angeeignet hat (Bordwell 1992: 22). Das gilt nicht nur für Erzählstrukturen. Bordwell setzt außerdem eine »Geschichte des visuellen Stils von Filmen« (Bordwell 1997) voraus.

Diese historische Methode der Filmanalyse, die für Bordwells Theorie zentral ist, spielt für die hier vorliegende Untersuchung des filmischen Raums keine Rolle. Es werden grundlegende Modelle filmischer Rauminszenierung systematisiert, unabhängig davon, zu welcher Zeit sie entstanden sind oder vorrangig verwendet wurden. Die Arbeit ist selbstverständlich in der Hinsicht historisch, dass sie zu einem bestimmten Zeitpunkt der Filmgeschichte entstanden ist.

Zusammenfassung

Nach den Ausführungen zu grundsätzlichen Merkmalen filmischen Raums hat die Diskussion ausgewählter filmtheoretischer Ansätze den Gegenstand der Untersuchung weiter ausdifferenziert.

Zunächst wurden zwei gegensätzliche Montage-Konzepte beschrieben, mit denen auf sehr unterschiedliche Weise filmische Räume konstruiert werden können. Eisensteins Kollisions-Montage wurde als eine Ästhetik der Diskontinuität klassifiziert. Damit wird die Ästhetik eines brüchigen filmischen Raums ermöglicht, der eine suggestive Wirkung entfalten kann, wie die Filme Eisensteins und das Beispiel aus dem Kurzfilm AUS DER FERNE auf S. 14 zeigen. Pudowkin hingegen prokla-

I. Stand der Forschung

miert den unsichtbaren Schnitt des Continuity-Systems, das die vorherrschende Montage-Ästhetik des Films darstellt. Die These von der Geschlossenheit des filmischen Raums bestätigt sich hiermit zumindest als ästhetischer Standard.

Bazins Theorie des filmischen Realismus, die auf einer Theorie filmischen Raums aufbaut, diente dazu, einige Charakteristika deutlicher zu machen – etwa wie sich der Off-Raum konstituiert – und in Abgrenzung die unrealistischen Merkmale des Films klarer herauszustellen. Die Ambivalenz zwischen Realitätseindruck und Illusionismus konnte in der Diskussion von Bazins Theorie schärfer gefasst werden.

Durch die Auseinandersetzung mit Winkler wurde die Notwendigkeit einer am filmischen Material orientierten Untersuchung des filmischen Raums gezeigt. Im Anschluss konnte mit der Skizzierung von Bordwells filmwissenschaftlichem Ansatz über den filmischen Raum ein theoretischer Kontext für die folgende Untersuchung formuliert werden.

Der zweite Teil des Buches setzt beim für den Zuschauer sichtbaren Filmbild auf der Leinwand an. Die einzelnen Gestaltungsmittel zur Raumkonstruktion werden sukzessive abgehandelt und anhand von kunsttheoretischen und wahrnehmungspsychologischen Erkenntnissen erläutert und an einzelnen Einstellungen von Filmen exemplifiziert. Damit wird die Begrifflichkeit für die nachfolgenden Analysen der Raumkonstruktionen in den Fallbeispielen entwickelt. ❑

II. Gestaltung und Wahrnehmung filmischer Raumkonstruktionen

Im Folgenden werden zum einen die filmischen Gestaltungsmöglichkeiten der Raumillusionierung dargestellt und zum anderen die wahrnehmungspsychologischen Voraussetzungen des Zuschauers erläutert, die zu dieser Illusionierungsleistung beitragen. Anhand einzelner Einstellungen und Filmsequenzen werden jeweils Möglichkeiten ihrer ästhetischen Funktionen exemplifiziert. Der Begriff Ästhetik bezieht sich hier nicht auf eine Theorie wie die Adornos (*Ästhetische Theorie*; Adorno 1973), die das Wesen der Kunst und ihrer Funktion für die Gesellschaft analysiert, sondern wird zunächst in seiner Wortbedeutung als Wahrnehmung bzw. als »die die Sinne betreffende Wissenschaft« (*Philosophisches Wörterbuch*; Schmidt 1982) verstanden.

Darüber hinaus wird in den Beispielanalysen die Bedeutung, die aus der jeweiligen Konstruktion einer Einstellung oder Sequenz für den Film erwächst, miteinbezogen. Etwa wird zu klären sein, warum ein Regisseur in einer Einstellung eine Kamerafahrt verwendet hat und in welchem Zusammenhang die mit der Fahrt erzeugte Raumwirkung zu der Handlung des Films steht.

Mit diesem Kapitel wendet sich das Buch der Analyse filmästhetischen Materials zu, um Begriffe für die Analyse filmischen Raums zu explizieren.

Jedes zweidimensionale Bild erzeugt den Eindruck von Räumlichkeit (vgl. Arnheim 1978: 216 und Bordwell 1985: 115). Die monokularen Tiefenkriterien wurden von Wahrnehmungspsychologen und Kunsttheoretikern erforscht. Die bisher ausführlichste Darstellung in der Filmwissenschaft legte Bordwell vor (Bordwell 1985: 114ff.). Auch diese ist jedoch ergänzungsbedürftig, da sie nicht alle Tiefenkriterien enthält und viele Details für eine Diskussion filmischen Raums ausführlicher behandelt werden müssen.

Tiefenkriterien im statischen Bild

Als Erstes werden jene Kriterien besprochen, die in einem statischen Bild wie etwa einer Fotografie oder einem Gemälde den Eindruck von Tiefe hervorrufen. Die unterschiedlichen Perspektiven, die den gesamten Bildraum organisieren, gehören auch dazu, werden aber in einem separaten Abschnitt diskutiert: Da sich die Bewegung der Kamera auf die perspektivische Konstruktion auswirken kann, ist es sinnvoller, zuvor die verschiedenen Möglichkeiten der Kamerabewegung zu diskutieren.

Figur-Grund

Tiefenwirkung entsteht, sobald sich Ebenen im Bild überlagern. Eine einfache Figur-Grund-Beziehung besteht schon, wenn ein Kreis auf einer Fläche zu sehen ist. Ausschlaggebend ist, dass die Fläche, von der sich die Figur abhebt, Grenzenlosigkeit suggeriert, während der Kreis eine klar umrissene Fläche bildet, die als Figur vor dieser Fläche erscheint. Eingegrenzte Flächen können jedoch auch als Löcher erscheinen. Dann wäre die Fläche der Grund, der durch das Loch sichtbar ist, und die Figur die Fläche, in der sich das Loch befindet. Ob eine eingegrenzte Fläche als Figur oder als Loch wahrgenommen wird, hängt wesentlich von der Form ab. Hat die Grenze einer Fläche nach außen

II. Gestaltung und Wahrnehmung

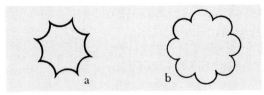

Loch oder Figur? Konvexe und konkave Flächenbegrenzungen (aus Arnheim 1978: 227)

konvexe Formen, wird sie eher als Loch gesehen, konkave Formen lassen sie eher als Figur erscheinen (siehe Abbildung und vgl. Arnheim 1978: 227).

In Filmen entstehen die häufigsten Figur-Grund-Konstellationen bei Groß- und Nahaufnahmen. In THE SHINING (1980; R: Stanley Kubrick) ist in einer Sequenz in der Hotelküche die Unterhaltung zwischen zwei Personen im Schuss/Gegenschuss-Verfahren gefilmt. Die Ausleuchtung ist dabei sehr hell, die Hintergründe der Personen erscheinen fast weiß, sodass die Atmosphäre nahezu klinisch wirkt. Die Personen werden in Nahaufnahmen scharf gezeichnet, während der Hintergrund extrem verschwommen bleibt. Dadurch erscheinen die Figuren wie ausgeschnitten, vor einem Hintergrund klar umrissen, und der Blick des Betrachters wird ganz auf sie gelenkt.

Bei Figur-Grund-Beziehungen können auch Doppeldeutigkeiten entstehen. Das bekannteste Beispiel aus der Wahrnehmungspsychologie dafür ist die Kippfigur von Rubin. Sie zeigt einerseits eine Vase vor schwarzem Grund, andererseits bilden die vertikalen Formen der Vase zwei frontal zugewandte Gesichter vor einem weißen Grund. Somit entscheidet der Blickpunkt des Betrachters darüber, was von ihm als Figur und was als Grund wahrgenommen wird.

Komplizierter wird es, wenn in einer Darstellung mehr als zwei Ebenen existieren und dadurch Mehrdeutigkeiten entstehen. Arnheim führt als Beispiel ein Kunstwerk von Hans Arp an. Es handelt sich um einen Holzschnitt, der in der Abbildung (Arnheim 1978: 229) so aussieht, als wäre ein schwarzer Fleck von einem weißen umrandet, der wiederum von einem schwarzen eingegrenzt ist. Nimmt man das Blatt noch hinzu, auf dem sich die Abbildung befindet, gibt es vier Ebenen. Die Darstellung kann als Pyramide wahrgenommen werden (mit dem schwarzen Fleck in der Mitte als Spitze), als weißer Ring auf einem schwarzen Untergrund etc. Damit diese Mehrdeutigkeiten zur Geltung kommen können, bedarf es einer gewissen Zeit, die das Bild betrachtet wird. Diese Voraussetzungen erfüllen vor allem »stehende Bilder«. Für den Film scheinen aufgrund seiner Sequenzialität Bildkonstruktionen typischer zu sein, die eindeutig sind oder auf eine Eindeutigkeit der Figur-Grund-Verhältnisse hinauslaufen, damit der Zuschauer einer Geschichte folgen kann. Nichtidentifizierbarkeit im Film erzeugt Irritation, die jedoch nicht nur negativ ist, sondern auch zur Spannungssteigerung eingesetzt werden kann. Die erste Einstellung von BLAST OF SILENCE (Explosion des Schweigens; 1961; R: Allen Baron) etwa zeigt Schwärze mit einem tanzenden weißen Punkt, der allmählich größer wird, bis er eindeutig als das Ende eines Tunnels erkennbar wird (vgl. S. 127). Der Punkt wird zunächst als Figur auf einem schwarzen Grund gesehen, später wird er selbst zum Grund, und das Dunkel des Tunnels verwandelt sich in die Figur.

Bewegungen können eine Figur-Grund-Beziehung definieren. Das Verhältnis der Figur zum Grund ändert sich, gleichgültig, wer sich von beiden bewegt. Bewegt sich in einem Film eine Person vor einer Wand von rechts nach links, nimmt der Grund auf der rechten Seite der Person im Verhältnis zu und auf der linken ab. Die Person wirkt plastischer. Der Eindruck von Dreidimensionalität ist deshalb stärker, weil durch die Veränderung des Sehwinkels mehr Teilansichten von der Person sichtbar werden. Folgt die Kamera der Person auf gleicher Höhe, ist die Bewegung der Person wahrnehmbar. Dass andere Teilansichten des Grunds zu sehen sind, ist aber nur über eine Änderung der Oberflächentextur der Wand wahrnehmbar.

Arnheim diskutiert im Zusammenhang mit der Figur-Grund-Problematik das Verhältnis des Bildes in der bildenden Kunst zum Rahmen (Arnheim 1978: 234). Er unterscheidet grundsätzlich zwei Arten von Rahmen. Zum einen denjenigen, der die im Bild dargestellte Welt deutlich vom wirklichen Raum, in dem das Bild hängt, abgrenzt. Dies sei

Tiefenkriterien im statischen Bild

vor allem bei Bildern der Fall, die einen unendlichen Raum suggerierten und durch den Rahmen nur einen Ausschnitt daraus sichtbar werden ließen. Der Rahmen stellt dabei die Figur und das Bild den Grund dar. Der andere Typ Rahmen ist laut Arnheim »dezent« und findet bei Bildern Verwendung, die weniger in die Tiefe komponiert sind. Das Arrangement weise nicht über die Grenzen der Leinwand hinaus, der Rahmen mache lediglich deutlich, dass das Bild eine Figur sei, die vor der Wand liege.

Die Begrenzung des Filmbildes durch die Kadrierung ist aus verschiedenen Gründen andersartig. Zum einen hat es streng genommen keinen Rahmen. Das Bild ist zu allen Seiten abgeschnitten. Nach den oben dargestellten Funktionen von Rahmen bedeutete dies, dass das Bild als Figur auf einem Grund wirkt, dessen dargestellte Welt an den Seiten aufhört. Unter anderem an der Bewegung wird deutlich, dass dem nicht so ist. Einen weiteren Grund stellen die eigentümlichen Lichtverhältnisse bei der Filmrezeption dar. Die Bewegung in der Einstellung und durch die Montage bedeutet eine ständige Veränderung des Bildraums, wodurch nicht nur eine diffuse Verlängerung desselben suggeriert wird, sondern ein Off-

Figur-Grund-Konstellation in THE SHINING

Raum geschaffen wird, der für die Filmerfahrung eine konstitutive Rolle spielt. Er ist nicht etwas Überschüssiges, das dem Bildraum bloß anhängt. Er bildet die Ergänzung zu den einzelnen Einstellungen, die nur mögliche Ausschnitte sind und die durch das, was sie repräsentieren, als Ansatzpunkte für einen vorzustellenden Gesamtzusammenhang dienen (vgl. Tykwer 1992: 67). Es ist also nicht wie in der bildenden Kunst eine Frage der Komposition, ob der im Bild repräsentierte Raum die Suggestion erzeugt, über die Grenzen des Bildes hinauszugehen. Die aneinandergereihten Einstellungen eines Films produzieren *zwangsläufig* einen Off-Raum, der notwendiger Bestandteil der dargestellten Welt ist.

Mit dem Splitscreen-Verfahren können außerdem noch weitere Kadrierungen innerhalb des Rahmens geschaffen werden. Damit sind mehrere Teil-

II. Gestaltung und Wahrnehmung

ansichten eines diegetischen Raums gleichzeitig sichtbar. Jede dieser Ansichten verweist auf einen Off-Raum und zeigt gleichzeitig einen Ausschnitt des Off-Raums der anderen Raumausschnitte.

Die Dunkelheit im Kino verhüllt das Umfeld des Filmbildes bzw. der Leinwand. Die Konzentration des Zuschauers auf den Film, der als einzige Lichtquelle im Kino wahrgenommen werden kann, wird dadurch gefördert. Es ist eine der Besonderheiten der Filmrezeption, dass ihr Gegenstand selbst als Lichtquelle vom Zuschauer wahrgenommen wird und nicht nur als von Licht abhängig erscheint, das von außen kommt. Da nun die Helligkeit des Filmbildes sehr variieren kann, ist auch die Dunkelheit des Kinosaals keine statische Größe, sondern verändert sich komplementär zu der Helligkeit des Lichts, das von der Leinwand reflektiert wird. Im übertragenen Sinne kann also von einer Art dynamischen Rahmen gesprochen werden, der sich an das von der Leinwand reflektierte Licht anpasst, aber nie gänzlich verschwindet.

Licht und Schatten

Eines der wichtigsten Mittel zur Modellierung des Raums stellt das Licht dar. Der Gestaltung des Eindrucks von Räumlichkeit mit Licht liegt das Prinzip des Gefälles zugrunde (vgl. Arnheim 1978: 305). Je fließender ein Übergang von hell zu dunkel oder umgekehrt wahrnehmbar ist, desto klarer ist die räumliche Ausdehnung der beleuchteten Oberfläche sichtbar. Scharfe Übergänge zwischen dem beleuchteten Teil eines Objekts und dem schattigen Teil verringern eher den Eindruck von Räumlichkeit, da Letzterer meist so verdunkelt ist, dass seine Konturen nicht mehr erkennbar sind. Es ist grundsätzlich zwischen der Beleuchtung zu unterscheiden, die sich über das Objekt legt, und der Helligkeit und Farbe des Objekts selbst:

»So wie in der Zentralperspektive ein konvergierendes System auf eine Formengruppe angewendet wird, *ist die Beleuchtung die wahrnehmbare Anwendung eines Lichtgefälles auf die Objekthelligkeit und die Objektfarben im Sehraum.*« (Arnheim 1978: 304)

Im Grunde handelt es sich hier um einen Durchsichtigkeitseffekt. Indem das Licht die Objekte überlagert, schafft es eine räumliche Beziehung zwischen ihnen bzw. den Teilen eines Objekts. In diesem Sinne entsteht durch ein Lichtgefälle eine Art Perspektive auf die Objektwelt. Im Unterschied zu dem auf Seite 51 diskutierten Durchsichtigkeitseffekt erzeugt der durchsichtige Stoff selbst – also das Licht – durch Abstufungen ein Tiefengefälle. Dieses entsteht aber nur, weil ein Stoff das Licht reflektiert. Die Stoffe scheinen weniger klar voneinander getrennt als bei einem Durchsichtigkeitseffekt, der mit greifbaren Stoffen wie einer Glasscheibe oder einem Tuch erzeugt wird. Schließlich macht Licht den Gegenstand erst sichtbar. Im Gegensatz dazu entsteht bei den meisten anderen durchsichtigen Stoffen der Eindruck, die hinter ihnen liegenden Objekte seien nicht unmittelbar zu sehen. Sie behindern tendenziell den direkten Blick auf die Dinge.

Die Beleuchtung ist also einerseits die physikalische Voraussetzung für die Wahrnehmung von Objektfarbe und -helligkeit, andererseits hat sie selbst eine Farbe und kann Gegenstand der Wahrnehmung sein. Da unsere Wahrnehmung sich jedoch mehr auf Objekte konzentriert, verblasst das Licht als Phänomen in unserem Bewusstsein schnell zur Selbstverständlichkeit, es hat die »Tendenz, sich uns ›neutral‹ darzustellen« (Merleau-Ponty 1966: 360). Dennoch gestaltet das Licht den Raum maßgeblich mit.

Unsere Wahrnehmung ist in der Lage, Licht als etwas vom beleuchteten Objekt Getrenntes wahrzunehmen [1]. Auch hier ist die Wahrnehmungskonstanz relevant, die es uns ermöglicht, trotz veränderter Beleuchtung ein Objekt als gleich hell wahrzunehmen. Die Helligkeitskonstanz ist, wie die Größenkonstanz, von dem gesamten Sehfeld beeinflusst. Ein grauer Gegenstand kann fast leuchtend wirken, wenn die Umgebung entsprechend dunkel ist (vgl. Goldstein 2001: 146ff.).

Das Licht schafft Raumwirkung vor allem durch seine Kehrseite: den Schatten. Bei gleichmäßiger Ausleuchtung eines Objekts werden seine Oberflächenstrukturen geglättet. Bei seitlicher Beleuchtung eines Gesichts hingegen entstehen durch die unregelmäßige Oberflächenstruktur Schatten. Das Licht kann also das beleuchtete Objekt geradezu modellieren (Gregory 2001: 232). Ebenso verhält

Tiefenkriterien im statischen Bild

es sich mit dem Einfluss des Lichts auf die Wahrnehmung von Tiefe. Ein Helligkeitsgefälle im Raum schafft Abstufungen, welche die Ausdehnung des Raums erfahrbar machen.

Man unterscheidet zwischen Eigenschatten und Schlagschatten (vgl. Arnheim 1978: 310). In den folgenden Beispielen aus 2001: A SPACE ODYSSEY (2001: Odyssee im Weltraum; 1968; R: Stanley Kubrick) handelt es sich um Eigenschatten: Der Schatten entsteht auf den Objekten selbst, weil diese nur auf einer Seite von einer Lichtquelle angestrahlt werden. Bei den Aufnahmen, die im Weltall spielen, arbeitet Kubrick viel mit extremen Helligkeitsgefällen. Die Gestirne sind immer nur von einer Seite beleuchtet, sodass ein Helligkeitsgefälle entsteht, das zu einer Seite bis in die Finsternis hineinreicht. Bei einer

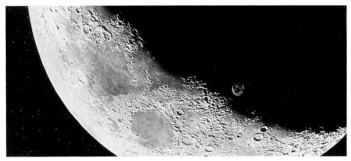

Extreme Helligkeitsgefälle in 2001: A SPACE ODYSSEY

Aufnahme auf dem Mond fliegt ein Raumgleiter in einer Panorama-Aufnahme schräg von links hinter der Kameraposition nach rechts weit in den Raum hinein. Der Blick ist vom Mond aus auf das Raumschiff gerichtet. Nur der Bildmittelgrund ist beleuchtet. Dadurch ergibt sich ein Helligkeitsgefälle zum Bildvordergrund und zum Bildhintergrund hin, das sich endgültig in der Finsternis des Alls verliert. Kubrick inszeniert so das All als menschenfeindliches Schattenreich, das den Menschen keine Zuflucht gewährt.

In einer Einstellung zu Beginn des Films stehen Mond, Erde und Sonne in Konjunktion (vgl. Farbteil, Abb. 11). Die Sonne kommt langsam hinter der Erde hervor. Der Lichtschein, der von ihr ausgeht, beleuchtet den oberen Teil der Erde. Dadurch entsteht eine relativ scharfe Grenze zwischen dem hell erleuchteten Teil und dem unbeleuchteten, sodass der untere Teil der Erde nur zu erahnen ist und der sichtbare Teil sichelförmig erscheint. Schatten können Teile eines Objekts wie abgespalten wirken lassen. Mit diesem extremen Kontrast in der Beleuchtung der Erde wird eine starke Spannung zwischen dem beleuchteten und dem unbeleuchteten Teil erzeugt (vgl. Mikunda 2002: 138).

Die Sonne erscheint durch ihr gleichmäßiges Leuchten wie eine Scheibe. Es ist also noch zwischen *beleuchteten* und *leuchtenden* Objekten zu unterscheiden. Je stärker ein Objekt leuchtet, desto schwerer wird seine Oberflächenstruktur wahrnehmbar. Dies wird bei der Sonne besonders deutlich. Leuchten setzt voraus, dass die Oberfläche durchsichtig ist oder selbst leuchtet. Dadurch sind die Grenzen des Objektes nur schwer sichtbar (vgl. Arnheim 1978: 320). Perspektive entsteht in diesem Bild durch die Flucht der Gestirne Mond bzw. Vorspanntitel, Erde und Sonne. Die Bedeutung dieser Lichtdramaturgie wird in der Analyse des Films in Teil III, S. 131ff. erläutert.

Als Schlagschatten wird ein Schatten bezeichnet, wenn er von einem Objekt auf ein anderes fällt (siehe Abbildung nächste Seite). Er eröffnet noch andere dramaturgische Möglichkeiten, wie

II. Gestaltung und Wahrnehmung

sie Murnau in NOSFERATU – EINE SYMPHONIE DES GRAUENS (1922; R: Friedrich Wilhelm Murnau) nutzt. In manchen Einstellungen sind die Opfer des Vampirs gelähmt vor Angst zu sehen. Sie scheinen das herannahende Unheil fatalistisch hinzunehmen. Die erste Berührung mit seinen Opfern hat der Vampir über seinen Schatten, der auf sie fällt. Mit ihm hat er aber schon in gewisser Weise Besitz von seinen Opfern ergriffen. Der Schatten ist Sinnbild des Übergangs. Der Vampir ist ein Untoter, ein Wesen, das nicht lebt, aber auch nicht sterben kann. Der Schatten ist Zeichen dieses Daseins zwischen den Welten. Er ist dunkel, und doch existiert er nicht ohne Licht. Für das Opfer, auf das der Schatten fällt und dem damit das Licht, oder präziser, die Beleuchtung genommen wird, bedeutet das, in den tödlichen Bannkreis dieser Existenz geraten zu sein. Der Vampir selbst, also das Objekt, das den Schatten wirft, ist im Bild nicht zu sehen. Er befindet sich im Off-Raum. Der Schatten bildet eine unmittelbare Verbindung zwischen dem Off-Raum und dem Bildraum. Murnau nutzt hier den Off-Raum, um die Diffusität, die Unbegreiflichkeit des Wesens des Vampirs zu inszenieren. Der Schatten zeugt von seiner Anwesenheit, seine konkrete Position bleibt aber unbestimmt. Der Off-Raum wird enger, wenn der Schatten sich immer mehr über das Opfer schiebt, bis der Eindruck entsteht, Nosferatu stehe am Rand der Kadrierung und müsse jeden Augenblick im Bild erscheinen.

Der Arm der linken Figur wirft einen Schatten auf die rechte Figur (aus Arnheim 1978: 311).

Nicht nur Schatten können sich bewegen, sondern auch das Licht selbst. In LOST HIGHWAY (1997; R: David Lynch) kommen Fred (Bill Pullman) und Renée (Patricia Arquette) eines Abends von einer Party nach Hause. Vor ihrem Haus angekommen, sieht Fred durch die Fenster einen großflächigen, grellen Lichtschein, der sich schnell von rechts nach links durch das Obergeschoss des Hauses bewegt und erlischt (vgl. Farbteil, Abb. 1). Das Licht, dessen Quelle nicht einzuordnen ist, vermittelt den Eindruck einer flüchtenden, nicht greifbaren Erscheinung. Es sind auch Schatten an der Decke zu sehen, deren Ursprung ebenfalls nicht identifizierbar ist. Der Lichtschein selbst ist hier Gegenstand der Darstellung. Er verweist nicht auf etwas, wie es das Wesen des Schattens ist. Das Licht ist hier als eine aktive Kraft gestaltet, die sich durch den Raum bewegt und ihn gleichzeitig sichtbar macht.

Grundlegende Begriffe zur Lichtgestaltung

In den Standardwerken zur Filmanalyse werden drei Beleuchtungsstile genannt: *low key*-, *high key*- und Normal-Stil (vgl. z.B. Hickethier 1996: 78 und Kamp/Rüsel 1998: 35). Ein prägnantes Beispiel für den *low key*-Stil ist NOSFERATU – EINE SYMPHONIE DES GRAUENS. Häufig sind hierin nur einzelne Personen oder Bereiche ausgeleuchtet, während der Rest des Bildes in diffusem Dämmerlicht oder im Dunkeln bleibt.

Beim *high key*-Stil ist der Raum gleichmäßig ausgeleuchtet. Es kann damit sowohl eine optimistische Stimmung unterstützt werden wie in vielen Komödien, als auch eine extrem artifizielle Bildkomposition erzeugt werden wie in den Filmen von Kubrick. Es wird bei diesem Stil insgesamt wenig oder gar nicht mit Schatten gearbeitet.

Der Normal-Stil schließlich zeichnet naturalistisch die Lichtverhältnisse nach, wie wir sie aus dem Alltag gewohnt sind.

Diese Kategorien bilden nur grobe Richtlinien bei der Filmproduktion (vgl. Dunker 2001: 23). Für die Analyse von Lichtgestaltungen spielen sie eine untergeordnete Rolle. Ergiebiger hierfür sind die vier Kriterien, die David Bordwell vorschlägt: »*quality, direction, source,* and *color*« (Bordwell/Thompson 1990: 134ff.). In Anlehnung an diese Begriffe werden hier die Bezeichnungen *Lichtqualität, Lichtführung* (oder *Lichtrichtung*), *Lichtquellen* und *Farbe des Lichts* verwendet. Diese Kriterien leisten eine wesentlich differenziertere Beschreibung des Lichts als die Begriffe *high key*, *low key* und Normal-Stil, die sich nur auf die Helligkeit des Lichts beziehen.

Lichtqualität: Der Begriff bezieht sich auf die Intensität des Lichts. Man unterscheidet grob zwischen »hartem« und »weichem« Licht. Hartes Licht bringt jede Unebenheit der beleuchteten Objekte zum Vorschein und produziert Schatten mit einer scharfen Grenze. Weiches Licht hingegen ist diffuser und kann dementsprechend Unebenheiten glätten. Es wird deshalb häufig bei Großaufnahmen von Gesichtern eingesetzt (vgl. auch Dunker 2001: 30).

Lichtführung: Die Lichtführung beschreibt den Weg, den das Licht von seiner Quelle zu den Objekten zurücklegt. Hier unterscheidet Bordwell verschiedene Unterkategorien. Frontale Beleuchtung (*frontal lighting*) ist Licht, das ungefähr aus der Richtung der Kamera kommt. Der Bildraum ist hier meistens hell ausgeleuchtet, was den Schattenwurf reduziert. Seitenlicht (*sidelight*) hingegen erzeugt einen starken Schattenwurf. Hintergrundlicht oder Gegenlicht (*backlight*) lässt die Objekte zu Silhouetten werden, da die der Kamera zugewandten Seiten im Schatten liegen. Weiterhin sind noch Lichtgestaltungen zu erwähnen, bei denen die Objekte von unten (*underlighting*) und von oben (*top lighting*) beleuchtet werden.

Lichtquellen: Die Standardbeleuchtung beim Film besteht aus Haupt- oder Führungslicht (*key light*) und Fülllicht (*fill light*). Außerdem ist noch das Hintergrundlicht (*backlight*) zu erwähnen, das im klassischen Hollywoodfilm verwendet wurde (Bordwell/Thompson 1990: 136). Das Hauptlicht liegt in der Regel auf dem für die Handlung relevanten Teil des Raums bzw. den Objekten. Es ist ein Gestaltungsmittel, mit dem die Aufmerksamkeit des Zuschauers maßgeblich gelenkt werden

Sinnbild des Übergangs, Verbindung zum Off-Raum: Schatten in NOSFERATU

kann. Die anderen Beleuchtungen assistieren ihm dabei. Mit dem Fülllicht kann der Schattenwurf beeinflusst werden, und das Hintergrundlicht dient dazu, den Eindruck räumlicher Tiefe zu verstärken,

II. Gestaltung und Wahrnehmung

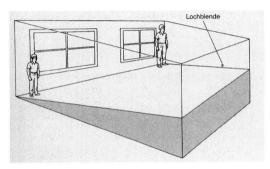

Skizze eines Ames-Raums von der Seite
(aus Goldstein 2001: 243)

indem der Hintergrund der im Fokus stehenden Handlung besser ausgeleuchtet wird. Dunker nennt noch das sogenannte Raumlicht, welches dazu dient, das Reflexionslicht zu unterstützen, also das Hauptlicht zu verstärken, das von den Objekten im Raum reflektiert wird, für eine filmische Aufnahme aber zu schwach wäre (vgl. Dunker 2001: 40).

Farbe des Lichts: Die später auf der Leinwand sichtbare Farbe des Lichts hängt von zwei Faktoren ab: von dem Licht, das von der Kamera aufgenommen wird, und von dem Einfluss, den die Farbfilter (bzw. keine Farbfilter) der Kamera auf die Aufnahme ausüben [2].

Filmemacher folgen häufig nicht der Logik des Lichts, wie wir sie aus dem Alltag kennen, sondern entwickeln eigene Lichtkonzeptionen, um die für einen Film spezifische Stimmung zu erzeugen. Da die Aufmerksamkeit sich stärker auf Objekte konzentriert, fällt dieser Umstand selten auf. Dunker beschreibt dazu unter anderem eine Sequenz aus MARY POPPINS (1964; R: Robert Stevenson). Die Stimmung des Protagonisten wandelt sich dort von Traurigkeit zu Heiterkeit. Um diesen Stimmungswandel zu verstärken, ändert sich auch allmählich das Licht von Einstellung zu Einstellung von dunkel zu hell, ohne dass sich diese Veränderung aus der dargestellten Wirklichkeit des Films ergibt. Die Stimmung der Figur manifestiert sich in der Lichtgestaltung des sie umgebenden Raums (vgl. Dunker 2001: 20).

Skizze eines Ames-Raums von oben (aus Zimbardo 1995: 195)

Die Lichtführung erlaubt den Filmemachern also auf subtile Art und Weise, die Beschaffenheit des gesamten Geschehens zu gestalten. Mit weichem Licht etwa kann die Atmosphäre eines Traums hervorgerufen werden. Meistens spielen noch andere Elemente zur Kennzeichnung einer Traumsequenz eine Rolle, wie der Übergang von der Aufnahme des Gesichts einer schlafenden Person zum Traumgeschehen mit Doppelbelichtung und, zum Beispiel, den Klängen einer Harfe dazu. Der Raum wird dann zu einem irrealen Raum, der sich inszenatorisch von den für die Figuren realen Räumen unter anderem durch das Licht abgrenzt.

Ein Raum kann durch ein Lichtgefälle tief oder durch gute Ausleuchtung flach erscheinen. Durch Schatten können Räume als unheimlich oder durch helles Licht als freundlich inszeniert werden. Gerade, weil das Licht im Bewusstsein des Zuschauers eine untergeordnete oder zum Teil gar keine Rolle spielt, haben die Filmemacher bei der Lichtgestaltung sehr viel Freiheit.

Gewohnte Größe von Gegenständen

Für die Erforschung dieses wichtigen Tiefenkriteriums ist das wahrnehmungspsychologische Experiment von Adelbert Ames bedeutsam (vgl. Bordwell 1985: 101ff.). In einem speziell konstruierten Raum, in den der Betrachter durch ein Loch schaut (also monokular sieht), entsteht der falsche Eindruck, dass sich zwei Männer in gleicher Entfernung zum Betrachter befinden, wodurch der eine Mann zwergenhaft klein aussieht, während der andere wie ein Riese wirkt. Die Voraussetzung für diesen Effekt bildet die Konstruktion des Raums, die so auf den Betrachter wirken muss, als sei sie rechteckig wie ein aus dem Alltag vertrautes Zimmer. Dieser Eindruck wird dadurch erzeugt, dass die Wand, vor der die Männer stehen, trapezförmig konstruiert wird und das schmalere Ende dem Betrachter näher ist (siehe Abbildungen links).

Tiefenkriterien im statischen Bild

Die vertrauten Gegenstände in dem Raum, wie Tisch, Fenster etc., sind so gebaut, dass sie in dem weiter entfernten Teil des Raums größer sind und der Mann im Verhältnis dazu extrem klein erscheint. Zu dem Teil hin, der dem Betrachter am nächsten liegt, werden die Gegenstände sukzessive kleiner. Der Mann wirkt deshalb an dem kleineren Ende größer. Die Gegenstände sind vom Maßstab her so aufeinander abgestimmt, dass sie bei der unterschiedlichen Entfernung vom Betrachter ein gewohntes Größenverhältnis vortäuschen. Wechseln die beiden Männer ihre Positionen, wird beim Betrachter der Eindruck erzeugt, dass der eine schrumpft und der andere wächst (siehe Abbildungen rechts).

Für Bordwell ist diese Wahrnehmungstäuschung der Beweis für die Wichtigkeit von Erwartungen und Vertrautheit der abgebildeten Welt für die Wahrnehmung (vgl. Bordwell 1985: 102). Der verformte Raum wird den aus dem Alltag gewonnenen Erfahrungen angepasst und als rechtwinklig gesehen. Wie Arnheim jedoch bemerkt, stehen auch die Größenverhältnisse der beiden Männer im Widerspruch zur Alltagserfahrung, ohne dass diese Wahrnehmung den Erwartungen angepasst würde (vgl. Arnheim 1978: 267). Entscheidend ist der Sehwinkel, in dem die Objekte auf der Netzhaut erscheinen. Die Gegenstände sind so angepasst, dass ein Fenster im weiter entfernt liegenden Teil genau den gleichen Sehwinkel beansprucht wie eines im näher liegenden Teil. Da die Männer jedoch ihre Größe nicht verändern, wird der Sehwinkel mit zunehmender Entfernung kleiner.

Warum wir eher schrumpfende und wachsende Menschen wahrnehmen als die Verformung des Raums zu erkennen, erklärt das Experiment von Ames nicht. Erfahrungen mit der Objektwelt spielen eine große Rolle. Anscheinend sind aber der Sehwinkel und die dadurch bedingte Projektionsgröße des Objekts auf der Netzhaut ebenfalls für das Funktionieren der Täuschung wichtig. Die Korrekturmechanismen, die sonst die Relation von Größe und Entfernung wahrnehmbar machen, sind durch die Konstruktion des Raums außer Kraft gesetzt, das heißt, die konstante Größe eines Objekts kann nicht erkannt werden, weil die Entfernung nicht richtig eingeschätzt wird. Das Phänomen, dass unabhängig von der Entfernung vom

Ames-Raum (aus Bordwell 1985: 101-103)

Auge und der Größe des Sehwinkels stets die reale physikalische Größe des Objekts wahrgenommen wird und nicht der Eindruck entsteht, dass es

II. Gestaltung und Wahrnehmung

THE INCREDIBLE SHRINKING MAN

wächst oder schrumpft, wird in der Wahrnehmungspsychologie Größenkonstanz genannt. Fehlen Kriterien zur Entfernungswahrnehmung gänzlich, entsteht tatsächlich der Eindruck einer Größenveränderung. Die Täuschung funktioniert auch, wenn der Betrachter um die Verformung des Raums weiß (vgl. Goldstein 2001: 237ff.). Trotz zahlreicher Untersuchungen – unter anderem von den Wahrnehmungspsychologen Gibson (Gibson 1982: 173ff.) und Gregory (Gregory 2001: 266ff.) – ist das Phänomen der Größenkonstanz noch nicht endgültig erklärt (vgl. Goldstein 2001: 247).

Der Film THE INCREDIBLE SHRINKING MAN (Die unglaubliche Geschichte des Mr. C.; 1957; R: Jack Arnold), in dem ein Mann mit einer seltsamen Gaswolke in Berührung kommt und daraufhin allmählich schrumpft, arbeitet mit der Möglichkeit, die Größenkonstanz ausschalten zu können. Der Maßstab der Kulissen wird im Verhältnis zum Protagonisten immer größer, bis ihm zuletzt eine Streichholzschachtel als Wohnhaus dient. So wurde der Eindruck erzeugt, dass der Mann allmählich kleiner wird. Die gewohnten Größenverhältnisse aus der Alltagserfahrung des Zuschauers sind damit komplett auf den Kopf gestellt.

Verdeckung/Überschneidung

Ein weiteres wichtiges Tiefenkriterium stellt die Verdeckung oder Überschneidung von Objekten dar. In nahezu jeder Einstellung eines Films überlagern sich Objekte teilweise, sodass der Eindruck entsteht, sie befänden sich hintereinander. Die Gestalttheorie erklärt dieses Phänomen mit dem Gesetz der Einfachheit.

Bei der Figur unten nimmt der Betrachter in der Regel zwei Rechtecke wahr, von denen das vordere das hintere teilweise verdeckt. Die Gestalttheorie erklärt das damit, dass es bei dieser Figur einfacher ist, eine dritte Dimension vorauszusetzen, als die Figur zweidimensional wahrzunehmen und ein gekipptes L zu sehen, das auf dem unteren Rechteck liegt. An dem Gesetz der Einfachheit gibt es aber berechtigte Zweifel, da nicht klar definiert ist, was die Kriterien für Einfachheit sind. Die Gestaltpsychologie neigt mehr dazu, Wahrnehmungsphänomene zu beschreiben als zu erklären (vgl. Goldstein 2001: 178ff.). Damit der Eindruck einer Tiefenstaffelung entsteht, ist es wichtig, dass die Gestalt des verdeckten Objekts für den Betrachter zu erahnen ist. Diese Art der Tiefenstaffelung gibt es in nahezu jedem filmischen Bild.

Es gibt komplexere Formen der Überschneidung, bei denen nicht ein Objekt gleichmäßig den Teil eines anderen verdeckt, sondern ein mehrgliederiges Objekt mehrfach ein anderes verdeckt, wie bei einer Umarmung zweier Personen, die von der Seite gefilmt ist. Der Kopf einer Person verdeckt den Kopf der anderen, sie umschlingen einander mit den Armen und überlagern damit zum Teil den Körper des anderen etc. Eine Verdeckung/Überschneidung eignet sich dazu, die Neugier auf das Verdeckte zu wecken oder die Aufmerksamkeit auf etwas zu lenken, das nicht verdeckt wird. Eine weitere Möglichkeit, mit Überschneidung visuelle Spannung zu erzeugen, illustriert das folgende Beispiel aus David Finchers SE7EN (Sieben; 1995): Hier begleiten die Ermittler den Mörder an einen Ort, an dem sich angeblich noch weitere Opfer befinden. Der Mörder sitzt auf der Rückbank, während die beiden Polizisten vorne sitzen. Zwi-

Verdeckung
(aus Arnheim 1978: 243)

Tiefenkriterien im statischen Bild

Visuelle Spannung durch Überschneidung: SE7EN

schen Vorder- und Rückbank ist ein Gitter angebracht, das die beiden Bereiche voneinander trennt. Die Unterhaltung der drei Personen ist so aufgenommen, dass der Polizist Mills (Brad Pitt) und der Mörder Doe (Kevin Spacey) häufig durch das Gitter zu sehen sind. Somerset (Morgan Freeman) hingegen, der den Wagen fährt, wird lediglich von der Seite gezeigt, ohne dass das Gitter vor seinem Gesicht ist. Entscheidend ist, wann Mills und Doe durch das Gitter zu sehen sind. Doe wird zunächst nur als »eingesperrt« gezeigt, wenn ihn Somerset durch den Rückspiegel betrachtet. Zwischen Mills und Doe entwickelt sich ein Dialog, der von Provokation und Aggressionen geprägt ist. Wenn Doe zu Mills spricht, wird er von der Seite gezeigt, während Mills durch das Gitter in der Unterhaltung zu sehen ist. In der Beziehung Mills/Doe ist also Mills der Gefangene und Doe der Überlegene. Der bedächtige Somerset hat durch den Rückspiegel eine distanzierte

II. Gestaltung und Wahrnehmung

Perspektive. Er lässt sich nicht provozieren und beobachtet, was in dieser Sequenz in der vermittelten Sicht durch den Rückspiegel versinnbildlicht wird. Das Gitter verstärkt diese Distanzierung zusätzlich. Doe ist Somersets Gefangener, den er wie in einem Käfig betrachtet. Es ist schließlich auch Somerset, der Doe Fragen nach dessen Herkunft und Motivation für die Tat stellt. Die Sequenz ist immer wieder durch Panorama-Aufnahmen des Wagens unterbrochen. Nach einer dieser Unterbrechungen wird Doe auch frontal von vorne durch das Gitter gezeigt. Die Kamera positioniert sich damit quasi zwischen Mills und Somerset. Sie nähern sich dem Ziel, wie im Dialog thematisiert wird. Die Unterhaltung und damit die Aggression zwischen Mills und Doe spitzt sich zu. Die Personen werden nun häufiger in Großaufnahmen gefilmt, wohingegen vorher Nahaufnahmen überwogen haben. Der Bildausschnitt wird kleiner, und der Zuschauer hat die Illusion, dass sich der räumliche Abstand zwischen ihm und den Figuren verringert hat. Das Gitter bekommt dadurch eine stärkere Präsenz in den Aufnahmen von Mills und Doe. Beide Kontrahenten sind Gefangene ihres Gerechtigkeitswahns und ihrer Aggressivität, wobei der eine auf der Seite des Gesetzes steht und der andere sich als von Gott auserwählt hält.

Die Überlagerung der Personen durch das Gitter vermittelt nicht den Eindruck, dass Teile der Personen dem Blick des Zuschauers vorenthalten werden. Sie dient zur Charakterisierung der Beziehungen zwischen den Personen, je nachdem von welcher Position die Personen aufgenommen wurden. Das Gitter erfüllt die Funktion einer Abgrenzung und Verdeckung in einem Raum, der als sehr flach inszeniert ist. Der Raum um diese Figurenkonstellation, also alles, was außerhalb des Wagens geschieht, wird bei der Konstruktion des Raums, in dem sich die Auseinandersetzung zwischen den dreien abspielt, nicht miteinbezogen. Der Wagen wird damit zu einer Art Enklave, in der eine Situation wie in einem Kammerspiel entsteht. Die Aufmerksamkeit liegt ganz auf den Figuren und auf dem Raum zwischen ihnen, der für die Charakterisierung ihrer Beziehung zueinander wichtig ist. In den Aufnahmen, in denen das Gitter eine Figur verdeckt, ist diese unklarer, und es entsteht dadurch eine stärkere Spannung, die mit der unbestimmten Erwartung auf das Kommende korrespondiert.

Gestaltung des Raums mit Farbe und das Tiefenkriterium der Atmosphäre

Der Eindruck von Tiefe kann durch die Farbwahl verstärkt werden. Aggressive Farben wie Rot scheinen dem Zuschauer näher zu sein als kühle, regressive Farben wie Blau. Je kräftiger eine Farbe ist, desto näher wirkt das Objekt. Der Film THE MASQUE OF THE RED DEATH (Satanas – Schloss der blutigen Bestie; 1964; R: Roger Corman) beginnt in einem düsteren, ausgedörrten Wald. Es herrschen dunkle blau-graue Farben vor. Eine Frau, die ebenfalls in diesen Farben gekleidet ist, begegnet einer purpurrot gewandeten Gestalt, die an einem Baum lehnt (vgl. Farbteil, Abb. 4). Auch in der Aufnahme, bei der die Kamera schräg hinter der Frau steht, drängt sich das Rot in den Vordergrund. Die Gestalt ist damit ein Fremdkörper in der Umgebung und strahlt gleichzeitig durch den kräftigen, hervorstechenden Farbton eine starke Präsenz aus. Unterschiedliche Farbsättigungen allein können auch genutzt werden, um die Entfernungswirkung von Objekten zu gestalten.

Der Eindruck von Räumlichkeit kann auch bei einem monochromen Bild, durch einen schwachen Sättigungsgrad, der den Eindruck von Durchsichtigkeit hervorruft, erreicht werden. In Wolfgang Petersens DAS BOOT (1981 / TV-Fassung 1985) wird zu Beginn einer Folge ein Bild in schwach gesättigtem Grün gezeigt (vgl. Farbteil, Abb. 3). Es entsteht mehr der Eindruck einer amorphen Masse als der einer einfarbigen Fläche, was sich auch bestätigt, als das U-Boot aus dem Hintergrund auftaucht. Abstufungen im Sättigungsgrad in einem monochromen Bild können somit ebenfalls Tiefenwirkung erzeugen.

Es sei hier noch angemerkt, dass unser Wahrnehmungssystem in der Lage ist, eine Farbe als gleichbleibend zu sehen, auch wenn sich die Lichtverhältnisse ändern. Hierbei handelt es sich um einen der Adaptionsprozesse, die es ermöglichen,

Tiefenkriterien im statischen Bild

Eigenschaften eines Objekts trotz veränderter Wahrnehmungsbedingungen (gleichbleibende Form eines Objekts bei Veränderung des Betrachterstandpunkts) als stabil wahrzunehmen. Unsere Wahrnehmung trennt also zwischen Veränderungen des Objekts und Veränderungen der Wahrnehmungsbedingungen.

Die sogenannte atmosphärische Perspektive (auch Luftperspektive) entsteht dadurch, dass die Luft kleine Partikel enthält (vgl. Goldstein 2001: 219) [3]. Je weiter ein Objekt vom Betrachter positioniert ist, desto mehr Materie muss von dem reflektierten Licht durchdrungen werden. Die Partikel streuen das Licht, was die Objekte auch unschärfer erscheinen lässt. Ein weiterer Effekt ist die Blautönung der weit entfernten Bildteile (vgl. Guski 1996: 156). In Filmen und Fotografien ist dieser Effekt sehr gut bei Landschaftsaufnahmen zu beobachten (siehe Abbildung rechts).

Die Felswand im linken Bildvordergrund ist scharf, während die Berge im Bildhintergrund mit zunehmender Entfernung unschärfer werden (aus Goldstein 2001: 220)

Durchsichtigkeit

Ist eine Materie lichtdurchlässig und das Licht stark genug, wird das Dahinterliegende sichtbar. Voraussetzung dafür, dass Durchsichtigkeit wahrgenommen wird, ist die Sichtbarkeit des durchsichtigen Stoffs. Bildkompositionen mit Durchsichtigkeit schaffen eine gewisse Spannung, da der Betrachter provoziert wird, das oder die Objekte schärfer sehen zu wollen.

Ein Beispiel für Durchsichtigkeit, wie sie häufig im Film verwendet wird, ist Nebel, der nur die Konturen einer Person erkennen lässt, ohne dass sie eindeutig identifiziert werden kann, wodurch eine Spannungssteigerung erreicht wird.

Ein etwas subtileres Beispiel für den Einsatz von Durchsichtigkeit zeigt die letzte Einstellung von ONCE UPON A TIME IN AMERICA (Es war einmal in Amerika; 1984; R: Sergio Leone; vgl. Farbteil, Abb. 5). Der Protagonist Noodles (Ro-bert De Niro) liegt auf einer Matte in einer Opiumhöhle und hat gerade die Droge konsumiert. Diese Handlung wurde von der Seite in einer halbnahen Aufnahme gezeigt. Nach einem Schnitt ist De Niro aus der Vogelperspektive durch eine Art braunes, grobmaschiges Leinentuch auf dem Rücken liegend zu sehen. Dieses Tuch scheint wie bei einem Himmelbett über der Matte aufgespannt zu sein. Die Aufnahme ist von oben, leicht schräg rechts in der Nahaufnahme gefilmt. Die Kamera fährt nach unten, dreht sich und kommt in der Position zum Stehen, in der Noodles gerade in der Großaufnahme die Kadrierung ausfüllt. Durch den verringerten Abstand ist das Tuch nicht mehr als eigenständiger, durchsichtiger Gegenstand zwischen der Kamera und Noodles erkennbar. Der Schleier hat sich über das Antlitz Noodles' gelegt und ist damit nahezu zu einem Teil von ihm geworden. Der räumliche Abstand zwischen Zuschauer und Figur wirkt dadurch verringert, und die Beziehung des Zuschauers zur Figur wird enger. Zu Beginn der Einstellung ist das Gesicht des Mannes entrückt, gleichgültig, nahezu stumpf, bis er plötzlich sanft lächelt, ohne dass der Gesamtausdruck etwas von

II. Gestaltung und Wahrnehmung

Texturgradient (aus Goldstein 2001: 222, 249)

seiner Entrücktheit verliert. Die Verwischung der Ebenen zwischen Kamera und Tuch und Tuch und Gesicht, mit der dadurch evozierten Vernebelung der Sichtverhältnisse, wird zum Sinnbild für den aufblühenden Drogenrausch.

Die Einstellung verdankt ihre Intensität unter anderem ihrer Langsamkeit. Entscheidend ist aber die Stelle, an der sie gezeigt wird. Mit ihr wird der Zuschauer aus einem nahezu vierstündigen Film entlassen, in dem es um Freundschaft, die Erfüllung des Traums von Geld und Macht, Liebe und Verrat geht, und dessen Handlung sich über einen Zeitraum von etwa 50 Jahren erstreckt. Die Protagonisten werden dabei als Jugendliche, als junge und als alte Männer gezeigt. Nachdem Noodles erst Jahrzehnte später als altem Mann der Verrat seines Freundes offenbart wird, springt Leone in die mittlere Zeitebene zurück, in der sich Noodles als junger Mann regelmäßig dem Opiumrausch hingibt. Die elegische Stimmung des Films kulminiert in der letzten Einstellung, da in dem Lächeln zwar Freude zum Ausdruck kommt, jedoch eine Freude, die durch Drogen erzeugt wird und dadurch eine Art Selbstbetrug ist. Genauso wie die Freundschaft von Noodles und Max (James Woods) sich als Illusion erwiesen hat. Jedoch wird der Glaube an diese Illusion überlebenswichtig, als Noodles auf seinen alten Freund trifft. Leone zeichnet hier ein höchst pessimistisches Bild menschlicher Existenz, die sich nur Kraft der Illusion erhalten kann, bis sich am Ende alles, worauf Noodles sein Leben gegründet hat (Freundschaft, finanzieller Erfolg) als Trugbild entpuppt. Um zu überleben, hält Noodles an dem Glauben an die Freundschaft fest und leugnet, dass es sein totgeglaubter Freund Max war, der ihm alles genommen hat. Deshalb spricht er auch zu Max, als sie sich als alte Männer wieder begegnen, in der dritten Person von einer großen Freundschaft.

Das Tuch, das sich im Verlauf der Einstellung wie ein Schleier über das Bild legt und als Gegenstand nicht mehr von anderen Objekten im Bild abgrenzbar ist, verwebt sich mit den Objekten wie die Illusion mit der Realität. Die Durchsichtigkeit hat hier also mehr den Charakter einer Trübung, als dass sie Durchlässigkeit signalisiert. Ihre Bedeutung liegt in der Verklärung. Der Raum wandelt sich in dieser Einstellung von einem Raum mit deutlich abgrenzbaren Objekten zu einem Raum, bei dem diese Grenzen verwischen. Er entwickelt sich von der Darstellung eines »reellen« Raums zu einer Darstellung der psychischen Verfassung des Protagonisten bzw. zu einer Darstellung seiner Wahrnehmung.

Tiefenkriterien im statischen Bild

Texturgradient

Oberflächenstrukturen erzeugen einen Eindruck von Plastizität, da sie mit zunehmender Entfernung dichter erscheinen (siehe Abbildungen links). Sind Gegenstände in gleichmäßigen Abständen zueinander angeordnet, scheinen sie umso näher beieinander zu liegen, je weiter sie entfernt sind. Der Abstand zwischen den Rechtecken des Bodenmusters etwa scheint sich zu verringern, desto größer die Distanz zum Betrachterstandpunkt wird. Ebenso verhält es sich mit den Sandwellen. Anders als bei der Verdeckung, deren Effekt aufgehoben werden kann, wenn sich der Betrachterstandpunkt verändert, bleibt die Oberflächenstruktur bei verändertem Standpunkt konstant. Dies kann bei Kamerafahrten tief in den Raum ein wirkungsvolles Mittel sein, um die Illusion einer Eigenbewegung zu verstärken.

In der Lichttunnelsequenz aus 2001: A SPACE ODYSSEY wird der Zuschauer in langen Kamerafahrten nach vorne in den Raum geschleudert. Bei den stark farblich verfremdeten Landschaftsaufnahmen in dieser Sequenz ist ein Texturgradient das einzige Tiefenkriterium, das diese intensive filmische Raumerfahrung ermöglicht.

Relative Größe im Blickfeld

Objekte, die im Verhältnis zu anderen abgebildeten Objekten groß erscheinen, wirken für den Betrachter auch näher. Grundsätzlich muss sich der Betrachter zwischen variabler Größe und variabler Entfernung von Objekten entscheiden, zumal wenn zwei gleichförmige Objekte in unterschiedlicher Größe abgebildet werden. Die Wahrnehmung tendiert jedoch in der Regel eher zur ungleichen Entfernung (vgl. Arnheim 1978: 269 und Goldstein 2001: 218).

In der schon beschriebenen Einstellung aus CITIZEN KANE (1941; R: Orson Welles; vgl. S. 27), in der Leland aus dem Hintergrund auf den im Bildvordergrund sitzenden Kane zugeht, wird dieser Effekt besonders deutlich. Die Entfernung zwischen Ausgangspunkt und Ziel ist durch die zunehmende Größe Lelands im Bild wahrnehmbar. Eine andere Person, mit der Leland gesprochen hatte, ist noch im Hintergrund zu sehen. Diese Person

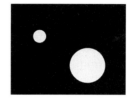

Die Kreise werden in der Regel als unterschiedlich weit entfernt wahrgenommen, obwohl sie auch verschieden groß sein könnten (aus Goldstein 2001: 219)

bildet eine Art Ausgangspunkt und Vergleichsgröße, um der Ausdehnung des Raums während der gesamten Einstellung eine intensivere Präsenz zu verleihen.

Relative Höhe im Blickfeld

Hierbei handelt es sich um den einfachen Umstand, dass Objekte, die höher im Bild angesiedelt sind (das heißt näher an der Horizontlinie stehen), als weiter weg erscheinen. Dabei ist es gleichgültig, ob sich die Objekte oberhalb des Horizontes befinden, wie Wolken, oder ob sie sich unterhalb der Horizontlinie befinden, wie Figuren (siehe Abbildung unten und vgl. Goldstein 2001: 219).

Am wirkungsvollsten kommt dieses Tiefenkriterium in Panorama-Aufnahmen zur Geltung. In C'ERA UNA VOLTA IL WEST (Spiel mir das Lied vom Tod; 1968; R: Sergio Leone) warten drei Männer an einem Bahnhof, der mitten in der Prärie steht und das einzige Zeichen von Zivilisation darstellt. Die Aufnahmen sind vom Bahnhof aus gedreht und erstrecken sich weit in den Raum, sodass sich an der Horizontlinie Bergketten und Wolken treffen.

Relative Höhe im Blickfeld (aus Goldstein 2001: 219)

II. Gestaltung und Wahrnehmung

Panoramaaufnahme mit großer Tiefe in C'ERA UNA VOLTA IL WEST

Bewegungsinduzierte Tiefenkriterien

Bisher wurden Tiefenkriterien erläutert, die ebenso für statische Bilder gelten. Die folgenden Abschnitte beschäftigen sich mit den filmspezifischen Tiefenkriterien: der Bewegung vor der Kamera und der Kamerabewegung.

Bewegung von Objekten

Im Folgenden wird zunächst die Bewegung von Objekten bei unbewegter Kamera und deren Bedeutung für den Raumeindruck des Filmbildes erläutert. Wie schon bei der heuristischen Bestimmung des filmischen Raums angedeutet, bedeutet Bewegung zunächst einen kontinuierlichen Wechsel des Blickpunkts. Dreht eine Person den Kopf, sieht der Zuschauer vielleicht zuerst nur den Hinterkopf und erkennt den Schauspieler erst, wenn das Profil sichtbar wird. Auf jeden Fall erhält das Objekt, das sich bewegt oder auch bewegt wird, mehr Plastizität, da durch die Bewegung mehr von ihm sichtbar wird und sich diese Enthüllung von Teilansichten kontinuierlich vollzieht.

In TALES OF TERROR (Der grauenvolle Mr. X; 1962; R: Roger Corman) wird die Figur Fortunato Lucresis (Vincent Price), die mit dem Rücken zur Kamera steht, von einer anderen Person über eine Ansprache zu einem Publikum eingeführt. Beide sind in der Nahaufnahme zu sehen, wobei der Redner etwas weiter im Vordergrund steht. Lucresi wird als einer der hervorragendsten Weinkenner vorgestellt. Erst als sein Name genannt wird, zeigt die folgende Einstellung Lucresi alleine im Bild. Er dreht sich um. Zuerst zum Redner, der neben ihm steht, sodass er im Profil zu sehen ist. Er gibt offensichtlich nur vor, überrascht zu sein, dass von ihm die Rede ist, was durch seine affektierte Mimik und Haltung ausgedrückt wird. Dann wendet er sich dem Publikum (bzw. der Kamera) zu, das sich hinter ihm befindet. Die Einstellung zeigt die Figur von allen Seiten, und der Schauspieler kann in der Bewegung ihre charakteristische Gestik entwickeln: Die sukzessive Offenbarung seiner Person durch die Zuwendung zum Publikum, als vermeintlich bescheidene Reaktion auf die Ansprache, stellt Lucresi dem Zuschauer als eitlen, blasierten Charakter vor. Auch hier tragen Elemente wie Kleidung und Schminke zu der besagten Wirkung maßgeblich bei.

Bewegt sich ein Objekt wie in dem beschriebenen Beispiel auf der Stelle, wird seine räumliche Ausdehnung wahrnehmbar. Bewegt es sich aber von der Stelle, steht die Bewegung in der Regel in

Bewegungsinduzierte Tiefenkriterien

einem noch stärkeren Bezug zum Raum, da das Objekt den Raum durchläuft und dieser dadurch in seiner Ausdehnung visuell stärker erfahrbar wird. Der Raum wird durch den vom Objekt zurückgelegten Weg beschrieben. Durch die Bewegung des Objekts im Raum ändert sich die Beziehung zwischen dem Objekt und dem Raum, den das Objekt durchläuft, und die Beziehung zwischen dem Objekt und dem Zuschauer. Wenn eine Person sich vom Bildvordergrund in den Bildhintergrund bewegt, nimmt sie weniger Raum im Bildfeld in Anspruch. Je nachdem, wie sich das Objekt bewegt, werden noch andere Teilansichten von ihm sichtbar. Die Korrekturmechanismen der Größen- und Formkonstanz sorgen dafür, dass wir Objekte als unverändert ansehen, auch wenn sich ihre Ansicht objektiv verändert.

Bordwell weist auf die Effektivität von Schlusseinstellungen in Filmen hin, bei denen sich die Figuren von der Kamera wegbewegen, um den Zuschauer aus der Geschichte zu entlassen. Zusätzlich kann durch eine Kamerabewegung nach oben die Wirkung verstärkt werden. Diese Inszenierung ist laut Bordwell unabhängig von kulturellen und historischen Gegebenheiten zu verstehen (Bordwell 1995a: 199).

Für die Analyse von Bewegungen unterscheidet Rudolf Arnheim mit Bezug auf Rudolph von Labans System der Tanzanalyse zwischen Raum, Kraft und Zeit einer Bewegung (vgl. Arnheim 1978: 409). Der Begriff »Raum« bezieht sich auf den Weg, den das Objekt zurücklegt. Mit Kraft ist die Leichtigkeit oder die Stärke einer Bewegung gemeint. Durch das Tempo einer Bewegung kann Zögerlichkeit oder Hektik suggeriert werden. Die Art der Bewegung kann selbst leblosen Gegenständen Charaktereigenschaften verleihen. Ferner ist zu unterscheiden, ob sich das Objekt selbst bewegt oder ob es bewegt wird. Für die vorliegende Arbeit steht der Aspekt des Raums im Vordergrund. Bei der Analyse müssen andere Parameter herangezogen werden, um die Brücke von der Konstruktion zur Ästhetik zu schlagen.

James J. Gibson schlägt einige alternative Kategorien der Bewegung vor, ohne dabei Anspruch auf Vollständigkeit zu erheben (Gibson 1982: 101ff.):

Plastizität durch Bewegung: TALES OF TERROR

Starre Translationen und Rotationen eines Objekts: Verlagerungen (Fallen eines Körpers, Fliegen eines Pfeils); Drehungen (Öffnen einer Tür); Kombinationen (Rollen eines Balls).

Zusammenstöße von Objekten: Mit und ohne Rückprall.

Nichtstarre Verformungen eines Objektes: Unbelebte (Flüssigkeitstropfen, Tonklumpen); Belebte (Veränderung der Körperhaltung eines Lebewesens).

II. Gestaltung und Wahrnehmung

Oberflächenverformungen: Wellenbildung; Fließen; elastische oder plastische Veränderungen.

Oberflächenzerfall: Zerreißen, Brechen; Zersetzen; Explodieren.

Gibsons Kategorien für die Raumkonstruktion durchzudeklinieren wäre nicht sinnvoll, da es sich um Sonderfälle der Bewegung handelt, die für die Tiefenwirkung eines Bildes in der Regel keine zusätzliche Bedeutung haben.

Ein Beispiel für Oberflächenverformung sei dennoch kurz erwähnt, da es sich dabei um eine häufiger auftretende Raumkonstruktion handelt. In Andrej Tarkowskis SOLARIS (1972) besteht der gleichnamige Planet aus einer Art Ozean aus grauer Masse, der in manchen Einstellungen den gesamten Bildraum ausfüllt (vgl. Farbteil, Abb. 2). Die langsamen Wellenbewegungen suggerieren eine undurchdringliche Tiefe. Der rätselhafte Ozean-Planet, der die Forscher mit sich selbst konfrontiert, indem er ihre Erinnerungen, Ängste und Wünsche materialisiert, wird zum Sinnbild der Unergründlichkeit und eine spiegelnde Matrix des menschlichen Seelenlebens.

Mit Hilfe der Computertechnologie konnten bestimmte Formen der Bewegung verbessert werden. Eine der spektakulärsten Innovationen ist das sogenannte *morphing* (vgl. Hoberg 1999: 32). Mit diesem Verfahren kann der Übergang von einem Bild in ein anderes stufenlos visualisiert werden. Diese Technik eignet sich besonders zur Darstellung von Metamorphosen, die als eine eigene Form der Bewegung kategorisiert werden muss. Es gab sie schon vor dem Einzug des Computers in die Filmproduktion, jedoch nicht mit einer solchen Perfektion und in der Regel nicht ohne den Einsatz der Montage.

Spezifische Begriffe für die Analyse von Bewegungen im Film definiert Eric Rohmer in seinem Buch über Murnaus Faustfilm (FAUST – EINE DEUTSCHE VOLKSSAGE; 1926; R: Friedrich Wilhelm Murnau) Der Autor analysiert die Bewegungen hierin mit Hilfe der Begriffspaare Konvergenz/Divergenz, Expansion/Kontraktion und Anziehung/Abstoßung (Rohmer 1980: 81ff.). Die Begriffe Konvergenz und Divergenz beschreiben zunächst neutral entweder das Zusammen- oder Auseinanderlaufen von Bewegungen. Eine Interpretation, also die Beschreibung der Qualität einer Bewegung, verlangt nach den Begriffspaaren Expansion/Kontraktion und Anziehung/Abstoßung (Rohmer 1980: 102).

Das Begriffspaar Expansion/Kontraktion bezieht sich nicht auf lineare Bewegungen, sondern auf Flächen und Volumen (Rohmer 1980: 82), die sich ausweiten oder zusammenziehen. Die Expansion ist nach Rohmer mit positiven Bedeutungen wie »Eroberung, Bereicherung, Geburt, Gesundheit, Leben, Freude usw.« besetzt (Rohmer 1980: 83). Kontraktion hingegen bedeutet »Verlust, Verarmung, Niedergang, Krankheit, Tod, Trauer usw.« (Rohmer 1980: 83). Diese Kompositionsformen kommen nach Rohmer besonders ausgeprägt und wirkungsvoll in der Körpersprache zur Geltung.

Auch der Anziehung und der Abstoßung ordnet Rohmer Gefühle zu. Die Abstoßung verkörpert die Angst. Die Anziehung zeigt liebevolle Zuwendung. Es gibt auch Bewegungen, die eine Ambivalenz ausdrücken. Eine Umarmung kann liebevoll und besitzergreifend zugleich sein. Hier fallen Kontraktion und Anziehung zusammen. Rohmer weist darauf hin, dass die Begriffe nicht geometrisch, sondern inszenatorisch zu verstehen sind (Rohmer 1980: 84). Eine Definition, die viel Spielraum für Interpretationen lässt, weil die Bedeutung einer Bewegung davon abhängt, in welchem Kontext sie sich ereignet und in welcher Art und Weise sie dargestellt wird. Dieser Umstand macht die eindeutige Zuordnung einer Bewegungsform zu einem Gefühlszustand fraglich.

Die Begriffe von Arnheim, Gibson und Rohmer sind sehr heterogen. Arnheims Begriffe von Raum, Zeit und Kraft sind zur Beschreibung jeder Bewegung geeignet und bilden aus diesem Grund ein probates Instrumentarium für die Analyse. Gibson zielt mit seinen Kategorien auf Materialien, wie bei Oberflächenverformungen, die eine Verformbarkeit des Objekts voraussetzen, oder auf Objekte, die eine Bewegungsrichtung beschreiben, wie bei Rotationen. Mit dieser Kategorisierung können Arnheims Begriffe bei der Beschreibung und Analyse eventuell ergänzt werden, da sie sehr spezifische Formen der Bewegung umfasst. Rohmers Begriffe Expansion/Kontraktion und Anziehung/Abstoßung wiederum sind im Grunde genommen

Bewegungsinduzierte Tiefenkriterien

schon Interpretationen, da ihnen positive oder negative Eigenschaften zugeordnet sind. Rohmers Ausführungen zur Bewegung können vor allem bei der Analyse von Figurenkonstellationen hilfreich sein.

Die illusionierte Eigenbewegung

Die illusionierte Eigenbewegung unterscheidet sich von den bisher beschriebenen Bewegungen, da sie eine Art Wahrnehmungstäuschung darstellt. Durch eine filmische Darstellung kann der Eindruck einer Eigenbewegung erzeugt werden. Diese Illusionierungsleistung ist eine filmspezifische, deren wahrnehmungspsychologische Voraussetzungen grundlegend für die ästhetische Funktion der bewegten Kamera sind.

Kamerafahrten – hierunter werden auch simulierte Fahrten gefasst – können eine sogenannte induzierte Eigenbewegung erzeugen (Mikunda 2002: 201ff.), das heißt, es kann durch einen visuellen Reiz die Illusion einer Eigenbewegung beim Zuschauer entstehen. Der Einsatz von Schwenks und Fahrten hat daher schon aus physiologischen Gründen eine andere Wirkung, als wenn eine Sequenz durch Montage zusammengesetzt wird.

Das Blickfeld hat einen Umfang von circa 180 Grad in der Horizontalen und 140 Grad in der Vertikalen (Gibson 1982: 222). Je größer ein Filmbild ist, desto mehr wird das Blickfeld des Zuschauers beansprucht und desto intensiver wird die Illusion einer Eigenbewegung (vgl. Gibson 1982: 198 und Hochberg/Brooks 1978: 276). Im Kino trägt zusätzlich die Dunkelheit dazu bei, dass andere visuelle Reize reduziert werden und das Bild auf der Leinwand absolute Hegemonie in der Wahrnehmung des Zuschauers beanspruchen kann.

Wichtige Untersuchungen zu diesem Phänomen hat der Wahrnehmungspsychologe J.J. Gibson angestoßen, der als einer der Ersten die Ansicht vertrat, dass das Sehen zu den propriozeptiven oder auch kinästhetisch genannten Sinnen gezählt werden muss. Damit werden die Sinnesdaten bezeichnet, die Informationen über die Stellung und Bewegung des Körpers vermitteln (vgl. Goldstein 2002: 298).

Experimentelle Untersuchungen wurden mit Hilfe von »Schaukelräumen« durchgeführt (Gold-

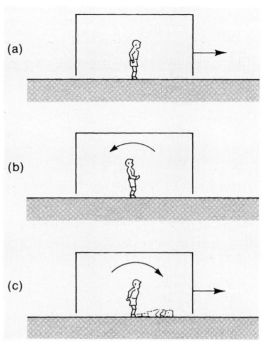

Schaukelraum (aus Goldstein 2001: 298)

stein 2002: 298, Lee/Aronson 1974 und Gibson 1982: 199). Es wurden Probanden (Kleinkinder und Erwachsene) in einen Raum gestellt, dessen Boden zwar fest ist, dessen Wände und Decke jedoch beweglich sind. Bewegen sich Decke und Wände in Blickrichtung, entsteht der Eindruck einer eigenen Rückwärtsbewegung. Bei entgegengesetzter Richtung hat der Proband den Eindruck einer Vorwärtsbewegung. In der Abbildung oben bewegt sich der Raum in Blickrichtung der Versuchsperson. Dadurch entsteht für sie ein Muster optischen Fließens, das eine Rückwärtsbewegung signalisiert (siehe Abbildung S. 58 [b]). Sie fühlt sich nach hinten gezogen, versucht die (illusionierte) Rückwärtsbewegung auszugleichen, indem sie sich nach vorne beugt, und verliert das Gleichgewicht.

Die Empfindung entsteht, indem die Abbildung der wahrgenommenen Umwelt über die Netzhaut gleitet. Diese »Muster optischen Fließens« (Goldstein 2001: 259) sind eine Informati-

II. Gestaltung und Wahrnehmung

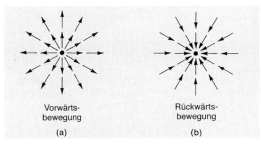

Vorwärtsbewegung (a)   Rückwärtsbewegung (b)

(Aus Goldstein 2001: 298)

onsquelle für die Wahrnehmung von Eigenbewegung (siehe Abbildung oben) – und zwar unabhängig davon, ob sich der Betrachter selbst bewegt oder seine Umwelt.

Dieser Effekt ist nun für die Möglichkeiten filmischer Raumkonstruktion wichtig, da er dem Zuschauer die Illusion ermöglicht, dass er sich durch die im Film dargestellte Welt bewegt. Für die Analyse von Fallbeispielen ist interessant zu betrachten, wann Regisseure zu welchem Zweck Kamerafahrten einsetzen und welche Bedeutung die spezifische Art der illusionierten Eigenbewegung hat. So kann eine Kamerabewegung rasant sein und dem Zuschauer den Eindruck vermitteln, er werde haltlos durch den Raum geschleudert; oder aber die Kamera bewegt sich langsam und erzeugt den Eindruck von Zögerlichkeit und vorsichtigem Tasten.

Gibson baut seine Filmpsychologie, die er im letzten Kapitel seines Buches *Wahrnehmung und Umwelt* (Gibson 1982: 314-325) entwickelt, im Prinzip auf der Wahrnehmung von Mustern optischen Fließens auf, die unsere alltägliche visuelle Wahrnehmung ausmachen. Die Invarianten einer optischen Anordnung, also die Merkmale der den Betrachter umgebenden Oberflächenstrukturen, die sich bei der Veränderung des Blickpunkts nicht verändern, bilden die Basis unserer visuellen Wahrnehmung (Gibson 1982: 76). Peter Ohler bezeichnet Gibsons Theorie als »Filmpsychologie des visuell-kinästhetisch geführten Blicks« (Ohler 1990: 90). Diesen Ansatz versucht Gibson für seine filmtheoretischen Überlegungen fruchtbar zu machen. Der Versuch gerät jedoch schnell in Aporien, da Gibson kognitive Leistungen bei der Filmrezeption nicht mitberücksichtigt. Aus diesem Grund muss ihm der harte Schnitt, der schon früh als ein Hauptgestaltungsmittel des Films etabliert wurde, suspekt erscheinen. Gibsons Theorie erfordert Kontinuität, die sich mit dem abrupten Wechsel von Ort zu Ort durch den harten Schnitt, wie er in nahezu jedem Film zu sehen ist, nicht vereinbaren lässt (vgl. Ohler 1990: 85-96). Gibsons Beitrag zu einer Theorie der Filmwahrnehmung bleibt daher im Wesentlichen auf die Berücksichtigung der visuellen Kinästhesie beschränkt.

Kristin Thompson führt das Phänomen, dass eine Kamerabewegung und nicht eine bewegte Umgebung auf der Leinwand wahrgenommen wird, auf durch Gewohnheit ausgebildete Muster zurück, die schon früh durch das Sehen von Filmen erlernt werden (Thompson 1995: 45ff.). Wahrscheinlich spielt auch die Alltagserfahrung, dass man sich in der Regel selbst bewegt und nicht die Umgebung, bei der Illusion einer Eigenbewegung eine Rolle.

Bewegungsparallaxe

Dass die Bewegungsgeschwindigkeit von Objekten, die vor dem Auge eines sich bewegenden Betrachters vorübergleiten, je nach Entfernung als unterschiedlich hoch wahrgenommen wird, kann zur Tiefenwahrnehmung beitragen. Im Prinzip beruht dieser Effekt auf folgendem Umstand: Wenn sich Objekte im Blickfeld eines Betrachters bewegen oder der Betrachter sich bewegt, legen die Abbilder von Objekten, die dem Betrachter näher sind, schneller größere Entfernungen auf der Retina zurück als weiter entfernte (vgl. Goldstein 2002: 223). Sieht man bei einer Autofahrt aus dem Fenster, rasen die nahen Gegenstände zum Teil so schnell an einem vorüber, dass sie verwischen. Weiter entfernte hingegen bewegen sich verhältnismäßig langsam. Beim Film kann dieser Tiefeneindruck bei einer Kamerafahrt entstehen.

Fortschreitendes Zu- oder Aufdecken von Objekten

Stehen zwei Objekte hintereinander und der Betrachter bewegt sich nicht frontal auf sie zu, sondern seitlich an ihnen vorbei, sodass der Eindruck

Bewegungsinduzierte Tiefenkriterien

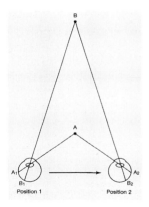

Das Auge bewegt sich von Position 1 zu Position 2. Das Abbild von Objekt A legt dabei auf der Retina einen längeren Weg zurück als Objekt B (aus Goldstein 2001: 223)

entsteht, die Objekte bewegten sich relativ zueinander, wird eine verstärkte Tiefenwahrnehmung erzeugt. Je nach Bewegungsrichtung wird von dem verdeckten Objekt mehr sichtbar oder mehr verdeckt (siehe Abbildung unten). Die Bewegungsparallaxe spielt hier ebenfalls eine Rolle, da sich das Verhältnis der Objekte zueinander im Blickfeld durch den dynamischen Betrachterstandpunkt verändert.

In 2001: A SPACE ODYSSEY werden in einer Einstellung beide Effekte, also Auf- und Zudecken, genutzt. Der Astronaut Bowman (Keir Dullea) landet am Ende des Films auf wundersame Weise in einer Art Wohntrakt, der im Stil des 18. Jahrhunderts eingerichtet ist. Er geht langsam durch die Zimmer. Als er ein Geräusch aus dem Zimmer hört, aus dem er gerade gekommen ist, wendet er sich um und geht zurück. Bowman bewegt sich vor dem Türrahmen von links nach rechts. Nach einem Schnitt folgt eine Einstellung, in der die Kamera seine Bewegung nachvollzieht. Sie bewegt sich ebenfalls seitlich zu dem Türrahmen von links nach rechts, sodass auf der rechten Seite Fläche verdeckt wird, in diesem Fall die Wand des dahinter liegenden Zimmers und, auf der linken Seite, weitere Teile der Wand sichtbar werden. Im Laufe der Kamerabewegung scheint sich der weiter entfernte Wandausschnitt wesentlich schneller zu verändern als die Teilansicht des Türrahmens. Erst als die Quelle der Geräusche, ein Mann, der mit dem Rücken zu Bowman an einem Tisch sitzt, genau in der Mitte des Türrahmens erscheint, bleibt die Kamera stehen. Die Langsamkeit, in der die gesamte Sequenz inszeniert ist, erzeugt Neugier beim Zuschauer auf das, was dem Blick durch den Türrahmen sukzessive eröffnet wird.

Für alle genannten Tiefenkriterien, die mit Bewegung zusammenhängen, ist die Formkonstanz Voraussetzung dafür, dass ein Gegenstand trotz der veränderten Reizbedingungen dem Betrachter als unverändert erscheint. Bei der Bewegung um einen Gegenstand oder der Bewegung eines Gegenstands verändert sich das Netzhautbild, der Gegenstand wird jedoch in seiner Gestalt als gleichbleibend wahrgenommen (Goldstein 2001: 145). Unsere Wahrnehmung ist also zu einer Kompensationsleistung fähig, die bei der Verarbeitung von Sinneseindrücken zwischen veränderten Wahrnehmungsbedingungen und einer Veränderung des wahrgenommenen Gegenstands zu unterscheiden vermag (vgl. zur Wahrnehmungskonstanz auch Gregory 2001: 225ff.).

Aspekte der Kamerabewegung

Nachdem auf der Grundlage wahrnehmungspsychologischer Aspekte die Rolle des Zuschauers für die Raumkonstruktion stärker fokussiert wurde, wird nun eine Phänomenologie der Kamerabewegungen und Möglichkeiten ihrer Verwendung an Fallbeispielen illustriert.

Bereits in Filmen vor 1910 wurde mit Kamerabewegungen gearbeitet (Bordwell 1999: 70). Barry Salt datiert die ersten bereits auf das Jahr 1897, als etwa ein Kameramann Lumières eine Kamera in eine Gondel stellte, um einen Kanal in Venedig zu filmen. Es mussten zunächst Transportmittel ge-

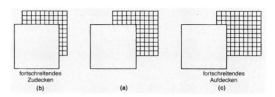

Bewegt sich der Betrachter von Position A nach links, verdeckt die vordere Fläche die hintere zunehmend. Bewegt er sich nach rechts, wird von der hinteren Fläche immer mehr für ihn sichtbar (aus Goldstein 2001: 224)

59

II. Gestaltung und Wahrnehmung

nutzt werden, um die schweren Apparaturen bewegen zu können. Eine Vorrichtung, die in demselben Jahr entwickelt wurde, ermöglichte es, die Kamera auf dem Stativ zu schwenken (Salt 1992: 32).

Ein frühes Beispiel, das (unter anderem) für den Einsatz von Kamerabewegungen berühmt wurde, ist der Stummfilm DER LETZTE MANN von Friedrich Wilhelm Murnau (1924). Murnau nahm für diesen Film zum ersten Mal die Kamera vom Stativ und prägte damit den Begriff der »entfesselten Kamera« (vgl. Kamp/Rüsel 1998: 22 und Sadoul 1957: 160). Für den zaghaften Einsatz von Kamerabewegungen in der Frühzeit der Filmgeschichte war nicht zuletzt die schwergewichtige Technik verantwortlich, die die Mobilität erheblich erschwerte. Die Motivation für eine Kamerabewegung musste dementsprechend hoch sein, damit der dafür erforderliche Aufwand betrieben wurde. Mit zunehmend entwickelter Technik wurden Kamerabewegungen immer inflationärer zur Dynamisierung des Geschehens eingesetzt (vgl. Interview mit Bordwell 2002: 30). Mittlerweile können filmische Aufnahmen auch vollständig am Computer generiert werden, wie die endoskopische Fahrt durch den Kopf des Protagonisten zu Beginn von FIGHT CLUB (1999; R: David Fincher).

Im Folgenden werden zunächst standardisierte Typen von Kamerabewegungen vorgestellt. Anschließend werden diese exemplifiziert, um ihre konkreten ästhetischen Funktionen zu zeigen. Diese Systematik folgt Bordwell/Thompson (1990: 181ff.).

Typen von Kamerabewegungen: Es wird grob zwischen *Schwenks* und *Fahrten* unterschieden.

Bei *Schwenks* verlässt die Kamera ihre Position nicht. Sie kann nach rechts und links schwenken (*pan*) oder nach unten und oben (*tilt*) bewegt werden. Das Rollen der Kamera zählt auch zu den Schwenks, kommt aber vergleichsweise selten vor (vgl. auch Hickethier 1996: 63 und Kamp/Rüsel 1998: 23).

Bei der *Fahrt* wird die Kamera durch den Raum bewegt, ihr Standpunkt verändert sich also fließend in alle erdenklichen Richtungen, je nachdem, wie und womit sie bewegt wird (Dolly, Kran, Auto, ...).

Eine Sonderstellung nimmt der Zoom ein, da er durch den kontinuierlichen Übergang zwischen verschiedenen Brennweiten den Eindruck einer Kamerafahrt rückwärts oder vorwärts simulieren kann. Ein Zoom-Objektiv (auch Transfokator und Gummilinse genannt) besteht aus mehreren Linsen, mit denen während der Aufnahme die Brennweite variiert werden kann (vgl. Monaco 1995: 77ff.). Es kann von einer Tele-Aufnahme, bei der die Tiefenwirkung geringer ist, zu einer Weitwinkel-Aufnahme, bei der sie stärker ist, gewechselt werden und umgekehrt. Dadurch verändert sich der Bildausschnitt und die Tiefe, aber nicht der Abstand der Kamera zu den abgefilmten Gegenständen. Es entsteht aber auch der Effekt einer mechanischen Vergrößerung oder Verkleinerung, sodass Aufnahmen mit Zoom in der Regel erkennbar sind. Der Zoom wird seit den 1960er Jahren verwendet und häufig aus Kostengründen anstelle einer Fahrt eingesetzt, weshalb er zunächst als notdürftiger Behelf abgewertet wurde. Es gab aber immer wieder Filmemacher, die den besonderen Effekt des Zooms sehr suggestiv nutzten und ihn damit als eine den anderen Gestaltungsmitteln gleichrangige Technik etablierten (vgl. Hickethier 1996: 68ff. und Monaco 1995: 77ff.). Ein Beispiel dafür folgt im nächsten Abschnitt.

Kameraschwenks

Schwenks auf der horizontalen Achse haben meistens die Funktion, dem Zuschauer einen Überblick über den Raum zu geben oder der Bewegung eines Objekts folgen. Schwenkt die Kamera langsam, lässt sie gewissermaßen den Blick des Zuschauers schweifen. Die Kohärenz des Raums wird betont und der Zuschauer in ein Verhältnis zu ihm gesetzt, das ihn diesen visuell abtasten lässt. Der Raum ist hier Gegenstand der Darstellung. Bei hektischen, unruhigen Schwenks, die oft mit der Handkamera gedreht sind, geht es meistens darum, die Verfassung einer Figur erfahrbar zu machen. So schaut sich eine Person um, weil sie eine akute Bedrohung befürchtet. Die Kamera zeichnet diese Bewegungen in einer folgenden Einstellung nach, ohne dass diese Person im Bild zu sehen ist, und befindet sich dann auf deren Blickachse. Die aus der Angst resultierende Unruhe der Figur wird so für den Zuschauer auch physisch spürbar. Solche sogenannten *point-of-view-shots* sind ein gängiges filmisches Gestaltungsmittel und Gegenstand erzähltheoretischer Untersuchungen (vgl. Hickethier 1996: 123; siehe auch Heath 1981: 46ff., Branigan 1981 und Browne 1986).

Ein Beispiel für einen Schwenk, bei dem die Kamera einem Objekt folgt – in diesem Fall einer Person – und der Raum gleichzeitig als Handlungsraum vorgestellt wird, ist die erste Einstellung im Raumschiff Discovery in 2001: A SPACE ODYSSEY. Der Innenraum hat die Gestalt einer Zentrifuge mit einem Pfeiler in der Mitte, der die Achse der Trommel bildet. Die Kamera steht allerdings so, dass die Zentrifuge auf der Seite liegt. Ein Mann in Sportbekleidung joggt auf der Innenbahn der Zentrifuge. Es entsteht ein Missverhältnis zur alltäglichen Wahrnehmung, da aus der Sicht des Zuschauers der Mann nach unten auf die Seite fallen müsste. Er läuft von rechts »auf der Seite« der Kamera entgegen, unterhalb der Kadrierung an der Kamera vorbei nach links. Die Kamera schwenkt mit und folgt ihm noch eine Runde durch die Zentrifuge mit einem Schwenk. Der fast weiße Raum mit seiner hellen, gleichmäßigen Ausleuchtung erscheint wie ein Labor (vgl. S. 152f.).

Anhand einer sportlichen Aktivität eines Astronauten wird eine Alltäglichkeit im All gezeigt, die der auf der Erde gleicht. Gleichzeitig wird die dem Zuschauer vertraute Raumerfahrung außer Kraft gesetzt. Wie die Aufnahme zustande gekommen ist, ob sich also die Zentrifuge dreht und die Kamera dadurch auch bewegt wird, der Schauspieler dagegen auf der Stelle läuft, ist für den Zuschauer nicht wahrnehmbar. Er kann nur erkennen, dass die Kamera der Person mit einem Schwenk folgt. Der Astronaut bewegt sich wie in einem Laufrad. Auf subtile Weise konstruiert Kubrick hier ein Sinnbild für seine sarkastische Sicht auf das Verhältnis vom Menschen zu der von ihm entwickelten Technologie. Der Mensch hat sich eine Umwelt geschaffen, die ihn in ihrer Sterilität als Fremdkörper diffamiert. Der Astronaut bewegt sich wie eine Laborratte in einem Laufrad. Das Laufen im Kreis wird zur Metapher für die in Wiederholungen verstrickte Existenz des Menschen. Er entwickelt eine immer komplexere Technologie, begibt sich dadurch aber immer mehr in deren Abhängigkeit. Der Schwenk vollzieht diese Bewegung nach, indem er den Blick des Zuschauers so lenkt, dass er immer wieder da ankommt, wo er schon einmal war. In den darauffolgenden Einstellungen begleitet die Kamera den Lauf des Mannes noch von hinten und von vorne mit einer vorgetäuschten Kamerafahrt. Auch hier ist davon auszugehen, dass sich die Zentrifuge bewegt, nicht die Kamera und der Läufer. Der Zuschauer geht aber aufgrund seiner Alltagserfahrung nicht von einer sich bewegenden Umgebung aus, sondern von sich bewegenden Objekten. Selbst wenn einem die Bewegung der Zentrifuge bewusst ist, hält die Wirkung des Effekts an.

Eine eher selten verwendete Art des Schwenks ist der sogenannte Reißschwenk. Hierbei wird die Kamera so schnell bewegt, dass die Konturen der Objekte verwischen. Diese extrem schnellen Schwenks verhindern die Möglichkeit, Objekte klar zu sehen oder, je nach Geschwindigkeit, überhaupt identifizieren zu können. Sie erzeugen ein Gefühl des Schwindels. Während der Schwenk, der einem Objekt folgt, einer Augenfolgebewegung ähnlich ist, ist das durch den Reißschwenk hervorgerufene Bild artifizieller, da die Objekte in der Wirklichkeit vor unseren Augen nicht verwischen, gleichgültig, wie schnell wir die Augen oder den Kopf bewegen, denn bei extrem schnellen Augenbewegungen zwischen Fixationspunkten setzt die sogenannte »saccadische Suppression« ein (Restat 1999: 150).

In BREAKING THE WAVES (1996; R: Lars von Trier) kommen solche Reißschwenks sehr häufig vor. Bei Dialogszenen etwa wird häufig nicht nur mit dem sonst üblichen Schuss/Gegenschuss-Verfahren gearbeitet, sondern die Handkamera schwenkt immer wieder zwischen den Personen hin und her. Diese Sequenzen erhalten dadurch einen dokumentarischen Anstrich. Die Illusion, unmittelbar dem Geschehen beizuwohnen, wird trotz der Verwischungen durch die schnellen Schwenks verstärkt, da diese Kamerabewegungen Kopfbewegungen nachvollziehen, die einer spontanen Zuwendung zur sprechenden Person nahekommen, und die Situation nicht inszeniert wirkt. Der Raum zwischen den Fixationspunkten (den Personen) bleibt durch den Schwenk zwar in seiner Kontinui-

II. Gestaltung und Wahrnehmung

Reißschwenks in THE SHINING

tät erhalten, wird durch die Verwischung aber verfremdet oder sogar zeitweise zerstört. Wie schon gesagt, hat diese Kamerabewegung den durchaus »realistischen Effekt«, dass wie bei schnellen Kopfbewegungen ein Gefühl von Schwindel entsteht.

In einer berühmten Szene aus THE SHINING folgt die Kamera mit einer Reihe von Reißschwenks der Bewegung von Jack Torrance (Jack Nicholson), der mit einer Axt eine Tür einschlägt, hinter der sich seine Frau und sein Sohn verbarrikadiert haben. Torrance ist von der rechten Seite in einer halbnahen Aufnahme zu sehen. Wenn er ausholt und sich dabei leicht nach hinten lehnt, schwenkt die Kamera leicht nach links. Beim Zuschlagen reißt sie entsprechend der Schlaggeschwindigkeit mit nach rechts. Durch die hohe Geschwindigkeit des Schwenks verwischen die Objekte im Hintergrund. Die Person bleibt relativ scharf, weil die Geschwindigkeit der Körperbewegung ungefähr der der Kamerabewegung entspricht. Die Axt wiederum wird so schnell durch die Luft geschleudert, dass ihre Konturen verwischen. Das Ausholen und die Schlagbewegung sind Gegenstand der Darstellung. Die Kamerabewegung erzeugt den Eindruck, als ob sie die Wucht der Schläge unterstützen würde, indem sie die Körperbewegung des Schlagenden nachvollzieht. Gleichzeitig wird die Kraft der Bedrohung erfahrbar, da der Zuschauer in die Bewegung »involviert« wird. Auch diese Gestaltung zielt darauf ab, in den filmischen Raum hineinzuziehen.

In DR. JEKYLL AND MR. HYDE (Dr. Jekyll und Mr. Hyde; 1931; R: Rouben Mamoulian) setzt ein langer, schneller Kameraschwenk durch das Labor Dr. Jekylls ein, nachdem er das Elixier eingenommen hat, und der Verwandlungsprozess zu Mr. Hyde beginnt. Durch die Montage wird diese Einstellung als Vorstellungs- oder Bewusstseinsbild Dr. Jekylls / Mr. Hydes inszeniert (*mindscreen*). Das Labor verschwimmt vor seinen Augen. Dieser Effekt wird durch den schnellen Schwenk und durch Unschärfe des Bildes hervorgerufen. In diese lange kontinuierliche Bewegung mischen sich immer wieder vergangene Szenen, die mit Doppelbelichtung über den anhaltenden Schwenk durch das Labor gelegt werden. Die Schwenkbewegung verlangsamt sich, das Bild wird wieder schärfer: die Verwandlung ist vollzogen. Die Kamera schwenkt in entgegengesetzter Richtung zurück vor den Spiegel, vor dem Dr. Jekyll den Be-

Bewegungsinduzierte Tiefenkriterien

Die Kamera schwenkt direkt ins Unbewusste: DR. JEKYLL AND MR. HYDE

ginn seiner Verwandlung beobachtet hat. Aus dem Off ist das animalische Atmen Mr. Hydes zu hören, was die unheilvolle Erwartung des Zuschauers schürt, die von Dr. Jekyll geschaffene Kreatur im Spiegel zu sehen zu bekommen.

Der Schwenk durch den den Protagonisten umgebenden empirischen Raum und die Unschärfe des Bildes führen von diesem Weg in das Unbewusste Dr. Jekylls. Die Außenwahrnehmung, also die Wahrnehmung des Labors, verflüchtigt sich und weicht den Bildern, die aus dem Unbewussten emporsteigen. Das Labor tritt durch die Unschärfe in den Hintergrund, scheint aber durch die Doppelbelichtung hindurch. Es durchdringen sich also in dieser Einstellung zwei Räume, wobei nicht das Unbewusste als Raum bezeichnet wird, sondern dessen visuelle Repräsentation durch

mechanische Räume, die durch die Inszenierung als aus dem Unbewussten der Figur erwachsende Bilder wahrgenommen werden.

Eine mögliche Verwendung von Kameraschwenks auf der vertikalen Achse wird im Folgenden anhand einer Einstellung aus C'ERA UNA VOLTA IL WEST erläutert.

In der Schlüsselsequenz am Ende des Films wird die Erinnerung eines Protagonisten an sein Martyrium gezeigt, für das er einen langwierigen, gefährlichen Rachefeldzug angetreten hat. In einer Totalen wird dem Zuschauer die Situation offenbart: Ein Junge steht mit gefesselten Händen unter einem Torbogen, auf seinen Schultern ein etwas älterer Mann mit einem Strick um den Hals, der an dem Torbogen befestigt ist. Um sie herum stehen ein paar Männer, die sich die Situation ruhig

II. Gestaltung und Wahrnehmung

Der Schwenk vollzieht sukzessive die Ausweglosigkeit der Situation nach: C'ERA UNA VOLTA IL WEST

schauer intensiver spürbar werden zu lassen. Das Gesicht des Jungen ist der Ausgangspunkt für die Bewegung, das Gesicht des Mannes bildet den Endpunkt. Die Kamera steht ungefähr in Augenhöhe mit dem Jungen. Der Schwenk vollzieht sukzessive die Ausweglosigkeit der Situation nach. Der Junge wird den Mann nicht lange halten können und damit zwangsläufig dessen Tod herbeiführen. In der Anordnung der beiden – das Schicksal des Mannes ruht auf den Schultern des Jungen – wird die Grausamkeit gegenüber dem Kind verstärkt, das von den Banditen in Mitverantwortung für den Tod des Mannes gezwungen wird. Der Schwenk von unten nach oben lässt den Zuschauer die räumliche Konstellation noch einmal kinästhetisch erfahren. Die ausführliche Inszenierung dieser Rückblende schwelgt in Pathos, wozu nicht zuletzt die Musik Ennio Morricones beiträgt. Die Darstellung der traumatischen Situation des Mundharmonikaspielers lüftet das Geheimnis, das ihn den gesamten Film über umgibt, und zeigt damit seine Motivation für die Rache.

In der bereits in Teil I besprochenen Sequenz aus 2001: A SPACE ODYSSEY (S. 12f.) zeigt die Kamera den von dem Primaten in die Luft geschleuderten Knochen nach einem Schnitt in Großaufnahme. Im Hintergrund ist blauer Himmel sichtbar. Die Kamera folgt dem Knochen mit einem Schwenk nach oben. Dieser ist jedoch zu langsam, und der Knochen verschwindet für kurze Zeit oben aus der Kadrierung. Hier arbeitet Kubrick mit einem *jump cut*. Der Schnitt, bevor der Knochen wieder in der Kadrierung zu sehen ist, ist unauffällig. Er ist nur ein kurzer Sprung oder ein Holpern, da die Bewegung des Knochens und der Kamera in dergleichen

anschauen. In einer der folgenden Einstellungen wird der Junge in Großaufnahme gezeigt. Die Kamera schwenkt langsam nach oben und kommt zum Stillstand, als der Mann auf den Schultern des Jungen in der Großaufnahme von unten zu sehen ist.

Die Einstellung ist im Prinzip eine Verdopplung der Informationen, die der Zuschauer schon hat. Der Schwenk tastet aber im Detail die Situation noch einmal ab, um die Peinigung für den Zu-

Weise fortgesetzt werden. Der Knochen erreicht den Höhepunkt seiner Flugkurve und fällt wieder herunter. Die Kamera neigt sich mit nach unten. Plötzlich ist ein Raumschiff im Weltall zu sehen, das sich in derselben Richtung wie der Knochen in Richtung der unteren Bildbegrenzung bewegt, wobei die Schwenkbewegung, die die Flugkurve des Knochens nachzeichnete, nach dem Schnitt nicht fortgeführt wird. Der Knochen unterliegt den Gesetzen der Schwerkraft und fällt dementsprechend wieder auf die Erde zurück. Das Raumschiff, das durch die Form und die Fortführung der Bewegungsrichtung als weiterentwickeltes Instrument zur Eroberung von Territorium inszeniert ist, bewegt sich jedoch von der Erde weg. Der Schwenk verdeutlicht hier die Gesetze der Schwerkraft, die zwar auf der Erde gelten, aber mit der Ausweitung des Lebensraums im nächsten Augenblick der Menschheitsgeschichte irrelevant sein können.

Kamerafahrten vorwärts

Die stärkste physiologische Raumillusion beim Film wird mit Kamerafahrten erzeugt. Durch die illusionierte Eigenbewegung des Zuschauers wird der Raum plastischer und intensiver erfahrbar. Auch bei Kamerafahrten kann grob zwischen solchen unterschieden werden, die einem Objekt folgen, und solchen, die den Raum ohne Konzentration auf ein Objekt durchmessen.

Ein eindrucksvolles Beispiel für eine Kamerafahrt vorwärts gibt es in dem Film SOLARIS von Andrej Tarkowski. In einer langen Kamerabewegung nach vorne, die immer wieder durch Einstellungen unterbrochen wird, in denen einer der Protagonisten auf dem Beifahrersitz eines fahrenden Autos zu sehen ist, erlebt der Zuschauer auf der Leinwand eine Fahrt durch befahrene Hauptstraßen einer Großstadt mit vielen Tunneln und Unterführungen. Der Fahrer des Wagens wird nicht gezeigt. Durch die Montage wird suggeriert, dass sich die Kamera in dem Wagen befindet. Zwischendurch setzen immer wieder Beschleunigungen ein, wobei die Kameraführung unruhiger wird. Dadurch entsteht insgesamt eine unruhige und unaufhaltsame Vorwärtsbewegung in den (Auto-)Bahnen der vom Menschen geschaffenen Zivilisation.

Die Fahrt kann als Metapher für die außer Kontrolle geratene Entwicklung der Menschheit wahrgenommen werden. Der Zuschauer befindet sich dabei in einer ohnmächtigen Situation. Er sieht zwar in einer bestimmten Entfernung, was vor ihm liegt, er hat aber keinen Einfluss auf die Geschwindigkeit oder die Richtung der Bewegung.

In THE SHINING folgt die Kamera dem kleinen Danny Torrance (Danny Lloyd), der auf einem Dreirad durch die Gänge des Hotels fährt (vgl. Farbteil, Abb. 6). Die Kamera befindet sich auf der Höhe des Jungen und folgt ihm im gleichbleibenden Abstand. Der Junge biegt mal nach rechts und mal nach links ab. Obwohl der Zuschauer mit einer kontinuierlichen Bewegung durch den Raum geführt wird, verliert er in dem verzweigten Gängesystem des Hotels den Überblick. Die Fahrt endet, als der Junge an Zimmer 237 vorbeifährt. Das Zimmer hatte der Koch des Hotels dem Jungen gegenüber zuvor als Ort des Schreckens benannt, den man meiden sollte. Er hält an und schaut ängstlich zu der Tür des Zimmers. Es ist nicht zu entscheiden, ob der Junge zufällig an dem Zimmer vorbeikommt oder ob er es unbewusst aufgesucht hat. Das Hotel ist als in sich geschlossener Kosmos inszeniert, in dem man sich verstrickt. Mit dem Verlust der Orientierung im Raum entstehen die Bedrohungen.

In EVIL DEAD II – DEAD BY DAWN (Tanz der Teufel II; 1987; R: Sam Raimi) wird der Protagonist in einem Wald von einer unsichtbaren dämonischen Macht verfolgt, die nur indirekt über seine Reaktion auf die auf ihn zustürzende Kamera dargestellt wird. Ihre Bewegung erzeugt den Eindruck, als nehme die Kamera die Perspektive dieser Macht ein. Der Mann läuft vor ihr weg auf eine Hütte zu. Er dreht sich immer wieder um und schreit. Die Kamera bleibt ihm dicht im Rücken. Die Bewegung ist sehr unruhig und rasant. Der Verfolgte flüchtet sich in die Hütte, in der er durch enge Flure und Räume rennt. Die Kamera ist die ganze Zeit so dicht an der Figur, dass jederzeit mit einer Berührung gerechnet werden muss. Die Szenerie steigert sich ins Groteske, da die Verfolgung kein Ende nehmen will und die Frage aufkommt, wie all die Räume und Flure in der kleinen Hütte Platz finden. Dadurch wird eine ironische Bre-

II. Gestaltung und Wahrnehmung

chung der Verfolgungsjagd erreicht. Auf der anderen Seite entsteht die eigentümliche Wirkung, dass sich die Bedrängung des Protagonisten auf den Zuschauer überträgt, obwohl sich dieser in der Position des Verfolgers befindet. Das ist nur dadurch zu erklären, dass die räumliche Distanz zwischen der Kamera als illusioniertem Zuschauerstandpunkt und dem Verfolgten in jedem Augenblick aufgehoben werden könnte.

Trotz der unterschiedlichen Bedeutungen, die durch die spezifische Geschwindigkeit und Kraft einer Kamerafahrt vorwärts erzeugt werden können, hat die Bewegung in den Raum hinein meistens den Charakter einer Entdeckung und visuellen Aneignung. Der Zuschauer erschließt sich den Raum, ob er nun durch ihn geschleudert wird oder ob er langsam geführt wird. Die Bewegung nach vorne suggeriert, dass er sich zielgerichtet auf etwas zubewegt.

Es sind auch Kamerafahrten vorwärts denkbar, bei denen der Raum zerstört wird, etwa wenn sie so schnell sind, dass alle Objekte verschwimmen. Selbst bei solchen rasanten Bewegungen bleibt aber der Eindruck, sich in den Raum hinein auf etwas zuzubewegen.

Kamerafahrten rückwärts

Rückwärtsfahrten werden häufig eingesetzt, um den Raum zu »öffnen«: Die Kamera fokussiert etwas und enthüllt den Kontext, indem sich durch eine Rückwärtsfahrt die Einstellungsgröße verändert. Ein gutes Beispiel dafür bietet die Einführung von Alexander de Large (Malcolm McDowell) in A CLOCKWORK ORANGE (Uhrwerk Orange; 1971; R: Stanley Kubrick; vgl. Farbteil, Abb. 7). Die erste Einstellung nach dem Vorspann beginnt mit einer Großaufnahme. Alex schaut mit einem süffisant-sarkastischen Lächeln direkt in die Kamera. Sein Kopf ist leicht nach unten geneigt, sodass er von unten heraufschaut. Die Kamera fährt langsam und gerade zurück und offenbart sukzessive sein Umfeld, das sehr verdichtet die Welt zeigt, in der sich Alex bewegt, und gleichzeitig wird durch seine Position und seine Haltung die Rolle charakterisiert, die er in ihr spielt. Alex befindet sich vor einer schwarzen Wand. Die Kamera zeigt nach und nach einen engen, langen Raum, an dessen Ende er neben seinen drei Bandenmitgliedern sitzt. Die Zusammengehörigkeit wird über die Sitzordnung und die Kleidung suggeriert. Alex' Beine ruhen übereinandergeschlagen auf einer Frauenskulptur, die als Tisch fungiert. Er sitzt etwas tiefer als die anderen drei. Rechts und links stehen noch mehr solcher Tische. An den Wänden sitzen und stehen noch andere Personen, die sich jedoch nicht bewegen. Die einzige Bewegung eines Objekts in dieser Einstellung geht von Alex aus, der in einer Hand ein Glas mit einer milchähnlichen Flüssigkeit hält, das er zum Trinken ansetzt.

Während der ganzen Einstellung bildet Alex den Mittelpunkt des Bildes. Seine provozierende Haltung und Mimik richten sich direkt an den Zuschauer. Diese enge räumliche Nähe des Protagonisten zum Zuschauer wird allmählich durch die Rückwärtsfahrt aufgehoben. Dem Zuschauer werden nun noch andere Anhaltspunkte geboten, um sich das Umfeld der Figur zu erschließen. Es wird deutlich, aus welcher Position heraus Alex seine aggressive Haltung einnimmt: aus einer Position, aus der es keinen Ausweg gibt. Er sitzt mit dem Rücken zur Wand und hat auch zur Seite hin keine Ausweichmöglichkeit. Ihm bleibt nur der Weg nach vorne. Nicht nur, dass der Raum lang und eng ist, er sitzt auch eingepfercht zwischen seinen Gefährten. Mit der Rückfahrt entzieht sich der Zuschauer dem Blick, und Alex bleibt an der Wand zurück. Die Geschwindigkeit und Kraft der Kamerabewegung wirken wie ein langsames, aber bestimmtes Sich-Entziehen und nicht etwa wie ein Zurückweichen. Das Umfeld des Protagonisten ist statisch. Die anderen anwesenden Personen sind in ihrer Bewegungslosigkeit mehr Teil des Interieurs, als dass sie als autonom handelnde Individuen in Erscheinung treten. Nur Alex bricht diese Statik durch seine Armbewegung etwas auf, wenn auch dieser Bewegung etwas Mechanisches anhaftet.

Der Raum wird in dieser Einstellung als leblos inszeniert. Menschen stehen und sitzen wie in Posen erstarrt, den sie umgebenden Skulpturen gleich im Raum angeordnet. Die als Protagonist vorgestellte Figur blickt aus diesem Raum heraus in den des Zuschauers und erzeugt damit eine direkte Konfrontation. Die Bildkonstruktion ist zentralperspektivisch mit Alex als Fluchtpunkt ausgerichtet. Begreift man wie in der Kunsttheorie (Schweitzer 1953: 21, Arnheim 1978: 291) diese Bildkonstruktion als Bewegung, so läuft diese auf Alex zu. Er bildet eine Art Endpunkt dieser Bewegung. Indem die Kamera zurückfährt, vollzieht sie eine gegenläufige Bewegung zu den im Fluchtpunkt zusammenlaufenden Linien. Der Zuschauer distanziert sich, die Figur bleibt im Mittelpunkt fixiert.

Es ist naheliegend, die Figur Alex als Protagonist der Geschichte wahrzunehmen und ihn zugleich auf einer metaphorischen Ebene als Endpunkt, als Produkt einer gesellschaftlichen Entwicklung zu sehen, die im Film dargestellt wird. Die Rückfahrt der Kamera wiederum visualisiert die rückblickende Erzählweise, die durch die Stimme von Alex, der sich aus dem Off als Erzähler vorstellt, ungefähr in der Mitte der Einstellung sprachlich konkretisiert wird. Die Richtung der Bewegung verläuft geradlinig, wobei die Kamera ruhig bleibt. Die Kamerabewegung imitiert also nicht ein neugieriges Umherschauen, sondern öffnet den Raum eher mechanisch durch eine starr auf einer Bahn verlaufenden Bewegung.

Während bei der Einstellung in A CLOCKWORK ORANGE der sich öffnende Raum im Vordergrund der Darstellung steht, ist es bei der ersten Einstellung von FIGHT CLUB die rasante Bewegung der Kamera selbst. Sie verläuft ebenfalls rückwärts, jedoch mit viel höherer Geschwindigkeit und sehr kurvenreich, was ihre Unberechenbarkeit und die damit einhergehende Beunruhigung erzeugt. Der Zuschauer wird durch den Raum gezogen, ohne zu wissen, wohin ihn die Bewegung führt, oder auch nur zu erkennen, wo er sich befindet. Das, was sichtbar ist, erinnert an organische Strukturen, bleibt jedoch für einen medizinischen Laien als endoskopische Fahrt durch einen menschlichen Kopf vorerst nicht identifizierbar. Im Verlaufe der Fahrt kommen von den Seiten immer wieder Gegenstände ins Bild, denen die Kamera scheinbar ausgewichen ist. Die Fahrt endet mit der Großaufnahme eines Gesichts. Filmemacher müssen bei der Inszenierung von Räumen also bedenken, wie oder inwieweit sie Räume identifizierbar machen wollen. Dazu berücksichtigen sie in der Regel auch die Sehgewohnheiten des Publikums.

Trip durchs Hirn: Der FIGHT CLUB-Vorspann

In dieser Einstellung ist die Dynamik einer außer Kontrolle geratenen Bewegung das entscheidende Moment der Darstellung. (Auch bei diesem Film wird in die Geschichte über einen Erzähler rückblickend eingeführt.) Die Bewegung entspricht der Verfassung des Protagonisten, der aus einem Leidensdruck heraus ein Alter Ego nach außen projiziert, das er als physisch präsent wahrnimmt, das er aber nicht kontrollieren kann. In diese bedrohliche Atmosphäre einer unberechenbaren Verselbstständigung abgespaltener Emotionen wird der Zuschauer involviert, indem er rückwärts durch den Raum geschleudert wird. Auf der Ebene der Bedeutung der Objekte wird gezeigt, dass der Anstoß für die Geschichte im Kopf des Protagonisten gegeben ist. Problematisch ist, dass erst rückwirkend, wenn die Kamera aus dem Kopf der Figur herausfährt, die Strukturen als Gewebestrukturen eines menschlichen Kopfes identifiziert werden können. Außerdem wird die Aufmerksamkeit durch die Vorspanntitel immer wieder abgelenkt. Der Zuschauer wird bei Beginn des Films unmittelbar einer Ballung von Reizen ausgesetzt, die er nicht alle wahr-/aufnehmen kann. Dies birgt die Gefahr, dass der Effekt dieser technisch virtuos gestalteten Einstellung verpufft.

II. Gestaltung und Wahrnehmung

Kombination von Zoom und Kamerafahrt in JAWS

Zoom

Häufig werden Zoom-Aufnahmen mit Kamerafahrten kombiniert. Ein vielzitiertes Beispiel ist die Einstellung aus JAWS (Der weiße Hai; 1975; R: Steven Spielberg), in der Brody (Roy Scheider) am Strand in einem Liegestuhl sitzt (Hickethier 1996: 69 und Monaco 1995: 78). Als er das Nahen eines Hais vermutet, schaut er erschrocken auf. In dieser Einstellung ist Brody in einer Groß- bzw. Nahaufnahme zu sehen. Der Hintergrund weitet sich, ohne dass sich die Einstellungsgröße der Figur verändert. Dieser Effekt wurde erreicht, indem die Kamera auf den Schauspieler zufährt und der Zoom von einer Tele- zu einer Weitwinkel-Aufnahme so abgestimmt ist, dass die Vergrößerung des Bildausschnitts durch die verkürzte Brennweite die Verengung durch die Kamerafahrt in Bezug auf die Figur ausgleicht, sich dabei aber automatisch die Tiefenrelationen der Figur zum Hintergrund hin verändern. Die als instabil inszenierte Umgebung visualisiert die Angst der Figur. Es entsteht folglich mehr der Eindruck, dass sich der Raum bewegt oder auseinanderzieht, als dass sich die Kamera bewegt.

Das bekannteste Beispiel für den kombinierten Einsatz eines Zoom-Objektivs mit einer Kamerafahrt ist eine Einstellung aus VERTIGO (1958; R: Alfred Hitchcock). Die Kamera fährt in der Mitte eines Treppenhauses nach unten. Die Kombination aus Zoom und Fahrt gleicht der aus JAWS. Während die Kamera nach unten fährt, zoomt sie gleichzeitig zurück, das heißt, sie wechselt von einer Aufnahme mit normaler Tiefenwirkung in eine Weitwinkel-Aufnahme. Auch hier verändert sich nicht die Einstellungsgröße, sondern die Tiefenrelationen. Der Zuschauer erhält einen Eindruck des Schwindelgefühls, das der unter Höhenangst leidende Protagonist empfindet (vgl. Monaco 1995: 78).

Stanley Kubrick verwendet in BARRY LYNDON (1976) häufig Zoom-Aufnahmen, um den Raum zu öffnen, das heißt, die Einstellung geht von einer Tele- über in eine Weitwinkel-Aufnahme. In einer Einstellung ist zum Beispiel der Protagonist Barry (Ryan O'Neal) in einer halbtotalen Einstellung beim Holzhacken zu sehen. Die Kamera zoomt langsam bis zu einer Totalen zurück, sodass die Hütte und die Landschaft, die das Haus der Figur umgeben, sichtbar werden. Die mechanische Vergrößerung des Bildausschnitts durch den Zoom schwächt den Effekt ab, sich durch den im Film dargestellten Raum zu bewegen, der bei einer Rückwärtsfahrt stärker wäre. Auf subtile Weise entsteht für den Zuschauer mehr der Eindruck, dass sich der Raum vor seinem Auge dehnt, als dass er sich zurückzieht, um einen besseren Überblick über die Szenerie zu bekommen. Nelson vergleicht diese Szeneneröffnungen mit dem »zeremoniösen Sich-Öffnen eines Theatervorhangs« (Nelson 1984: 254).

Mit einer Zoom-Aufnahme wird also bis zu einem gewissen Grad eine Fahrt simuliert. Die mechanische Größenveränderung des Bildausschnitts mit dem Zoom-Objektiv bietet die spezifische Möglichkeit, die Tiefenrelationen innerhalb einer Einstellung zu variieren. Vereinfacht gesagt: Im Gegensatz zu einer Fahrt, durch die der Bildausschnitt ebenfalls vergrößert oder verkleinert werden kann, erzeugt eine Zoom-Aufnahme den Eindruck einer Dehnung des Raums, in deren Folge er tiefer wird, oder den einer Zusammenziehung, die eine Verflachung des Raums bewirkt.

Kamerafahrten seitwärts

Kamerafahrten seitwärts erzeugen beim Zuschauer nicht den Eindruck, sich in den Raum hinein zu bewegen, weil die Blickführung parallel zum dargestellten Raum verläuft. Die Distanz zu den Objekten bleibt von dieser Bewegungsrichtung unbeeinflusst (vgl. Hickethier 1996: 64). Die Aufmerksamkeit wird auf das gelenkt, was zu sehen ist, und weniger auf die Bewegungsrichtung. Schnelle Seitwärtsfahrten evozieren in der Regel nicht die gleiche beunruhigende Wirkung wie schnelle Kamerarückfahrten, obwohl ebenfalls nicht zu sehen ist, wohin die Bewegung führt.

Insgesamt lassen sich drei Arten von Seitwärtsfahrten in Filmen beobachten, die relativ häufig vorkommen.

Zuerst ist die Seitwärtsfahrt zu nennen, bei der die Kamera gerade auf der horizontalen Achse verläuft. Sie steht dabei im rechten Winkel zur Fahrtrichtung. Zweitens sind Seitwärtsfahrten zu beobachten, bei denen die Kamera leicht schräg zur horizontalen Achse steht, auf der sie sich bewegt. Diese Art der Kameraführung wird oft eingesetzt, um Personen zu folgen, die sich bewegen. Die Personen sind gut sichtbar, ohne dass sich die Bewegungsrichtung der Kamera in den Vordergrund der Wahrnehmung drängt, wie es eher geschehen würde, wenn sie frontal auf die Personen gerichtet wäre und nach hinten führe. Als drittes sind Seitwärtsfahrten zu erwähnen, die einen Bogen beschreiben.

In A CLOCKWORK ORANGE wird zu Beginn einer Einstellung ein älterer Mann im Morgenmantel (Patrick Magee) von vorne hinter einer Schreibmaschine sitzend gezeigt. Die Einrichtung (hinter ihm steht ein Bücherregal, das die Wand ausfüllt) und die Kleidung des Mannes legen die Vermutung nahe, dass er zu Hause in seinem Arbeitszimmer sitzt. Es ertönt eine Türklingel, und der Mann fährt mit seinem Stuhl ein Stück zurück. Er wendet sich nach rechts und fragt ins Off, wer das sein möge. In diesem Augenblick fährt die Kamera langsam nach rechts. Das Arbeitszimmer geht in eine Art Wohnzimmer über, aus dem Treppen weit in den Bildhintergrund führen und in dem eine junge Frau mit einer Zeitschrift in einem Sessel sitzt. Die Fahrt bildet also eine fließende Verlängerung der Blickachse des Mannes zu seiner Gesprächspartnerin. Gleichzeitig wird der räumliche Zusammenhang, in dem sich die beiden befinden, nachgezeichnet. Anstatt die Szene in einzelne Einstellungen zu zerlegen, verschafft Kubrick dem Zuschauer mit einer Fahrt einen guten Überblick über den Raum, in dem sich die Figuren befinden.

In WEEK-END (1967) zeigt Jean-Luc Godard einen Stau auf einer Landstraße in einer ungefähr zehnminütigen Sequenz, bei der die Kamera sich parallel zu der Autoschlange von links nach rechts bewegt. Die Kamerafahrt beginnt am Anfang des Staus und fährt ihn bis zum Ende ab. Sie begleitet ein Pärchen in einem schwarzen Cabriolet. Die beiden wurden zuvor als Protagonisten eingeführt. Zwischendurch schwenkt die Kamera immer wieder langsam nach vorne und wieder zurück, ohne die Fahrt jedoch zu unterbrechen. Erst an der Unfallstelle, die gleichzeitig das Ende des Staus ist, bleibt sie stehen und schwenkt nur noch dem Wagen mit dem Pärchen nach. Bereits zu Beginn der Sequenz sind Zwischentitel eingeblendet, auf denen *13h40*, *Weekend* und *14h10* zu lesen ist. Zwischen den Titeln wird für ein paar Sekunden immer wieder der Stau gezeigt. Die gesamte Sequenz wird von lautem Hupen und Stimmengewirr begleitet. Es sind immer wieder absurde Situationen zu sehen, wie ein Mann und eine Frau, die auf der Straße inmitten des Chaos sitzen und Schach spielen, ein Mann und ein Junge, die aus der Dachluke ihres Wagens schauen und mit einem Ball spielen, etc.

Die Kamera bewegt sich auf der Wiese, die die Straße zu beiden Seiten umgibt. Der Blick erfolgt etwa aus der Höhe einer in einem Pkw stehenden Person. Die langsamen Schwenks nach links und nach rechts entsprechen einem neugierigen Umherschauen, einem »Sich-ein-Bild-von-der-Situation-machen«. Das Pärchen wird von Beginn der

II. Gestaltung und Wahrnehmung

Sequenz an zunehmend unwichtiger. Manchmal fällt es auch links oder rechts aus der Kadrierung. Der beabsichtigte Wochenendausflug der beiden ist der Anlass, um dieses Verkehrschaos zu zeigen. Auch hier wird der Raum langsam durchmessen. Die einzelnen Situationen in dem Stau sind Episoden vergleichbar, die nacheinander erzählt werden. Godard zeigt hier auf sarkastische Weise, wie Städter am Wochenende der Großstadt entkommen wollen und außerhalb der Stadt das Chaos und den Lärm reinszenieren, von dem sie sich erholen wollten. Die große Blutlache auf der Straße und die Leichen als Folgen eines Unfalls bilden das Ende und die Ursache des Staus. Der Unfallort ist lapidar in die Sequenz eingebettet. Damit findet der bissige Blick Godards auf den banalen Schrecken zivilisatorischen Alltags in dieser Sequenz seinen Höhepunkt. Die Fahrt den Stau entlang kann auch als Metapher für die filmische Narration selbst gesehen werden, die ebenfalls aus einer Kette von Episoden bzw. Einstellungen besteht.

Ungewöhnlich an dieser Sequenz ist die Länge und die Konsequenz, mit der die Langsamkeit beibehalten wird. Der Stau wird in seiner gesamten Länge in einem Tempo durchmessen, das es dem Zuschauer erlaubt, jedes Detail wahrzunehmen. Die räumliche Ausdehnung und das quälend verlangsamte Fortkommen in einem Stau werden so mit einer Kamerafahrt visuell für den Zuschauer erfahrbar.

Mit Kamerafahrten seitwärts nach hinten werden häufig Personen begleitet, die sich bewegen. Die Kamera befindet sich einerseits auf derselben Bewegungsachse – sie bewegt sich parallel zu den Personen oder Objekten –, andererseits beziehen sich die Bewegung der Kamera und die Bewegung vor ihr nicht direkt aufeinander, da die Blickachse der Kamera diagonal sowohl zu ihrer eigenen Bewegungsrichtung als auch zu derjenigen der Personen verläuft. Würden dagegen die Personen von vorne gefilmt, würde der Zuschauer direkter mit der Bewegungsrichtung konfrontiert. Diese Form der Kamerabewegung könnte als ein Zurückweichen, Zurückgedrängtwerden, oder, wenn die Bewegung der Kamera schneller als die des Objekts ist, auch als ein Fliehen wahrgenommen werden. Würde die Kamera die Personen von hinten aufnehmen, wären die Gesichter und die Gestik

Eine Seitwärtsfahrt in A CLOCKWORK ORANGE ...

schlecht erkennbar. Eine solche Kameraposition wäre aber für die Darstellung der Richtung und des Raums, den die Personen durchqueren, geeigneter. Auch hier ließe sich durch die Relationen der Bewegungsgeschwindigkeiten von Kamera und Personen oder Objekten Bedeutung erzeugen.

Die Aufnahme von der Seite ist allein schon durch die Position distanzierter, in der sie den Zuschauer versetzt, eine beobachtende Position, die mit keiner der Bewegungsrichtungen analog verläuft.

Selbstverständlich gibt es auch bei solchen Aufnahmen Variationsmöglichkeiten. In dem Film NETTOYAGE À SEC (Eine saubere Affäre; 1997; R: Anne Fontaine) zeigt die letzte Einstellung das Ehepaar, von dem der Film handelt, diagonal von links in der Amerikanischen (also vom Kopf bis unter die Hüfte). An der Bewegung der Personen und an dem Hintergrund, in dem Büsche, Bäume und ein asphaltierter Weg sichtbar sind, ist zu erkennen, dass die beiden Personen von rechts nach links gehen. Die Kamera folgt ihnen, ohne dass sich etwas an dem Blickwinkel ändert. Der Mann befindet sich links, die Frau geht rechts neben ihm. Beide blicken starr geradeaus. Ebenso mechanisch wirkt ihre Art zu gehen. Zunächst bewegen sich die Figuren mit einem relativ großen Abstand voneinander, wobei die Frau etwas hinter dem Mann geht. Im Verlauf der Einstellung kommt die Frau näher, bis sich die beiden berühren. Nach einer Weile wird die Kamerafahrt langsamer, und das Paar verlässt das Bild zum linken Off hin. Die Kamera bleibt mit Blick auf ein kleines Waldstück stehen. Mit diesem Bild hat der Film begonnen.

Bewegungsinduzierte Tiefenkriterien

... verschafft dem Zuschauer Überblick über den Raum, der gleich Schauplatz des Verbrechens werden wird

Zuerst ziehen der starre Blick und die mechanische Bewegung der Figuren die Aufmerksamkeit auf sich. Danach fällt auf, dass die beiden teilnahmslos nebeneinander hergehen – nebeneinander, aber nicht zusammen. Erst als die Frau sich dem Mann nähert, entsteht ein schwacher und trotzdem deutlicher Eindruck von Gemeinsamkeit. Dieser Eindruck wird allein durch die Veränderung der räumlichen Positionen der Figuren zueinander erzeugt. Der Zuschauer ist dabei teilnehmender Beobachter, das heißt, er vollzieht die Bewegung durch die Kamerafahrt mit. Die diagonale Blickachse des Zuschauers auf das Geschehen konterkariert die mechanische geradeaus gerichtete Dynamik der Personen. Er begleitet die Figuren zwar, seine Position bleibt aber teilnehmend beobachtend und nicht betroffen.

Kamerafahrten, die einen Bogen beschreiben, gehören ebenfalls zum Standard filmischer Gestaltung. Rainer Werner Fassbinder verwendet in einer Einstellung in MARTHA (1974) eine ungewöhnliche Seitwärtsfahrt, in der die Kamera kreisförmig um die Figuren fährt. Diese Einstellung zeigt die erste Begegnung von Martha (Margit Carstensen) und Helmut (Karlheinz Böhm), zwischen denen sich im Verlauf des Films eine von Macht und Unterdrückung geprägte Beziehung entwickelt. Die Begegnung spielt sich in einem großen, mit Kies bedeckten Innenhof ab, in den Martha mit einem Taxi eingefahren ist.

Die Sequenz beginnt mit einer Einstellung, in der Helmut aus einem Tor hinauskommt, in der Amerikanischen stehenbleibt, die Arme verschränkt und mit überheblichem Gesichtsausdruck links an der Kamera vorbeisieht. In der nächsten Einstellung ist Martha in einer Halbtotalen zu sehen, wie sie aus einem Taxi aussteigt. Das Taxi ist von vorne aufgenommen. Sie geht zu dem Fahrer auf die andere Seite des Wagens, um zu bezahlen. Nach einem Schnitt wird wieder Helmut gezeigt – diesmal in einer Nahaufnahme –, der seine Position und Haltung offensichtlich nicht verändert hat. Er ruft: »Taxi!« Nach einem Schnitt auf Martha und das Taxi in derselben Einstellungsgröße wie zuvor blickt Martha auf, als wenn sie auf den Ruf reagierte, und geht auf die Kamera zu. Als sie fast nur noch in der Amerikanischen sichtbar ist, tritt Helmut von rechts vor die Kamera und bewegt sich auf Martha zu. Er nimmt kurz mit einer Nahaufnahme von hinten den gesamten Bildraum ein, öffnet den Blick auf Martha wieder, indem er sich in einem kleinen Bogen nach rechts bewegt. Die Kamera fährt etwas nach vorne und dreht sich dabei links, das heißt im

Teilnehmende Beobachtung: NETTOYAGE À SEC

II. Gestaltung und Wahrnehmung

Visualisierung der Beziehungsdynamik: ...

Uhrzeigersinn, um die Figuren. Die beiden kommen dicht aneinander, gehen zunächst in einem Bogen rechts herum, also der Kamerabewegung entgegen, auf die Seite des anderen, sodass Helmut nicht mehr auf das Taxi zugeht, sondern ihm den Rücken zuwendet, während Martha mit dem Rü-

Bewegungsinduzierte Tiefenkriterien

... Kreisbewegungen der Kamera und der Figuren in Rainer Werner Fassbinders MARTHA

cken nun der Richtung zugewandt ist, aus der Helmut gekommen ist. In einem nahtlosen Übergang drehen sich die Figuren langsam weiter der Kamerabewegung entgegen um ihre eigene Achse. Die Beine der Schauspieler sind bei der Drehung nicht sichtbar. Es entsteht der Eindruck, dass sie eher

II. Gestaltung und Wahrnehmung

wie Puppen bewegt werden, als dass sie selbst aktiv sind. Die Kamera beschleunigt zwischendurch etwas die Fahrt, sie verlangsamt sich jedoch, nachdem sie ungefähr um 180 Grad um die Figuren herumgefahren ist. Die Schauspieler drehen sich so lange, bis sie der Richtung zugewandt sind, aus welcher der andere jeweils gekommen ist. Die Kamera konzentriert sich auf Helmut, als er nach der 180-Drehung zum Taxi geht und damit am Schluss der Einstellung den Mittelpunkt bildet, wie Martha zu Beginn, als sie auf die Kamera zugegangen ist. Die Kamera fährt weiter bis zu der Position, auf der die Einstellung begonnen hat. In einem flüchtigen Augenblick ist noch einmal Martha zu sehen, die in derselben Richtung den Bildraum verlässt, aus der Helmut ins Bild getreten ist.

Für die Untersuchung des filmischen Raums ist in dieser Einstellung das Verhältnis der Bewegungen der Kamera und der Personen zueinander von besonderer Bedeutung. Zunächst kann festgehalten werden, dass die Bewegungen der einzelnen Elemente fast ausnahmslos gegenläufig sind. Die Figuren gehen (außer am Ende der Sequenz) aufeinander zu. Die Kamera dreht sich um die Figuren entgegen deren eigener Drehrichtung. Beide Figuren drehen sich in derselben Richtung um ihre eigene Achse. Ihre Drehungen verlaufen deshalb auch entgegengesetzt, weil sie sich zunächst frontal gegenüberstehen. Bei den Bewegungen aufeinander zu sind beide aktiv. Martha geht allerdings schneller und hat den längeren Weg. Helmut lässt sie mehr auf sich zukommen, als dass er ihr entgegengeht. Die Kamerafahrt zieht einen Kreis um das Paar. Das Paar zieht wiederum durch den Seitenwechsel einen Kreis um sich, und schließlich beschreibt jede Figur noch einen Kreis für sich alleine durch die Drehung um die eigene Achse. Das Wesen des Kreises ist, dass er keine Richtung bevorzugt. Er verweist nur auf sein Zentrum. Der Kreis ist eine statische geometrische Form. Im Fall dieser Einstellung handelt es sich um eine kreisförmige Bewegung, und das Zentrum oder vielmehr die Zentren entstehen durch die kreisförmigen Bewegungsdynamiken.

Die Hermetik der kreisförmigen Bewegung charakterisiert jede Figur für sich und visualisiert gleichzeitig die Beziehungsdynamik, die sich zwischen ihnen entwickeln wird. Die Kamera umfährt das Paar und macht es damit zum Mittelpunkt ihrer Bewegung. Die Dynamik in dieser Einstellung kann also folgendermaßen zusammengefasst werden: Die beiden Figuren treffen aufeinander und bilden eine hermetische Einheit. Innerhalb deren sind weitere Dynamiken erkennbar. Die Figuren umkreisen einander zunächst, dann kreist jede um sich selbst. Die Kreise werden enger, wie in einem Wirbel, und jede Figur verstrickt sich in ihrer Position. Zu erwähnen ist außerdem die Mimik der Schauspieler, die für die Analyse des Raums insgesamt eine untergeordnete Rolle spielt. Martha senkt ihren Blick im Laufe der Einstellung nach unten, Helmut blickt sie die ganze Zeit über direkt mit überheblichem Gesichtsausdruck an. Die Machtverhältnisse in der Beziehung sind damit deutlich angezeigt.

Der Zuschauer wird durch die Kamerabewegung in diesen Wirbel hineingezogen. Der Hintergrund verschwimmt bei der Beschleunigung der Bewegung. Der Raum als Umfeld der Figuren verschwindet durch diese Unkenntlichkeit für eine kurze Zeit, was die Fokussierung auf das Paar noch verstärkt. Ihre Beziehung zueinander isoliert sie aus ihrer Umgebung.

Gewöhnlich werden bogenförmige Seitwärtsfahrten weniger extrem verwendet. In FIGHT CLUB etwa umarmen sich der Protagonist (Edward Norton) und Bob (Meat Loaf) bei einer Selbsthilfegruppe. Die Kamera zeigt zunächst Bob diagonal von vorne und fährt dann langsam um ihn herum, bis das Gesicht des Protagonisten, dessen Name in dem Film nicht genannt wird, erkennbar wird. Die beiden Körper sind durch die Umarmung so ineinander verschränkt, dass aus einer Position nur das Gesicht einer der Figuren erkennbar sein kann. Die Fahrt lenkt die Aufmerksamkeit des Zuschauers von Bob, der auf den Protagonisten einredet, auf Letzteren, um dessen Reaktion zu zeigen. Außerdem passt sich die Fahrt der runden Form an, welche die Figuren durch ihre Haltung bilden, und verleiht ihr dadurch eine stärkere Plastizität.

Die Fahrt hat die Funktion, die Mimik der Akteure sichtbar zu machen. Diese Funktion könnte auch die Montage erfüllen. Die Fahrt um die Figuren herum bedeutet aber gleichzeitig eine Zentrierung des Geschehens. Die Figuren werden, wie

Bewegungsinduzierte Tiefenkriterien

in der Einstellung aus MARTHA, zum Mittelpunkt einer kreisförmigen Bewegung. Der Unterschied ist, dass die Figuren hier still stehen und die Kamerabewegung wesentlich ruhiger ist, wodurch die Harmonie und Innigkeit der Situation unterstrichen wird. Der Raum um die beiden herum wird auch nicht zerstört wie in MARTHA, wo er durch die Schnelligkeit der Kamerabewegung verschwimmt.

Kombinationen verschiedener Typen von Kamerabewegungen

Mittlerweile ermöglicht es die Technik, alle nur erdenklichen Kamerabewegungen auszuführen. Bewegungen wie etwa das Rollen der Kamera, kombiniert mit einer Aufwärtsbewegung bei gleichzeitigem Schwenk nach oben wie in IRRÉVERSIBLE (Irreversibel; 2002; R: Gaspar Noé), was im Ganzen wie eine Verschraubung wirkt, sind zwar relativ selten, jedoch nicht so ungewöhnlich, dass sie als technische Innovation Aufsehen erregen. In IRRÉVERSIBLE, dessen Geschichte rückwärts erzählt wird, werden die Übergänge zwischen den einzelnen Sequenzen häufig durch Kamerabewegungen hergestellt. Es entsteht das scheinbare Paradox, die Kontinuität einer Bewegung zu sehen und gleichzeitig eine Brüchigkeit durch den Wechsel von Zeitebenen wahrzunehmen. Dieser Effekt wird dadurch erzeugt, dass der Raum, den die Kamera mit den komplizierten Bewegungen durchläuft, unkenntlich wird. Die Objekte können oft nicht mehr klar identifiziert werden, wodurch ein räumlicher Zusammenhang nicht mehr herstellbar ist. Erst wenn dies wieder möglich ist, nimmt der Zuschauer den Faden der Geschichte wieder auf. Dann taucht aber gleichzeitig die Frage auf, was zwischen dem erinnerten Ende der vorhergehenden Sequenz und der nun beginnenden geschehen ist. Etwas ist geschehen, das nicht mehr rekonstruierbar ist. Mit der Zerstörung des Raums wird hier in der Wahrnehmung des Zuschauers die Handlungslogik zerstört. Die Ästhetik des Films folgt damit der Logik der Erinnerung, die sich auch nur punktuell an Ereignissen orientiert und für die vieles, was dazwischen liegt, nicht mehr rekonstruierbar ist. Die Ästhetik dieser Kamerabewegungen rückt die Zeit, nicht den Raum in den Fokus der Wahrnehmung.

Die Kreisfahrt betont die Innigkeit: FIGHT CLUB

In der Rückblende während der Duellsequenz von C'ERA UNA VOLTA IL WEST wird der Raum durch eine Rückfahrt nach oben geöffnet (vgl. Farbteil, Abb. 8). Die Einstellung beginnt mit der Großaufnahme eines Jungen, dem eine Mundharmonika in den Mund gedrückt wird. Die Kamera fährt langsam zurück nach oben und offenbart die ausweglose Situation des Jungen. In dieser Einstellung geht es darum, eine Anordnung von Figuren und Objekten im Raum darzustellen.

Vergleicht man die beschriebene Form des Übergangs in IRRÉVERSIBLE mit der Einstellung aus C'ERA UNA VOLTA IL WEST, kann zwischen Raumästhetiken unterschieden werden, die den Raum zerstören, und solchen, die Raum konstruieren.

Bazin spricht von einer Zerstörung des Raums, wenn die durch die filmische Gestaltung erzeugte Raumvorstellung nicht der Alltagserfahrung des Zuschauers entspricht. Bei Bazin impliziert das eine Ab-

II. Gestaltung und Wahrnehmung

wertung der Inszenierungen, die nicht dem von ihm erhobenen Realismusanspruch gerecht werden. Als Zerstörung des Raums werden hier die Inszenierungen bezeichnet, die eine Raumillusionierung aufheben, wie die Reißschwenks in BREAKING THE WAVES oder die verwirrenden Kamerabewegungen in IRRÉVERSIBLE. Diese Inszenierungen markieren in der Regel Übergänge. In BREAKING THE WAVES etwa wird bei Dialogen von einer Person zur anderen geschwenkt. In IRRÉVERSIBLE bedeutet die Zerstörung des Raums einen Übergang von einer Episode zur nächsten oder, nach der Erzähllogik des Films, einen Schritt weiter zurück zum Beginn der Geschichte. In DR. JEKYLL AND MR. HYDE wird die Metamorphose des Helden unter anderem mit einer Zerstörung des Raums visualisiert.

Eine andere Möglichkeit ist, dass Anhaltspunkte für die Illusion eines dreidimensionalen Raums im herkömmlichen Sinne gar nicht erst gegeben werden. 2001: A SPACE ODYSSEY beginnt mit einer fast dreiminütigen Einstellung, in der nur Schwärze bzw. Anthrazit gezeigt wird. Ob dabei dennoch ein Eindruck von Räumlichkeit entsteht, wird in der Analyse von 2001: A SPACE ODYSSEY in Teil III, S. 124ff. geklärt.

Andere bemerkenswerte Beispiele finden sich in den Filmen von Max Ophüls, der für seine ungewöhnliche Ästhetik der Kameraführung bekannt ist (vgl. auch Gallagher 2003). In Einstellungen, die häufig sehr lang sind, führt er den Zuschauer mit sehr »weichen« Kamerabewegungen durch den Raum, bei denen der Eindruck entsteht, dass die Kamera eine lebendige, intentionale Instanz ist, die sich zu verselbstständigen scheint. In CAUGHT (Gefangen; 1949) beginnt eine Sequenz mit einer Einstellung, in der ein leerer Stuhl hinter einem Schreibtisch von schräg rechts gezeigt wird. In der Mitte am vorderen Rand des Schreibtischs steht eine Lampe, sie befindet sich in der linken Bildhälfte. Die Kamera fährt herunter, schwenkt dabei leicht nach oben und geht nahtlos in einen Schwenk zur Seite, wobei sie noch ein Stück weiter herunterfährt. In der linken Bildhälfte wird ein Mann in einer amerikanischen Einstellung sichtbar, der in einem Türrahmen lehnt und sich rasiert. Kurz vorher ist die Frage »Gibt es was Neues?« aus dem Off zu hören, auf die der Mann antwortet. Die Lampe ist nun in der rechten Bildhälfte. Die Kamerabewegung verlangsamt sich, bis sie fast stillsteht, fährt dann etwas schneller nach vorne, bei gleichzeitiger Drehung nach rechts. Der Blick der Kamera gleitet über die Gegenstände auf dem Schreibtisch, bis in der rechten Bildhälfte ein anderer Mann, auch in der Amerikanischen, sichtbar wird, der ebenfalls in einem Türrahmen lehnt und offensichtlich den Dialog eröffnet hatte. Die Lampe befindet sich nun wieder in der linken Bildhälfte. Im Folgenden wird die Unterhaltung zwischen den beiden Männern in einem gewöhnlichen Schuss/Gegenschuss-Verfahren aufgelöst.

Diese erste Einstellung der Sequenz hat die Funktion eines *establishing shots*: Die räumlichen Beziehungen zwischen den Personen werden vorgestellt. Ungewöhnlich ist, dass der Raum zu diesem Zweck mit einer Bewegung sukzessive erschlossen wird, zumal diese relativ kompliziert ist. Vorstellbar wäre zum Beispiel auch ein einfacher Schwenk der Kamera von der Mitte des Raums aus nach links und nach rechts. Eine solche Vorgehensweise wäre rein funktional und eher mechanisch. Mit dieser sanften und kurvenreichen Kamerabewegung verfolgt Ophüls ein anderes Anliegen: Er setzt den Zuschauer in eine Beziehung des »Sich-Zuwendens«. Dem Zuschauer wird damit quasi eine moralische Haltung aufoktroyiert. Sein Betrachten der Figuren wird ihm bewusst, und gleichzeitig wird jeder Figur Aufmerksamkeit und Neugier geschenkt, indem sich die Kamera und damit der Zuschauer in respektvoller Distanz für sie neu positioniert. Dieser Effekt wird unter anderem dadurch erzeugt, dass die Kamera langsam an den Gegenständen auf dem Schreibtisch vorübergleitet, ohne dass diese eine Bedeutung für das Geschehen haben. In diesen Momenten ist die Bewegung als Hinwendung zur Figur Gegenstand der Darstellung. Die Lampe bildet den Dreh- und Angelpunkt, um den sich die Bewegung orientiert. Die Kamera als vermittelnde Instanz zwischen dem abgefilmten Raum und dem Zuschauer schafft durch diese Inszenierung eine Durchlässigkeit zu beiden Seiten. Der Zuschauer sieht nicht nur. Indem die Kameraführung ihn darauf aufmerksam macht, dass er geführt wird, scheint er auch wahrgenommen zu werden. Der Zuschauer wird dadurch stärker in den filmischen Raum hineingezogen.

Bewegungsinduzierte Tiefenkriterien

Die Kamera als lebendige, intentionale Instanz: Max Ophüls' CAUGHT

Auf spektakulärere Weise arbeitet David Fincher mit einer Kombination von Kamerabewegungen, die mit einer Fahrt nach unten beginnt. In FIGHT CLUB fällt in einer Einstellung die Kamera, die sich in waagerechter Position befindet, an der Front eines Hochhauses herunter (vgl. Farbteil,

II. Gestaltung und Wahrnehmung

Abb. 9). Sie schaut zunächst von rechts diagonal auf das Haus, neigt sich im Laufe des Falls etwas nach unten und schwenkt leicht nach rechts. Sie fällt durch die Straße in eine Tiefgarage hinein. Der Fall stoppt, nachdem die Kamera noch durch mehrere Ebenen der Tiefgarage gefallen ist, auf einer Ebene, in der ein Kleinbus von der Seite zu sehen ist. Die Bewegung geht in ein leichtes Zurückweichen über und fährt gleichzeitig um den Bus herum. Als sie sich der Frontscheibe des Autos gegenüber befindet, in der ein kleines Loch sichtbar ist, rast sie auf den Wagen zu durch das Loch in dessen Inneres, fährt langsam um eine Zeitbombe herum, wird rückwärts aus dem Wagen gerissen und schwenkt nach rechts, bis sie in einer anderen Ecke oder auch in einer anderen Tiefgarage landet. Diese artistischen Kunststücke vollbringt die Kamera im Laufe dieser Einstellung, während der Erzähler aus dem Off retrospektiv erklärt, was der Zuschauer sieht.

Der Zuschauer fällt und treibt durch den Raum, wird durch ihn geschleudert und gezogen. Fincher nutzt die Möglichkeiten der Technologie, um mit der Kamera alle Bewegungen der Verunsicherung zu gestalten. Problematisch ist auch hier, wie in der Eingangssequenz, dass bei der Rasanz eine Fülle an Reizen entsteht, die es erschwert, dem visuell Repräsentierten und dem Erzählten gleichzeitig zu folgen. Der Film riskiert hier, den Zuschauer zu verwirren, wodurch eher eine Distanzierung als eine Involvierung ins Geschehen bewirkt würde.

Die meisten der relevanten Tiefenkriterien für die Konstruktion von Raum im filmischen Bild sind damit vorgestellt. Sie bilden die Basis für die Wahrnehmung von Räumlichkeit im Film. Um eine umfassende Darstellung der relevanten Tiefenkriterien abzuschließen, bedarf es noch einer Diskussion der perspektivischen Bildkonstruktionen.

Perspektiven

Perspektivische Bildkonstruktionen umfassen die Organisation des gesamten Bildraums. In Teil I, S. 32ff. wurden in der Auseinandersetzung mit den Thesen Hartmut Winklers über den filmischen Raum schon wichtige Punkte zur Zentralperspektive angesprochen, die auch die bedeutendste Form der Perspektive darstellt. Im Folgenden werden diese Punkte weiter ausdifferenziert und weitere Aspekte in die Diskussion miteinbezogen. Ausgangspunkt ist auch hier die Kunsttheorie. Auf der Basis dieser Überlegungen wird die Bedeutung der Bewegung im filmischen Bild für die perspektivische Bildkonstruktion erläutert. Aus diesem Grund fallen die Perspektiven in der Systematik nicht unter die statischen Tiefenkriterien.

Bevor die einzelnen Formen von Perspektive besprochen werden, ist es sinnvoll, sich zu vergegenwärtigen, wie die Perspektive in dem für den Zuschauer wahrnehmbaren Filmbild auf der Leinwand konstruiert werden kann. Zuerst ist die Kamera mit ihren Möglichkeiten, durch den Einsatz verschiedener Objektive die Bildkonstruktion zu variieren, zu nennen. Objektive werden in drei Kategorien unterteilt: Normal, Weitwinkel- und Teleobjektive.

Das Normalobjektiv hat eine Brennweite zwischen 35 und 50 mm. Aufnahmen im Rahmen dieser Brennweiten kommen unserer natürlichen Wahrnehmung am nächsten, da sie kaum verzerren.

Die kürzeren Weitwinkelobjektive (unter 35 mm) haben einen größeren Aufnahmewinkel. Sie verstärken die Tiefe im Bild und verzerren die Linien. Die Gegenstände wirken wie nach außen gebogen. Sie sehen dadurch gestreckt aus, was die erhöhte Tiefenwahrnehmung erzeugt. Weitwinkelobjektive werden seit den späten 1920er Jahren verwendet (Salt 1992: 185).

Die längeren Teleobjektive (über 50 mm) haben einen engeren Blickwinkel, weil sie stark vergrößern. Sie holen weit entfernte Gegenstände nah heran und verringern die Tiefe im Bild (vgl. Monaco 1995: 75ff.). Der Einsatz solcher Objektive begann in den späten 1910er Jahren (Salt 1992: 129).

Als zweiter Faktor ist die Gestaltung der Perspektive vor der Kamera zu nennen. Besonders deutlich werden diese Möglichkeiten beim deutschen expressionistischen Film, da dort die durch die Kameraapparatur festgelegte Perspektivität oft hintertrieben wird (vgl. Bordwell 1985: 107). Die Kulissen sind schief, die Proportionen der Gegenstände stimmen nicht mit denen der Alltagsrealität überein, und Dinge sind oft einfach nur aufgemalt.

Es wird eine verzerrte empirische Wirklichkeit aufgezeichnet, die kein für den Zuschauer wahrnehmbares, einheitlich perspektivisches Bild entstehen lässt, obwohl die Kamera physikalisch betrachtet eines aufgenommen hat. Der bekannteste Film mit dieser Art der Raumgestaltung ist DAS CABINET DES DR. CALIGARI (vgl. Abb. auf S. 29).

Die dritte Möglichkeit, die Bildkonstruktion zu beeinflussen oder zu gestalten, bietet die Computertechnologie. Entweder werden Aufnahmen in der Postproduktion modelliert, oder sie entstehen vollständig im Rechner, ohne dass eine Kamera zum Einsatz kommt, wie in der Eingangssequenz von FIGHT CLUB. Denkbar sind auch Bildkonstruktionen, die in der Postproduktion ohne Computertechnologie entstehen, etwa durch Doppelbelichtung oder durch das Ineinander-Kopieren von Bildern. Zeichentrick- und Animationsfilme sind Sonderfälle, die nicht näher berücksichtigt werden können.

Im Folgenden werden die einzelnen Formen von Perspektive dargestellt. Die grundlegenden Möglichkeiten perspektivischer Konstruktionen beim Film können zunächst mit Begriffen aus der Kunsttheorie beschrieben werden. Die Zentralperspektive stellt die am häufigsten vorkommende Form der Perspektive im Film dar (die Abbildung links auf S. 52 zeigt ein zentralperspektivisch konstruiertes Bild).

Die zentralperspektivische Bildkonstruktion wurde in der Renaissance des 15. Jahrhunderts in Italien entwickelt. Die wichtigsten Namen in diesem Zusammenhang sind Leon Battista Alberti (vgl. z.B. Arnheim 1978: 276), Filippo Brunelleschi und Leonardo da Vinci (vgl. z.B. Gregory 2001: 216). Dieser Umstand veranlasste viele Theoretiker, die Allgemeingültigkeit der Perspektive in Frage zu stellen und sie auf ihre kulturellen Implikationen hin zu untersuchen (z.B. Panofsky 1992; Schweitzer 1953). Im Gegensatz dazu steht die Argumentation Gombrichs, die von einer anthropologischen Allgemeingültigkeit der zentralperspektivischen Konstruktion ausgeht. Diese Überzeugung teilt auch diese Arbeit. Es wird nun nicht die Diskussion um die Allgemeingültigkeit der Zentralperspektive (vgl. dazu Gombrich 1984: 249ff. und 2002: 209ff.) aufgerollt, sondern es werden nur einige grundlegende Argumente angeführt, die ihre Ästhetik betreffen. Für die Analyse des Raums ist es wichtig, die Möglichkeiten zu untersuchen, wie durch zentralperspektivische Konstruktionen verschiedene Rezeptionshaltungen erzeugt werden können, je nachdem wo der oder die Fluchtpunkte liegen. In der einfachsten Form zentralperspektivischer Konstruktion liegt der Fluchtpunkt ungefähr in der Mitte des Bildes. Ihm streben alle Linien zu, die vertikal zur Bildebene verlaufen. Bei einer solchen Bildkonstruktion entstehen zwei Sehpyramiden, deren Boden jeweils die Bildfläche bildet. Die eine Spitze liegt im Auge des Betrachters, die andere bildet der Fluchtpunkt im Bildhintergrund. Auf der Eigenschaft der Perspektive, die Geradlinigkeit unseres Blicks nachzuvollziehen, basiert Gombrichs Auffassung von deren Allgemeingültigkeit.

Panofsky formuliert zwei Voraussetzungen, die die Zentralperspektive implizieren muss, um als Wiedergabe unserer natürlichen visuellen Raumwahrnehmung zu gelten: dass der Betrachter unbewegt mit einem Auge sieht [4] und dass die Regeln der perspektivischen Konstruktion dem natürlichen Sehen entsprechen (Panofsky 1992: 101). Ob diese Prämissen auch für den Film gültig sind, wird später überprüft werden.

Der Betrachter befindet sich üblicherweise in der Mitte vor dem Bild. Der Fluchtpunkt befindet sich ihm gegenüber. Der gesamte Bildraum ist auf diesen Betrachterstandpunkt hin organisiert, sodass die Bildkomposition suggeriert, dass sich der dargestellte Raum über den Bildrand hinaus in den Raum des Betrachters erstreckt. Der Betrachterstandpunkt wird also in die Darstellung integriert. Zugleich wird die dargestellte Welt auf den Blick des Betrachters zugeschnitten (vgl. Schweitzer 1953: 22ff.). Wie Schweitzer schreibt, »verliert die Welt ihre Transzendenz und wird spezifisch menschlich« (Schweitzer 1953: 23). Die Konstruktion eines homogenen Raums setzt die Dinge und Menschen in ihm in eine unmittelbare räumliche Beziehung zueinander. Der Betrachter nimmt die Dinge in der dargestellten Welt in einem Relationsverhältnis wahr, das nicht nur Räumlichkeit, sondern auch Zeitlichkeit umfasst. Die Imitation des natürlichen Sehens suggeriert die Wahrnehmung

II. Gestaltung und Wahrnehmung

eines Raumausschnitts von einer bestimmten Position zu einem bestimmten Zeitpunkt aus. Die Konstruktion eines homogenen Raums erzeugt den Eindruck, dass dieser Raum vor den Dingen existiert hat, die sich in ihm befinden. Die Dynamik des Bildes läuft auf einen bestimmten Punkt zu. Daraus ergibt sich eine Bewegungsrichtung, die aus dem räumlichen auch ein zeitliches Hintereinander schafft. Außerdem stellt der Ausschnitt eine Momentaufnahme dar und verweist damit auf ein Vorher und ein Nachher im Gegensatz zu einer Darstellung, in der die Dinge ohne ein sie umfassendes Raumkontinuum nebeneinander repräsentiert werden (vgl. Schweitzer 1953: 20 und Arnheim 1978: 291).

Panofsky analysiert die Entdeckung der perspektivischen Darstellung als Säkularisierung des Kunstwerks vom Magischen zum Profanen:

»Durch diese eigentümliche Übertragung der künstlerischen Gegenständlichkeit in das Gebiet des Phänomenalen verschließt die perspektivische Anschauung der religiösen Kunst die Region des Magischen, innerhalb derer das Kunstwerk selber das Wunder wirkt, und die Region des Dogmatisch-Symbolischen, innerhalb derer es das Wunder bezeugt oder voraussagt, – sie erschließt ihr aber als etwas ganz Neues die Region des Visionären, innerhalb derer das Wunder zu einem unmittelbaren Erlebnis des Beschauers wird, indem die übernatürlichen Geschehnisse gleichsam in dessen eigenen, scheinbar natürlichen Sehraum einbrechen und ihn gerade dadurch ihrer Übernatürlichkeit recht eigentlich ›inne‹ werden lassen; und sie erschließt ihr die Region des im höchsten Sinne Psychologischen, innerhalb derer das Wunder sich nur mehr in der Seele der im Kunstwerk dargestellten Menschen begibt.« (Panofsky 1992: 126)

Wichtig ist an Panofskys Ausführungen der Hinweis auf die Möglichkeit zentralperspektivisch konstruierter Bilder, den Betrachter direkt zu affizieren. Indem die Trennung zwischen dem im Bild repräsentierten Raum und dem Raum des Betrachters aufgehoben erscheint, entsteht eine Durchlässigkeit, die in verschiedenster Weise genutzt werden kann. Zwischen den Polen Nähe und Distanz sind alle Spielarten möglich. Der Zuschauer kann sowohl durch die Illusion eines alles erfassenden Blicks als auch durch den Eindruck einer Bedrohung emotionalisiert werden oder durch eine nüchterne, zurückhaltende Komposition auf Distanz zum Geschehen gehalten werden. Diese Ambivalenz, die je nach Komposition zugunsten einer der beiden Pole ausfällt, resultiert aus dem Umstand, dass die Zentralperspektive einerseits eine Objektivierung durch die mathematische Regelhaftigkeit bedeutet, sie andererseits auf einen Betrachterstandpunkt hin ausgerichtet ist. Man kann sagen, dass die Zentralperspektive den Betrachter durch einen imaginären Standpunkt, den er in dieser Welt einnimmt, in die Darstellung hineinzieht und ihr damit eine subjektivistische Tendenz eigen ist. Gleichzeitig ist diese Welt nach Gesetzmäßigkeiten aufgebaut, die unserem empirischen Sehraum gleichen, weswegen auch jeder andere von dem durch die Konstruktion suggerierten Betrachterstandpunkt aus dasselbe sieht. Das macht die objektivistische Tendenz der Zentralperspektive aus (vgl. Panofsky 1992: 125ff. und Schweitzer 1953: 26).

Es wurde bisher von der Einpunkt-Perspektive ausgegangen, bei der der Fluchtpunkt in der Mitte des Bildes liegt. Bei dieser einfachsten zentralperspektivischen Konstruktion sind Variationen möglich, die die Ästhetik eines Bildes sehr verändern. Liegt der Fluchtpunkt zum Beispiel links am Bildrand, geht die Dynamik der Fluchtlinien rechts am Betrachter vorbei, der in der Regel vor der Bildmitte steht. Der Betrachter steht damit schon nicht mehr im Mittelpunkt der kompositionellen Ausrichtung, und die subjektivistische Tendenz ist abgeschwächt. Bei Konstruktionen mit mehreren Fluchtpunkten können Dynamiken in mehrere Richtungen innerhalb eines Bildes erzeugt werden. Die Objekte werden plastischer, was den Eindruck von Dreidimensionalität verstärkt. Objektiv betrachtet wirkt die Darstellung dadurch realistischer. Der Blick des Betrachters ist jedoch nicht mehr auf einer Achse gegenüber einem Fluchtpunkt fixiert. Der Betrachterstandpunkt wird weniger betont.

Eine entscheidende Rolle bei der Blickführung können außerdem die Größe, Positionierung und Farbgebung der Objekte spielen.

Was bedeutet das nun für den Film? Beim Film kommt der Umstand hinzu, dass das Bild in der Regel mit einer Kamera aufgezeichnet wird. Wie

Perspektiven

Wankender Raum, ruhendes Objekt: Der dämonische Titelheld (Orson Welles) in MR. ARKADIN

schon erwähnt, können durch den Einsatz verschiedener Objektive Abweichungen von der streng geometrischen Linearität der zentralperspektivischen Konstruktion erzeugt werden.

Der wichtigste Aspekt, den es noch zu untersuchen gilt, ist aber die Bewegung beim Film und ihre möglichen Auswirkungen auf die perspektivische Konstruktion des Bildes. Für die Untersuchung der Perspektivität ist die Bewegung vor der Kamera und die Bewegung der Kamera von Bedeutung. Die Montage spielt hier keine Rolle.

Panofsky konstatiert als Voraussetzung der Zentralperspektive den Blick eines unbewegten Auges. Um den Unterschied zum Film zu verdeutlichen, ist es sinnvoll, darauf aufmerksam zu machen, dass der Betrachter eines Standbilds beliebig viel Zeit hat, es mit seinem Blick abzutasten und sich jedes Detail genau anzuschauen. Bewegung hingegen bedeutet eine kontinuierliche Veränderung des Bildes, das heißt, die Information ändert sich. Der Zuschauer ist also damit beschäftigt, stetig neue Informationen aufzunehmen und zu verarbeiten, damit er die Bedeutung der Darstellung erfassen kann. Damit entstehen bei einer Bildkomposition völlig andere Voraussetzungen für die Blickführung. Bewegung zieht automatisch den Blick an. Der Zuschauer orientiert sich beim Film in der Regel weniger an Fluchtpunkten als an Objekten, die sich bewegen. Entscheidend ist das Verhältnis zwischen Bewegungsdynamik und der Raumkomposition, in der sie sich vollzieht.

Bei der Bewegung vor der Kamera ändert sich die Dynamik der Fluchtlinien im Raum in der Regel nicht. Es sei denn, der Raum bewegt sich um ein Objekt herum wie in MR. ARKADIN (Herr Satan persönlich; 1955; R: Orson Welles). In einer Szene auf einem Schiff wird die dämonische Ausstrahlung Mr. Arkadins (Orson Welles) dadurch verstärkt, dass das Zimmer um ihn herum wankt, der Mann selbst aber ruhig steht, während er eine Frau einschüchtert. Die Einstellungen sind meistens als Nahaufnahmen mit Untersicht gefilmt. Der Raum dreht sich zwar nicht richtig, aber es entsteht der Eindruck, dass er unruhig vor und zurück schwingt. Daraus entwickelt sich eine Dynamik, die senkrecht zu den eher waagerechten Linien der Zimmerdecke verläuft.

Solche Kompositionen bilden die Ausnahme. Weitaus häufiger kommen Einstellungen mit unbewegter Kamera vor, in denen sich Personen oder Objekte bewegen. Die Akzente in einem Bildarrangement können durch Bewegung im Verlauf der Einstellung verschoben werden, sodass sich zum Beispiel die Nähe-Distanz-Relationen drastisch verändern. In MONA LISA (1986; R: Neil Jordan) flüchten sich in einer Szene ein Mann und eine Frau vor einem Verfolger in einen Aufzug. In einer Einstellung sieht der Zuschauer aus dem Aufzug heraus dem Verfolger entgegen, der schnell auf den Aufzug bzw. auf die Kamera zugeht. Im Vordergrund stehen rechts und links die Figuren, sodass die Kamera durch die Lücke zwischen den

II. Gestaltung und Wahrnehmung

Nähe-Distanz-Relationen in MONA LISA

beiden hindurchschaut. Sie nimmt also ungefähr den Standpunkt der beiden Verfolgten ein. Zunächst ist der Mann noch weit entfernt. Spannung erzeugt nun die Ungewissheit, ob der Aufzug abfährt, bevor der Verfolger seine Opfer erreicht. Diese Einstellung ist mit einem Zoom-Objektiv gedreht. Die Brennweite verändert sich von einem Weitwinkel- zu einem Teleobjektiv hin, während sich der Mann schnell auf die Kamera zubewegt. Der Zoom verengt den Raum drastisch, was den Eindruck erzeugt, dass der Mann die Entfernung zu dem verfolgten Paar schneller überwindet. Es entsteht ein Schockeffekt, da der Verfolger zunächst weit entfernt erscheint, es durch die Veränderung der Brennweite aber schwierig wird, die Entfernung der Bedrohung richtig einzuschätzen. Als der Mann sich der Kamera und damit auch dem imaginären Betrachterstandpunkt des Zuschauers bis zur Großaufnahme genähert hat (bzw. so weit herangezoomt wurde), erfolgt ein Schnitt. In der nächsten Einstellung steht die Kamera wieder hinter den beiden anderen Figuren, und der Zuschauer kann deutlich sehen, dass der Verfolger das Paar ereicht hat und mit einem Rasiermesser attackiert. Die anfänglich spannungssteigernde Distanz schlägt in bedrohliche Nähe um.

Die bisher dargestellte Argumentation von Panofsky folgt der Prämisse, dass ein zentralperspektivisches Bild der Bildkonstruktion eines unbewegten Auges entspricht. Das »Augenzeugenprinzip«, wie Gombrich es nennt, folgt der Regel, dass nichts in das Bild aufgenommen wird, was nicht von einem bestimmten Punkt aus in einem Augenblick sichtbar ist (Gombrich 1984: 254ff.). Das gilt auch für die Varianten durch verschiedene Objektive. Ob das filmische Bild unserem natürlichen Sehbild entspricht, ist für eine Diskussion über die Ästhetik des Raums nicht erheblich. Das Seherlebnis ist hier bedeutsamer. Aufnahmen mit einem Normal-Objektiv kommen unserer visuellen Wahrnehmung sehr nahe, aber selbst Aufnahmen mit anderen Objektiven werden vom Zuschauer nur als Verzerrung wahrgenommen, wenn es sich um extreme Brennweiten handelt.

Die Bewegung von Objekten im filmischen Bild bedeutet, bis auf die beschriebenen Abweichungen durch verschiedene Objektive, keine Veränderung der linearen Konstruktion gegenüber der Zentralperspektive im Standbild. Sie bewirkt aber eine stärkere Plastizität der sich bewegenden Objekte und des Raums, den sie durchmessen.

Außerdem erweitert Bewegung den Eindruck von Zeitlichkeit der Perspektive im Standbild um die tatsächlich wahrnehmbare Dauer von Bewegungen. Wird eine Bewegungsrichtung im perspektivischen Standbild über die lineare Konstruktion auf einen oder mehrere Fluchtpunkte hin suggeriert, können im Filmbild mit der Bewegung von

Perspektiven

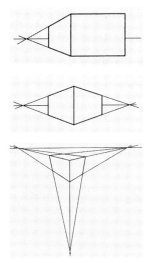

Die perspektivischen Verzerrungen in den drei linken Abbildungen ...

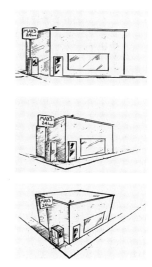

... entsprechen jeweils denen in den drei rechten (aus Katz 2000: 323, 325)

Objekten weitere Dynamiken erzeugt werden, die aufgrund der Informationsveränderung in der Regel mehr in die Aufmerksamkeit des Zuschauers rücken.

Bei Kamerabewegungen kann sich die ganze perspektivische Ausrichtung des Bildes verändern. Es kann sich zum Beispiel von einer Einpunkt- zur Mehrpunktperspektive wandeln. Man muss sich nur eine Aufnahme vorzustellen, in der ein Quader zunächst so gezeigt wird, dass eine Seite frontal zum Betrachter steht und eine zweite Seite in den Bildhintergrund verläuft. In einer solchen Aufnahme entsteht eine perspektivische Verzerrung zu einem Fluchtpunkt hin (Abbildungen rechts und links oben). Fährt die Kamera in einer Kreisbewegung um den Würfel herum, kommt es zu einer weiteren Verzerrung, wenn die Seite, die zunächst frontal der Kamera zugewandt war, jetzt ebenfalls in die Tiefe geht (Abbildungen Mitte). Fährt die Kamera schließlich nach oben, laufen die senkrechten Linien unten in einem dritten Fluchtpunkt zusammen (Abbildungen unten).

Bei einem einfachen Schwenk ist der Blick nicht mehr auf einen Fluchtpunkt gerichtet. Im Prinzip verlagert sich der Fluchtpunkt kontinuierlich, weil sich die Kamera bzw. der Blickpunkt kreisförmig bewegt. Würde man diese visuelle Information in einem Standbild darstellen wollen, müsste es auf der Innenseite einer Kugel wiedergegeben werden (vgl. Gombrich 1984: 254). Damit sprengt der Film die beschränkten Möglichkeiten der Zentralperspektive der Renaissance, welche die »sphäroide Gestalt unseres Gesichtsfelds nicht berücksichtigt« (Panofsky 1992: 101). Eine Kamerabewegung kann zum Beispiel mit einem Schwenk eine Kopfbewegung nachvollziehen oder durch eine Fahrt eine Eigenbewegung des gesamten Körpers suggerieren. Der Betrachterstandpunkt befindet sich damit in einem fließenden Prozess der Veränderung, was eine grundsätzliche Modifikation der starren Prinzipien der Renaissance-Perspektive bedeutet, wie sie von Panofsky formuliert werden.

Nur bei einer Vorwärts- oder Rückwärtsfahrt, die streng geradeaus führt, ohne zur Seite oder nach oben und unten abzuweichen, wie auf einer Straße oder Bahnschienen, verändert sich der Fluchtpunkt nicht, da sich die Richtung der Linien nicht verändert.

Welche Rolle die Bewegung vor der Kamera und die Bewegung der Kamera für die Perspektive spielen können, veranschaulicht eine Einstellung aus dem Western THE SEARCHERS (Der schwarze Falke; 1956; R: John Ford).

Eine Gruppe von Männern, die Viehdiebe jagen, besucht das Haus einer Familie, um deren Männer zur Mithilfe bei der Suche abzuholen. Die Figuren scheinen offensichtlich alle miteinander bekannt und vertraut zu sein. Sie betreten das Haus, das als geräumiges Blockhaus vorzustellen ist, wie es in zahlreichen Western zu sehen ist.

Die Aufnahme zeigt die Figuren in der Halbtotalen mit stehender Kamera und leichter Aufsicht. In der Mitte des Bildes ist ein rechteckiger Tisch zu sehen, dessen längere Seite vertikal in den Bildhintergrund weist. Die Kanten der Tischplatte ergeben zwei deutliche Fluchtlinien. Der Anführer der Gruppe, Captain Reverend Samuel Clayton (Ward Bond), setzt sich an den Kopf des Tisches. Er sitzt der Kamera genau gegenüber. Ein Mäd-

II. Gestaltung und Wahrnehmung

chen und ein Junge setzen sich mit ihm an den Tisch. Im Bildhintergrund – etwas links versetzt zu Clayton – befindet sich eine verschlossene Tür. Es herrscht nun ein reges Treiben. Zwei Frauen laufen emsig durch den Raum und verteilen Kaffee. Der Rest der Männergruppe verteilt sich im Raum. Der Anführer bildet grafisch zunächst den Mittelpunkt. Er vereidigt zwei Männer zu Hilfssheriffs, die zu seiner linken Seite stehen (rechts im Bild), ohne sich von seinem Platz zu erheben. Er wird immer wieder dabei unterbrochen. Währenddessen kommt durch die Tür im Hintergrund ein Mann, der durch seinen gemächlichen Schritt aus der Hektik der Szenerie heraussticht. Er bewegt sich in Richtung Bildvordergrund auf Claytons rechte Seite zu, er befindet sich also in der linken Bildhälfte. Das Gesicht liegt zuerst noch im Schatten. Der Mann ist an der Statur als der schon zuvor eingeführte Protagonist Ethan Edwards (John Wayne) wiederzuerkennen. Durch seine Präsenz wird die Akzentuierung Claytons als Dreh- und Angelpunkt des Geschehens aufgelöst und auf Edwards verlagert. Diese Verlagerung wird dadurch unterstützt, dass einer der Männer auf den nahenden Edwards aufmerksam machen will. Er befindet sich ebenfalls in der linken Bildhälfte. Der Mann steht auf und weist mit einem Arm in Edwards Richtung, wird jedoch von Clayton schroff zurechtgewiesen, bevor er aussprechen kann. Zunächst bleibt fraglich, was passiert, wenn Edwards bei Clayton angekommen ist und dieser auf ihn aufmerksam wird. Kurz bevor Edwards bei Clayton angelangt ist, beginnt die Kamera sich in die Richtung der beiden zu bewegen, das heißt, sie bewegt sich leicht nach links vorne. Damit wird die Statik der perspektivischen Raumkonstruktion aufgebrochen. Der imaginäre Betrachterstandpunkt bewegt sich. Der Bildausschnitt verengt sich auf eine Amerikanische, in der nur noch Edwards, Clayton und das Mädchen zu sehen sind. Edwards stützt sich nach vorne auf zwei Stühlen ab, von denen der weiter im Bildvordergrund von dem Mädchen besetzt ist. Er spricht Clayton an, der sich bald darauf erhebt. Die Kamerabewegung verdichtet also nicht nur den Blick auf die beiden Männer, die den Mittelpunkt bilden, sondern bezieht das Mädchen mit ein. Mit dem Körper wendet sich Edwards mehr dem Mädchen zu, sodass er sich fast über sie beugt, während er zu Clayton spricht. Edwards legt einen »langen« Weg durch den Raum zurück, der mit einer zärtlichen Geste dem Mädchen gegenüber endet. Diese Bewegung durch den Raum kann als Hinweis auf seine bevorstehende unermüdliche Suche nach dem von Indianern entführten Mädchen interpretiert werden, als dessen Beschützer er sich letztlich erweist.

In Bezug auf die perspektivische Konstruktion des Bildes kann zu dieser Einstellung zusammenfassend gesagt werden: Durch die Bewegung einer Figur vollzieht sich eine schrittweise Verschiebung des Mittelpunktes. Zuerst ist Clayton der Mittelpunkt, der mit dem Fluchtpunkt, der sich leicht oberhalb von ihm befindet, auf einer Linie ist. Als Edwards ins Bild tritt, beginnt der Blick des Zuschauers zwischen den beiden Männern zu oszillieren. Es entsteht eine Spannung durch Edwards' Bewegung aus dem Bildhintergrund in den -vordergrund. Erreicht er ihn, passiert etwas, weil er in die Aufmerksamkeitssphäre der Figur gerät, welche die Handlung dominiert. Ähnlich wird Edwards zu Beginn des Films eingeführt, als er am Horizont von der Familie seines Bruders gesehen wird und sich langsam nähert. Auch hier legt er langsam einen weiten Weg zurück.

Als die Kamera sich zu bewegen beginnt, kommt der Fluchtpunkt in Bewegung. Gleichzeitig verkleinert sich die Einstellungsgröße und erzeugt damit eine neue Figurenkonstellation. Mit der Kamerabewegung entwickelt Ford die Konzentration auf die Begegnung der beiden Männer und die Andeutung auf Edwards' Verhältnis zu dem Mädchen elegant aus der Szenerie, anstatt mit Montage einfach einen kleineren Bildausschnitt aus dem Gesamtgeschehen herauszustanzen.

»Den zwei Mittelpunkten der Formstruktur – dem Mittelpunkt der Leinwand und dem Brennpunkt der Perspektive – kann der Inhalt noch einen dritten hinzufügen«, schreibt Arnheim und meint damit den »Mittelpunkt des Geschehens« (Arnheim 1978: 289). Arnheim bezieht diese Aussage auf stehende Bilder, die zwar zentralperspektivisch konzipiert sind, deren Mittelpunkt aber nicht durch die geometrische Konstruktion bestimmt wird, sondern durch das Geschehen, in-

Perspektiven

Bildmittelpunkt in Bewegung: Perspektivverschiebungen in THE SEARCHERS

dem zum Beispiel Figuren so inszeniert werden, dass sie die Aufmerksamkeit des Betrachters auf sich ziehen, wie in da Vincis *Abendmahl* (Arnheim 1978: 289).

Durch diese Dynamisierung des Geschehens im Bildraum, sowohl von den dargestellten Objekten als auch vom Kamerablick her, kann der Film unsere sphäroide Sehweise nachvollziehen. Der Film hat damit ein zusätzliches Realitätsindiz, das ihn von der zentralperspektivischen Konstruktion eines Standbildes grundsätzlich unterscheidet.

Es gibt noch zwei weitere Arten von Perspektive, die den gesamten Bildraum organisieren: die Parallelperspektive und die invertierte Perspektive. Beide kommen jedoch verhältnismäßig selten im Film vor. Bordwell hat auf sie hingewiesen und sie mit Abbildungen aus der bildenden Kunst und Standbildern aus Filmen illustriert (Bordwell 1985: 105 und 109). Es sei angemerkt, dass Bilder mit parallelperspektivischen und invertiert perspektivischen Konstruktionen mit denselben Objektiven hergestellt werden wie zentralperspektivische Bilder. Diese Formen der Perspektive resultieren aus der Abstimmung von Objektivlänge und Positionierung der Kamera zu den Objekten. Bordwell zeigt anhand eines Standbildes aus einem Film, wie mit einem Teleobjektiv Parallelperspektive im Film erzeugt werden kann.

Die Parallelperspektive wurde häufig in fernöstlichen Bildern angewendet. In diesen Bildern konvergieren die Linien nicht in einem Fluchtpunkt, sondern verlaufen, wie der Name schon sagt, parallel (siehe die Linien des Bodens in Abbildung S. 86 und vgl. Bordwell 1985: 104). In solchen Bildern werden verschiedene Betrachterstandpunkte miteinander kombiniert (vgl. Gregory 2001: 215). So wird etwa der Boden, auf dem eine Person steht, mit starker Aufsicht gemalt, die Person aber von der Seite dargestellt (siehe ebenfalls Abbildung S. 86 und vgl. Bordwell 1985: 105).

In einem von Bordwells Filmbeispielen ist ein Mann zu sehen, der über einen Asphalt mit großen quaderförmigen Pflastersteinen geht (Bordwell 1985: 109). Die Einstellung ist von schräg oben

II. Gestaltung und Wahrnehmung

Parallelperspektivisch konstruiertes Bild (aus Bordwell 1985: 104)

aufgenommen. Das Teleobjektiv erzeugt eine schwache Tiefenwirkung, sodass der Teil des Asphalts, der im Bildhintergrund bzw. hinter dem Mann verläuft, sehr dicht hinter ihm zu sein scheint. Es entsteht der Eindruck einer Schräglage des Mannes (oder des Asphalts), obwohl er senkrecht auf dem Asphalt geht. Die Parallelität der Linien der Pflastersteine wird bei dieser »Verflachung« des Raumeindrucks durch das vergrößernde Teleobjektiv beibehalten. Bei Bildern mit invertierter Perspektive sind ähnliche Kombinationen von Standpunkten zu beobachten, nur dass bei Darstellungen von Gebäuden zum Beispiel die Linien zum Bildvordergrund hin konvergieren. Der Begriff »invertiert« meint hier also die Umkehrung perspektivischer Konstruktionen, bei denen die Linien zum Bildhintergrund hin konvergieren (vgl. Bordwell 1985: 105 und Gregory 2001: 215).

Das Entscheidende an diesen Perspektiven ist der Umstand, dass es keinen einheitlichen Betrachterstandpunkt gibt. Dadurch bleibt der Betrachter von der dargestellten Welt ausgeschlossen. Es entsteht die Illusion eines dreidimensionalen Raums, der nicht auf den Betrachter hin ausgerichtet ist und dadurch mehr Eigenständigkeit beansprucht als ein Bild mit einheitlicher Perspektive (vgl. Arnheim 1978: 261).

Weitaus häufiger sind körperperspektivische Bilder im Film zu sehen. Hier gibt es keine einheitliche Raumperspektive. Die Objekte und Personen sind mit allen perspektivischen Verkürzungen dargestellt, bewegen sich aber frei im Raum (vgl. Schweitzer 1953: 13). Bei den meisten dieser Raumkonstruktionen liegt der Schärfenbereich auf den Figuren und der Hintergrund bleibt verschwommen. Die Figuren werden durch diese Inszenierung aus dem räumlichen Kontext herausgelöst, der aufgrund der Unschärfe keine Details mehr erkennen lässt, die eine einheitliche Raumperspektive wahrnehmbar machen. Die Konzentration der Darstellung liegt ganz auf der Mimik, Gestik und Sprache der Figuren (siehe Abbildung rechts).

Ein Beispiel hierfür ist in LE BONHEUR (Glück aus dem Blickwinkel des Mannes; 1965; R: Agnès Varda) zu finden. In einer Sequenz agiert ein Liebespaar in Nahaufnahmen vor einer weißen Wand. Es gibt keine Objekte, die konvergierende Parallelen aufweisen, keinen Horizont oder andere Merkmale, die eine einheitliche Raumperspektive konstituieren. Es entsteht der Eindruck eines leeren dreidimensionalen Raums, in dem sich die Figuren bewegen. Die beiden haben ein Verhältnis, wobei der Mann verheiratet ist. Sie treffen sich heimlich und bilden eine Art Enklave. Die Loslösung von der Gesellschaft in einen Raum, in dem es nur sie beide gibt, macht die Intensität der Beziehung erfahrbar.

Während die meisten Raumkonstruktionen in Filmen eine ganze Reihe der genannten Tiefenkriterien enthalten, schließen sich die perspektivischen Bildkonstruktionen innerhalb einer Einstellung gegenseitig aus.

Montage

Die Montage ist ein filmspezifisches Gestaltungsmittel, das zur Raumillusionierung maßgeblich beiträgt. Zunächst bedeutet Montage die Organisation des Films in der Zeit. Beim Montieren der Einstellungen wird festgelegt, was wann wie lange gezeigt wird. Aus diesem Grund ist die Montage etwa für die Untersuchung narratologischer Konzepte besonders wichtig. In diesem Zusammenhang stellt Edward Branigans Buch *Narrative Comprehension and Film* (1992) einen wichtigen Beitrag dar.

Für die Raumkonstruktion im Film erfüllt die Montage in der Regel die Funktion, den Eindruck

Montage

THE GOLDWYN FOLLIES (1938; R: George Marshall; aus Bordwell 1985: 108)

eines homogenen Raums zu erzeugen, in dem sich die erzählte Geschichte abspielt. Aus diesem Grund steht das Kontinuitätsprinzip, wie Pudowkin es vertritt (vgl. Teil I, S. 20ff.), im Mittelpunkt der Ausführungen.

Es werden verschiedene Strategien erörtert, wie mit Montage Raumbeziehungen zwischen den in den Einstellungen repräsentierten Raumausschnitten konstruiert werden können.

Die Darstellung der verschiedenen formalen Möglichkeiten des Films, Einstellungen miteinander zu verbinden (wie Überblendung, Wischblende etc.), beschränkt sich auf die gebräuchlichsten Schnittformen, da die Raumbeziehung, die der Zuschauer zwischen den Einstellungen konstruiert, durch die Inszenierung im Bildraum definiert wird und nicht durch die Gestaltung des Übergangs.

Eine Einstellung zeigt einen Raumausschnitt, der im Kontext von anderen Einstellungen steht, die wiederum andere Raumausschnitte zeigen. Der Zuschauer stellt eine Verbindung zwischen den Einstellungen her und konstruiert eine *cognitive map* (Bordwell 1985: 117). Diese ermöglicht dem Zuschauer eine Orientierung im Raum über die einzelne Einstellung hinaus. Das wichtigste Kriterium für die Wahrnehmung eines Zusammenhangs zwischen Einstellungen sind sogenannte Invarianten oder invariante Strukturen. Während Gibson unter Invarianten gleichbleibende visuelle Reizmerkmale versteht, wie zum Beispiel identische Oberflächenstrukturen von Gegenständen (Gibson 1982: 312), und damit eine raum-zeitliche Orientierung des Zuschauers im Filmgeschehen zu erklären versucht, erweitert Wuss den Begriff, indem er Momente der Handlungsstruktur, die sich wiederholen, miteinbezieht (Wuss 1993: 260). Wenn etwa in einer Einstellung jemand das Licht in einem Raum ausknipst und in der darauffolgenden Einstellung eine Tür geschlossen wird, sind das Handlungen, die einen Abschluss signalisieren. Es handelt sich hierbei um Invarianten, die für sich betrachtet keinen Aufschluss über die geografische Beziehung der Raumausschnitte geben.

Für die Untersuchung des Raums sind diejenigen Invarianten von Interesse, die die räumlichen Beziehungen zwischen den in den einzelnen Einstellungen repräsentierten Raumausschnitten definieren. Sie können sowohl visueller als auch akustischer Natur sein. Das Augenmerk richtet sich hier auf die visuellen Invarianten. Dazu gehören die Figuren, der Hintergrund, vor dem sie sich befinden, die Beleuchtung, Verbindungen auf der Blickachse etc. All diese Merkmale ermöglichen es dem Zuschauer in der Regel zu erkennen, ob er einen Raumausschnitt sieht, der mit dem vorher gezeigten in einem unmittelbaren geografischen Zusammenhang steht, oder ob dieser weit entfernt davon liegt. Anhand eines Beispiels aus THE 39 STEPS von Alfred Hitchcock (Die 39 Stufen; 1935) zeigt Branigan, dass nicht nur die logischen Verknüpfungen beim Zuschauer zu einem Verständnis der topografischen Verhältnisse führen können: Ein Mann schaut bei Nacht durch ein Fenster in eine Wohnung, um jemanden zu beobachten. Diese Einstellung wurde als Nahaufnahme von innen gedreht. Von dem Fenster sind zwei Leisten zu sehen, von denen die eine horizontal unterhalb des Kopfes des Mannes verläuft und die andere vertikal auf seiner linken Seite. Es erfolgt ein Gegenschuss, der sofort als sogenannter *point-of-view-shot* wahrgenommen wird. Die Kamera befindet sich nun ungefähr auf der Position des Mannes und zeigt, was er durch das Fenster sieht. Naheliegend wäre nun, dass die vertikale Leiste, die sich in der vorhergehenden Einstellung auf der linken Seite befand, nun auf der rechten zu sehen ist, da die Kamera die Seite gewechselt bzw. sich um 180 Grad gedreht hat. Hitchcock entschied sich aber dafür, die vertikale Leiste dort im Bild zu lassen, wo sie vorher war, und zeigt statt der unten verlaufenden Leiste die Leiste des Fensters, die horizontal oberhalb verläuft. Die horizontal verlaufenden Leisten aus den beiden Einstellungen bilden so einen geschlossenen Rahmen, und die vertikale Leiste erzeugt keine Irritation, da sie an ihrem Platz bleibt (Branigan 1992: 56ff.).

II. Gestaltung und Wahrnehmung

Fehlen die visuellen Merkmale vollständig, kann eine geografische Nähe der visuell repräsentierten Orte durch Beibehaltung von akustischen Invarianten, wie Geräuschen oder Musik, aus der vorhergehenden Einstellung suggeriert werden.

Diese Orientierungsleistung wird dadurch vollbracht, dass der Zuschauer Informationen, die in einer Einstellung gezeigt werden, wahrnimmt, speichert und mit den Informationen aus den vorhergehenden Einstellungen abgleicht. Er registriert dadurch Wiederholungen und nimmt neue Informationen auf. Daraus folgen Erwartungen und Hypothesen für das weitere Geschehen. Diese Prozesse der Informationsverarbeitung basieren zum großen Teil auf erworbenem Wissen über die Welt und den Erfahrungen aus der Rezeption von anderen Filmen (vgl. Bordwell 1985: 32).

Wie werden nun in der Regel Einstellungen inszeniert und miteinander verknüpft, damit der Zuschauer eine räumliche Verbindung zwischen den einzelnen Raumausschnitten herstellen kann? Bevor auf die Inszenierung des Bildraums eingegangen wird, werden kurz die wichtigsten Formen beschrieben, mit denen Übergänge von einer Einstellung zur nächsten gestaltet werden, da sich die Raumbeziehung nicht verändert, wenn man zwei Einstellungen mit einem harten Schnitt oder einer Auf-/Abblende montiert. Wichtiger als die Gestaltung der Übergänge ist jedoch das, was in den miteinander verknüpften Einstellungen gezeigt wird. Eine detaillierte Untersuchung wäre Gegenstand narratologischer Forschung.

Die am häufigsten verwendeten Formen des Übergangs stellen der harte Schnitt, die Auf- und Abblende (auch mit der Irisblende, die mittlerweile seltener eingesetzt wird) und die Überblendung dar. Eine ausführliche Darstellung der Unterformen wie Wischblende, Schiebeblende etc. liefert Hans Beller in seinem Aufsatz *Filmräume als Freiräume* (Beller 2000: 27ff.). Einen Sonderfall der Montage stellt das Splitscreen-Verfahren dar, bei dem gleichzeitig mehrere Kadrierungen auf der Leinwand gezeigt werden.

Der harte Schnitt ist die gebräuchlichste Form der Einstellungsverbindung. Dieser unmittelbare Wechsel von einer Einstellung zur nächsten stellt, unabhängig von der Strategie der Rauminszenierung durch den Regisseur, den Normalfall des Übergangs dar. Sowohl bei der Konstruktion eines diskontinuierlichen (wie bei Eisenstein, vgl. Teil I, S. 16ff.) als auch eines kontinuierlichen Raums werden in der Regel hauptsächlich harte Schnitte verwendet. Welches Raumerleben dabei entsteht, hängt also stärker davon ab, was in den Einstellungen geschieht. Das Charakteristikum des harten Schnitts ist, anders als etwa bei einer Überblendung, die Schnelligkeit des Übergangs, sodass er vom Zuschauer kaum als Montageform wahrgenommen werden kann. Die Zäsur wird erst im Nachhinein deutlich, wenn der Zuschauer den Unterschied im Gezeigten zwischen der aktuellen Einstellung zu der vorhergehenden erkennt und eine Verbindung zu den vorher gezeigten Einstellungen herstellt. Damit dieser Unterschied deutlich wahrnehmbar ist und der Schnitt nicht als ein Holpern oder technischer Defekt interpretiert wird, muss sich die Einstellungsgröße oder der Kamerawinkel deutlich verändern. Für den Kamerawinkel gibt es deshalb die sogenannte 30-Grad-Regel, die besagt, »dass sich die Kameraposition einer Einstellung zur vorherigen, bei identischem Raum und gleichem Sujet, um mindestens 30 Grad unterscheiden muss« (Beller 2000: 17). Beim *jump cut* wird diese Deutlichkeit bewusst vermieden, um einen irritierenden Sprung in der Wahrnehmung des Zuschauers zu erzeugen. Die Wirkung ist einem Sprung auf einer Schallplatte vergleichbar, der den Fluss der Musik durch ein Stolpern kurz stört. Der *jump cut* ist mittlerweile als probates Element der Filmgestaltung etabliert und damit zur Konvention geworden.

Der *match cut* bedeutet ebenfalls eine Verbindung von zwei Einstellungen, bei der ein Sprung entsteht. Hier werden Raum-Zeit-Sprünge durch die Fortführung einer Bewegung vollzogen. Das berühmteste Beispiel ist die in dieser Arbeit schon mehrfach erwähnte Knochenwurf-Szene aus 2001: A SPACE ODYSSEY (vgl. S. 13f. und S. 64f.). Die Bewegung des Raumschiffs, auf das geschnitten wird, suggeriert die Fortführung der Bewegung des Knochens. Kontinuität wird hier durch die Ähnlichkeit der Objektformen und der identischen Bewegungsrichtung gewährleistet.

Beller rechnet den *match cut* dem *continuity editing* zu, was auf der Ebene der Narration letztlich auch zutreffend ist. Trotzdem sollte berücksichtigt werden, dass damit auch große Raum-Zeit-Sprünge auf der Bedeutungsebene geglättet werden. Die Diskontinuität des Raum-Zeit-Verhältnisses zwischen den Einstellungen bleibt dennoch bestehen und wird vom Zuschauer auch als solche wahrgenommen. Es gibt wohl keinen Zuschauer, der bei der 2001-Sequenz beim ersten Mal nicht irritiert gewesen wäre. Insofern kommen beim *match cut* Elemente der diskontinuierlichen Rauminszenierung zur Geltung, die mit dem Kontinuitätsprinzip verbunden werden, auch wenn sie Letzterem am Ende untergeordnet werden.

Bei der Auf- und Abblende verdunkelt sich das Bild in der Regel, bis es schwarz ist, und hellt dann wieder auf (dieses Verfahren kann theoretisch mit allen Farben angewendet werden). Dieser »weiche« Übergang von einer Einstellung zur nächsten setzt einen deutlich wahrnehmbaren Einschnitt und wird häufig für größere Raum-Zeit-Sprünge verwendet. Bei der Verdunkelung oder Aufhellung mit der Irisblende können Bildausschnitte kreisförmig fokussiert werden. Bei der Verdunkelung beispielsweise schließt sich der Kreis, wobei das Gesicht eines Schauspielers den Mittelpunkt bildet. Der Kreis wird immer enger, bis das Bild schließlich schwarz ist.

Bei der Überblendung gehen zwei Einstellungen direkt ineinander über, sie überlagern sich also eine Zeit lang. Diese Form des Schnitts eignet sich ebenfalls für die Überbrückung zwischen zwei weit auseinanderliegenden Raum-Zeit-Abschnitten. Im Gegensatz zur Auf-/Abblende, die signalisiert, dass ein Abschnitt der Geschichte zu Ende ist und ein neuer beginnt, knüpft bei der Überblendung die nächste Einstellung unmittelbar an. Durch den langsamen Wechsel wird der Zuschauer auf den Orts- und Zeitwechsel vorbereitet.

Der Umstand, dass weiche Übergänge als Signal für größere Raum-Zeitsprünge wahrgenommen werden, beruht sicher zum Teil auf einer Konvention. Die Langsamkeit eines solchen Einstellungswechsels lässt aber eine Lücke entstehen, die deutlich als Unterbrechung der Handlung, als Ellipse, wahrnehmbar ist und zugleich einen neuen Handlungsabschnitt ankündigt.

Die wichtigste Strategie für die Konstruktion einer räumlichen Beziehung zwischen zwei benachbarten Einstellungen ist eine Verbindung auf der Blickachse oder, wie Godard schreibt: »Anschlüsse machen, die dem Blick folgen, das ist fast schon die Definition der Montage, ihr schönster Ehrgeiz und zugleich ihre Unterwerfung unter die Inszenierung.« (Godard 1971: 39) Mit Blick ist hier einerseits der Blick einer Figur gemeint, dem der Kamerablick in der nächsten Einstellung folgt. Oder es wird in der nächsten Einstellung der Blick der Figur durch eine andere Figur erwidert, ohne dass die Kamera selbst auf der Blickachse liegen muss. Andererseits kann es sich auch um den Kamerablick handeln, der die Blickachse für die folgende Einstellung vorgibt. Auch Branigan weist auf die große Bedeutung des Blicks von Figuren hin, da sich Menschen sehr stark über den Sehsinn orientieren und über ihn in Beziehung zu anderen Personen und Objekten treten. Nur der Blick in die Kamera ist problematisch, da die Filmfigur dann eine Interaktion mit dem Zuschauer simulieren würde und die diegetische Welt damit aufbricht (Branigan 1992: 53).

In NORTH BY NORTHWEST (Der unsichtbare Dritte; 1959; R: Alfred Hitchcock) wartet der Protagonist Roger O. Thornhill (Cary Grant) an einer Bushaltestelle, die sich an einer Landstraße befindet, die nur von Feldern umgeben ist (vgl. Farbteil, Abb. 14). Die Sequenz beginnt mit einer Panorama-Aufnahme, in der ein Bus kurz am Rand der Landstraße hält und jemand aussteigt. In der nächsten Einstellung wird Thornhill in einer halbtotalen Einstellung gezeigt, wie er nach rechts blickt. Die Umgebung ist durch verschiedene Invarianten, wie die Beleuchtung, die Straße, die Felder als dieselbe wie in der vorherigen Einstellung erkennbar. Damit ist auch deutlich, dass es in der vorhergehenden Einstellung Thornhill war, der aus dem Bus ausgestiegen ist. Die Straße verläuft vor ihm. Die Kamera blickt der Figur genau aus der Richtung entgegen, in die Thornhill schaut. Diese Einstellung dient dem Zuschauer zur Orientierung. Er sieht, wie die Figur zur Straße steht. Nach einem Schnitt wird der sich entfernende Bus von hinten aus der Position gezeigt, in der sich die Figur befinden muss. Das ist daran erkennbar, dass die Straße von links vorne nach rechts in den Bildhintergrund verläuft. Theoretisch könnte es ein

II. Gestaltung und Wahrnehmung

anderer Ort und ein anderer Bus sein als jener aus den Einstellungen zuvor, aber die Ähnlichkeit, die Blickführung durch die Montage und die Voraussetzung einer Handlungslogik legen nahe, davon auszugehen, dass es sich um denselben Bus und denselben Raum aus den vorhergehenden Einstellungen handelt. Der Kamerablick folgt hier also der Blickrichtung der Figur und definiert dadurch die räumliche Beziehung von zwei Teilansichten eines Raums. In diesem Fall zeigt die Einstellungskombination, wie der Protagonist von dem Bus in der Einöde zurückgelassen wird. Der Zuschauer wird damit in identifikatorische Nähe zu der Figur gerückt. Er erfährt die Verlassenheit und Schutzlosigkeit Thornhills in dieser Umgebung ungefähr aus dessen Perspektive, was die anschließende Attacke des Flugzeugs auch für ihn bedrohlicher werden lässt. Es handelt sich hier um einen *point-of-view-shot*.

In SOMEBODY UP THERE LIKES ME (Die Hölle ist in mir / Eine Hand voll Dreck; 1956; R: Robert Wise) flieht ein kleiner Junge in der Nacht vor der Polizei. Die Einstellung ist so aufgenommen, dass der Junge von hinten zu sehen ist und sich mit der Kamera genau auf einer Achse befindet. Nach einem Einstellungswechsel durch Überblendung ist jemand zu sehen, der gehetzt frontal auf die Kamera zuläuft, bis er in der Nahaufnahme stehen bleibt, um zu verschnaufen. Die Lichtverhältnisse und die Umgebung gleichen denen aus der ersten Einstellung. Erst als die Person stehen bleibt, ist sie als ein junger Mann (Paul Newman) identifizierbar. Auch in dieser Einstellung liegt die Kamera mit der Bewegungsrichtung der Figur auf einer Achse. In Kombination mit der Form der Bewegung der Figur ist die Möglichkeit am wahrscheinlichsten, dass es sich um dieselbe Person handelt wie in der ersten Einstellung. Sie ist jetzt etliche Jahre älter, aber an ihrem Verhalten hat sich nichts geändert. In dieser Einstellungskombination wird ein Zeitsprung, aber kein Sprung im Raum vollzogen. Der nun erwachsene Protagonist – so legt es die Montage nahe – hat sein Umfeld nicht verlassen und lebt noch genauso, wie er als Junge gelebt hat. Der weiche Einstellungswechsel durch eine Überblendung anstatt eines harten Schnitts verstärkt den Eindruck eines größeren Zeitsprungs.

Die Beispiele verdeutlichen, dass bei der Montage mit Wahrscheinlichkeiten operiert werden muss, da der Zuschauer die fehlende Verbindung zwischen den in den Einstellungen repräsentierten Raumausschnitten selbst ergänzen muss. Das kann er nur, wenn die Indizien in der Bildkomposition für die Konstruktion einer Verbindung ausreichen.

Bei einer Sequenz, die mit dem Schuss/Gegenschuss-Verfahren aufgenommen wurde, liegt die Kamera in der Regel nicht auf der Blickachse der Figur(-en). Die Verbindung entsteht durch die Erwiderung des Blicks einer Figur in der folgenden Einstellung. In HAPPINESS (1998, R: Todd Solondz) beginnt eine Dialogsequenz mit der Großaufnahme einer jungen Frau (Jane Adams). Sie ist diagonal von vorne links gefilmt, sie blickt also ins linke Off. Es erfolgt ein Schnitt, und ein Mann mittleren Alters (Jon Lovitz) ist in der Großaufnahme zu sehen, der wiederum von vorne rechts gezeigt wird, sodass er ins rechte Off schaut. Die Blicke der Figuren liegen exakt auf einer Achse. Die Inszenierung suggeriert damit, dass sich die beiden Figuren ansehen. Die Kamera folgt in dem Sinne dem Blick der Figur, als sie den Teil des Raums zeigt, den diese sehen müsste, allerdings aus einer anderen Perspektive. Auch hier ist es möglich, aber äußerst unwahrscheinlich, dass sich die Figuren an verschiedenen Orten befinden. Die Suggestion wird meistens zusätzlich durch eine gleichbleibende Beleuchtung, dieselben Geräusche und einen gleichbleibenden Hintergrund verstärkt.

Ein weiteres Kriterium, das viele Regisseure bei der Gestaltung einer Schuss/Gegenschuss-Sequenz berücksichtigen, ist die 180-Grad-Regel, die auch Handlungsachsen-Schema genannt wird (Beller 1993: 15). Nach dieser Regel bleibt der Zuschauer immer auf einer Seite der Handlung. Bei der eben beschriebenen Sequenz bildet die Blickachse auch die Handlungsachse, da die Figuren sich die ganze Zeit über ansehen. Ein Achsensprung müsste motiviert sein, um keine Irritation auszulösen. Zum Beispiel könnte sich eine dritte Person dem Paar nähern. Der Blick der beiden geht in Richtung der Kamera. Damit würde sich die Blickachse verändern. In der nächsten Einstellung befindet sich die Kamera auf der anderen Seite und blickt zwischen den beiden durch, sodass der Zu-

Montage

Großer Zeitsprung, sonst ändert sich fast nichts: SOMEBODY UP THERE LIKES ME

schauer die dritte Person auf das Paar zukommen sieht.

In NOSFERATU – EINE SYMPHONIE DES GRAUENS wird in einer Einstellungsfolge eine Verbindung auf der Blickachse von zwei Figuren gestaltet, die sich an weit von einander entfernt liegenden Orten befinden. In einer Einstellung ist Nosferatu (Max Schreck) von der linken Seite aus zu sehen, nachdem er Hutter (Gustav von Wangenheim) das Blut ausgesaugt hat. Er befindet sich in seinem Schloss in Transsylvanien. Er wendet sich nach links um. Sein Blick geht ins rechte Off. In diesem Augenblick erfolgt ein harter Schnitt. In der nächsten Einstellung wird Ellen (Greta Schröder), Hutters Frau, in Wisborg gezeigt, die sich in ihrem Bett mit einer flehenden und verzweifelten Geste aufrichtet. Das Bett ist diagonal vom Fußende links gefilmt. Die Geste richtet sich also ins linke Off. Es entsteht der Eindruck, dass der Vampir sich der Frau seines Opfers zugewendet hat und diese darauf reagiert, obwohl sie sich an einem weit entfernten Ort befindet. In einer dritten Einstellung

wird diese kurze übersinnliche Kontaktaufnahme wieder aufgelöst, indem Nosferatu gezeigt wird, der sich weiter in Richtung Bildhintergrund dreht und schließlich wieder in die Richtung zurückgeht, aus der er sich seinem Opfer genähert hat. Die Verbindung auf der Blickachse zwischen den Figuren überwindet hier die räumliche Distanz, anstatt, wie sonst üblich, einen räumlichen Zusammenhang zu schaffen.

Es ist also für die räumliche Beziehung nicht so wichtig, mit welcher Form des Schnitts die Einstellungen verbunden werden. Relevant ist die durch die Inszenierung gestaltete Blickachse, durch die der Zuschauer einen Zusammenhang zwischen den beiden repräsentierten Handlungen an verschiedenen Orten konstruiert. Das meint Godard, wenn er von der »Unterwerfung der Montage unter die Inszenierung« (Godard 1971: 39) schreibt.

Das Splitscreen-Verfahren stellt eine Art Collage dar und kann als Sonderfall der Montage eingeordnet werden, da es eigenständige Einstellungen miteinander verbindet. Der Unterschied zur

II. Gestaltung und Wahrnehmung

Montage von Einstellungen, die nacheinander gezeigt werden, liegt allein darin, dass sie gleichzeitig in der Kadrierung angeordnet werden. Dieses Verfahren wird relativ selten angewendet. Ein Film, in dem das Splitscreen-Verfahren als eigenes Gestaltungsmittel konsequent genutzt wird, ist die Comic-Verfilmung THE HULK (2003; R: Ang Lee). In diesem Film wird die Bildsprache des Comics filmisch nachvollzogen, indem in allen erdenklichen Kombinationen verschiedene Einstellungen gleichzeitig in der Bildfläche angeordnet werden. Sie überlappen sich, werden verschoben, einzelne Einstellungen werden zu Stills, während andere weiterlaufen etc. Für die kognitive Landkarte des filmischen Raums hat dies keine weiteren Konsequenzen. Die gleichzeitige Präsentation von verschiedenen Teilansichten des filmischen Raums rückt die Fragmentarisierung des Raums durch den Film stärker ins Bewusstsein des Zuschauers. Sein Blick oszilliert zwischen den einzelnen Einstellungen und muss diese wie ein Puzzlespiel, bei dem die Teile nebeneinander liegen, aber die Zwischenteile fehlen, zusammenfügen. Bei aufeinanderfolgenden Einstellungen wird er stärker geführt, weil dabei eine Linearität in der Wahrnehmung vorgegeben ist.

In Anlehnung an Noël Burchs Ausführungen zur Raumkonstruktion durch Montage in seinem Buch *Theory of Film Practice* (Burch 1973) werden hier drei Konzepte der Raumbeziehung zwischen zwei Einstellungen vorgeschlagen (Burch 1973: 8ff.). Für eine Präzisierung dieser Konzepte erscheint es sinnvoll, zwischen Ort und diegetischem Raum zu unterscheiden. Ort meint einen Schauplatz, an dem sich eine Handlung abspielt und von dem Teilansichten für den Zuschauer in einzelnen Einstellungen sichtbar sind. Es kann sich dabei um ein Gebäude, eine Straße, den Teil einer Landschaft oder anderes handeln. Die Übergänge zwischen zwei Orten können dabei fließend sein, sodass nicht immer klar zu entscheiden ist, wo ein Ort seine Grenze hat und der nächste anfängt. Der Begriff »diegetischer Raum« bezieht sich auf die gesamte im Film dargestellte Welt mit allen sichtbaren und nichtsichtbaren Teilen. Die Montage unterteilt nun den diegetischen Raum in Teilansichten verschiedener Orte.

Nach dem ersten Konzept der Raumbeziehung zwischen zwei Einstellungen können die Einstellungen zwei Teilansichten eines Ortes zeigen, wie bei einer Aufnahme eines Zimmers in der Totalen, der eine Großaufnahme eines Gegenstands folgt, der sich in dem Zimmer befindet. Die beschriebene Sequenz aus NORTH BY NORTHWEST zeigt ebenfalls Teilansichten eines Ortes. Die präsentierten Raumausschnitte überlappen sich. Eine Einheit des Ortes wird bei diesen Einstellungskombinationen hergestellt.

Bei Einstellungskombinationen nach dem zweiten Konzept werden Teilansichten gezeigt, die ebenfalls zu einem Ort gehören, sich jedoch nicht überlappen. Bei einer Verfolgungsjagd durch ein Haus zum Beispiel befindet sich der Verfolgte in einem anderen Teil des Hauses als der Verfolger. Mit Parallelmontage wird immer wieder zwischen den beiden Akteuren hin und her geschnitten. Die in den Einstellungen gezeigten Teile des Ortes liegen aber in der Regel so nahe beieinander, dass eine direkte räumliche Beziehung zwischen den beiden dargestellten Handlungen suggeriert wird. Der Ort, in diesem Fall das Haus, wird wiederum in zwei Schauplätze unterteilt. Es kann also von einem geteilten Ort gesprochen werden.

Fragmentarisierung des Raums: Splitscreen in HULK

NOSFERATU – EINE SYMPHONIE DES GRAUENS: Verbindung weit entfernter Orte über die Blickachse

Als dritte Möglichkeit lassen sich in zwei Einstellungen Teilansichten von verschiedenen Orten zeigen. Die erwähnte Sequenz aus NOSFERATU – EINE SYMPHONIE DES GRAUENS fällt in diese Kategorie, obwohl hier trotz der unterschiedlichen Orte eine Verbindung auf der Blickachse besteht. Diese Verbindung evoziert aber nicht den Eindruck einer räumlichen Beziehung, sondern den einer Ahnung oder seherischen Gabe der Figuren, über die sie Kontakt aufnehmen, was die Atmosphäre des Irrationalen im Film unterstützt.

Mit diesen drei Kategorien lassen sich die meisten filmischen Raumbeziehungen zwischen zwei Einstellungen beschreiben. Kategorien wie »Kontrast«, »Parallele«, »Symbolismus« etc., wie sie Pudowkin nennt (Pudowkin 1961: 76f.), beschreiben mehr die Bedeutung, die sich durch die Montage von Handlungen ergeben kann, als dass sie etwas über räumliche Beziehungen aussagen.

An dieser Stelle sei noch einmal auf die Bedeutung des Off-Raums für die Konstruktion filmischen Raums hingewiesen. Bordwell unterscheidet zwischen dem nicht-diegetischen und dem diegetischen Off-Raum (Bordwell 1985: 119).

Der nicht-diegetische Off-Raum meint die Teile, die nicht zu der im Film dargestellten fiktionalen Welt gehören, die aber im Prinzip vom Zuschauer vorausgesetzt werden. Dazu zählen die Kamera, das Film-Set etc.

Der diegetische Off-Raum hingegen bildet die Verlängerung des in den einzelnen Einstellungen repräsentierten Raums. Dieser unsichtbare Teil des Raums wird vom Zuschauer auch vorausgesetzt. Er kann in der Wahrnehmung des Betrachters mehr oder weniger präsent sein, je nachdem, ob er in die Inszenierung einbezogen wird oder nicht. Manchmal scheint es wichtiger, dass etwas für den Zuschauer nicht sichtbar ist. In Horrorfilmen sind Einstellungsfolgen üblich, bei denen zunächst nur das angstverzerrte Gesicht einer Figur zu sehen ist und in der nächsten Einstellung erst die Ursache für die Angst. Selbstverständlich wird das Interesse für den Off-Raum hier durch die Inszenierung des Bildraums, also das angstverzerrte Gesicht, geweckt. Die Neugier des Zuschauers wird aber auf das gelenkt, was für ihn im Off-Raum nicht sichtbar ist. Weniger spektakulär sind Inszenierungen, bei denen Figuren im Off verschwinden oder aus dem Off im Bild erscheinen. Hier geht der Betrachter nach der Alltagserfahrung davon aus, dass sich die Figuren in oder aus einem nicht sichtbaren Teil des Raums bewegt haben oder aus diesem kommen, und nicht, dass sie sich auflösen oder materialisieren.

Es gibt verschiedene visuelle Möglichkeiten, den Off-Raum zu verwenden. Sie lassen sich aber im Wesentlichen in zwei Gruppen fassen: diejenigen, die explizit auf den Off-Raum verweisen, und diejenigen, bei denen die Aufmerksamkeit des Zuschauers ganz auf das im Bildraum Dargestellte gelenkt wird.

Wichtig ist, dass der Film durch die perspektivische Organisation des Bildraums und den Per-

II. Gestaltung und Wahrnehmung

spektivwechsel durch die Montage in der Regel den Eindruck eines unendlichen homogenen Raums erzeugt. Die Teilstücke bzw. Einstellungen sind durch Blickachsen der Figuren, Linienführungen, Licht etc. so gestaltet, dass der Zuschauer eine Verbindung zwischen den Raumausschnitten konstruiert. Dieser Vorgang läuft meistens so selbstverständlich ab, dass er dem Betrachter gar nicht bewusst ist.

Exkurs: Der Ton im Film

Trotz der großen Bedeutung des Tons für die Gestaltung eines Films, und obwohl er schon früh eine Rolle in der Entwicklung des Films gespielt hat, vernachlässigt die Filmtheorie die auditiven kinematografischen Ausdrucksmöglichkeiten. Es gab sehr früh das Bedürfnis, das Filmbild mit Ton zu kombinieren, da ein lautloses visuelles Geschehen »unvollständig, unwirklich, wie tot« wirkt (Hickethier 1996: 93). Im Jahr 1889 gab es bereits den ersten kleinen Tonfilm. Nur technische Schwierigkeiten verzögerten seine Durchsetzung bis zum Ende der 1920er Jahre (vgl. Monaco 1995: 73). In der Zwischenzeit wurden Filmvorführungen jedoch mit Musik begleitet.

Ausführlich beschäftigt sich Barbara Flückiger in ihrem Buch *Sound Design. Die virtuelle Klangwelt des Films* (Flückiger 2001) mit dem Film-Ton, in dem sie die Physiologie des Hörens, die Entwicklung des Filmtons, einzelne Formate von Tontechniken beschreibt und darüber hinaus die Verwendung des Filmtons systematisiert. Zusammenfassende Darstellungen der Geschichte und Technik liefern *Film verstehen* (Monaco 1995) und *Film- und Fernsehanalyse* (Hickethier 1996).

Im vorliegenden Buch spielt der Ton eine untergeordnete Rolle. Die folgenden Ausführungen stellen lediglich eine einfache Systematik der verschiedenen Formen dar, wie der Ton zur Raumkonstruktion beitragen kann.

Grundsätzlich kann zwischen drei Arten des Tons differenziert werden: Sprache, Musik und Geräusche (vgl. auch Bordwell/Thompson 1990: 248). Für die Untersuchung, wie der Ton zur Raumbildung eingesetzt wird, ist nun interessant, wie diese verschiedenen Arten miteinander interagieren und wie ihre Beziehung zum Bild sein kann (vgl. auch Burch 1973: 94).

Weitere Kategorien zur Beschreibung des Toneinsatzes sind *off-screen* und *on-screen*. Beim *off-screen*-Ton sind die Tonquellen nicht im Bild sichtbar. Diese Form des Toneinsatzes ist für die Raumbildung besonders wichtig, da die unmittelbare Wahrnehmbarkeit des filmischen Raums über den Bildraum hinausgeht. Bei einem Dialog zum Beispiel kann möglicherweise nur eine Figur im Bild sichtbar sein, während die andere nur aus dem Off zu hören ist. Die Stimme aus dem Off zeugt unmittelbar von der Präsenz einer Figur. Die Wahrnehmung, wie sich die Figur entfernt, kann durch die Akustik der Stimme beeinflusst werden. Sie kann rufen und dadurch eine weitere Entfernung suggerieren oder flüstern und dadurch Nähe zur sichtbaren Figur ausdrücken. Die Stimme oder eine andere Tonquelle wie etwa das Geräusch eines Flugzeugs können nun auch durch Variation der Lautstärke und der Klangfarbe den Eindruck einer Bewegung erzeugen.

Mit dem Ton kann – entsprechend der visuellen Raumaufteilung – Vorder-, Mittel- und Hintergrund akustisch inszeniert werden. Deutlich wird dies zum Beispiel, wenn man sich eine Szene vorstellt, in der ein Pärchen in einem Lokal sitzt. Der Schauplatz wird mit einer Totalen eingeführt. Eine Band spielt, und gleichzeitig sind Stimmengewirr und Geräusche der Gäste zu hören. Es entsteht der Eindruck eines bunten und lauten Treibens. Die Musik ist dabei lauter als die anderen Geräusche. In der nächsten Einstellung ist das Pärchen in einer Nahaufnahme zu sehen. Der Dialog zwischen den beiden ist deutlich zu hören. Damit dies möglich ist, müssen die anderen Geräusche leiser werden. Die Stimmen der Figuren überlagern jetzt die anderen Geräusche. Man kann diese Konstruktion mit verschiedenen Lautstärken von Klangspuren als Figur-Grund-Beziehung bezeichnen (Bordwell 1985: 118). Die Stimmen bilden die Figur und die Musik und der Lärm der anderen Gäste den Grund. Es könnte aber auch eine dritte Ebene eingeführt werden, indem sich die Musik und der Lärm in ihrer Intensität unterscheiden, oder aber eine dritte Figur ruft dem Pärchen aus dem Off etwas zu.

Exkurs: Der Ton im Film

Die Stimme wäre deutlich zu hören, auch wenn sie weiter weg erscheint. Dadurch würde sich eine Art Mittelgrund ergeben. Diese Person könnte sich nähern und im Bild bei den beiden anderen Figuren erscheinen. Es entstünde eine Verlagerung, die den Mittelgrund aufhebt, und das Verhältnis der Klangspuren geht damit wieder in eine Figur-Grund-Relation über.

Bisher ist nur von Klängen die Rede, deren Quellen in der dargestellten Welt gezeigt werden oder potenziell zeigbar sind. Häufig wird Ton – vor allem Musik – eingesetzt, ohne dass die Klangquellen in der dargestellten Welt vorhanden sind. Bordwell und Thompson unterscheiden hier zwischen *diegetic* und *nondiegetic sound* (Bordwell/Thompson 1990: 254). Als *diegetic* werden die Klänge bezeichnet, die Teil der Erzählung sind, und als *nondiegetic* die, deren Tonquellen nicht zu der erzählten Welt gehören. Allerdings scheinen diese Begriffe wenig glücklich, da der Ton in jedem Fall zur Diegese gehört (im zweiten Fall gleichsam zum »Raum des Erzählers«), was durch das *non* in *nondiegetic* ausgeschlossen wird. Präziser ist es, zwischen KlangQUELLEN zu unterscheiden, die der diegetischen Welt zugehören und solchen, die außerhalb davon stehen. Damit bezieht sich die Differenzierung deutlicher auf die Klangquellen anstatt auf die Klänge bzw. den *sound*, und es wird dem Ton oder dem Klang generell eine Funktion innerhalb der Diegese zugebilligt.

Die Wirkung von Klängen auf den Raum, deren Quelle sich außerhalb der diegetischen Welt befindet, ist schwieriger zu beschreiben, weil sie kein Realitätsindiz der visuell repräsentierten Welt darstellen. Im Gegenteil, sie arbeiten im Prinzip dem Realitätseindruck des Films entgegen, was vom Zuschauer jedoch in der Regel nicht als störend wahrgenommen wird. Der Zuschauer glaubt bei einer Liebesszene, wenn die Geigen anheben, nicht, dass irgendwo in der Nähe des Paares Musiker sitzen. Er akzeptiert die Musik, obwohl deren Quelle nicht der gezeigten Welt zugehörig ist. Die Musik hat in diesem Beispiel einzig die dramaturgische Funktion, die emotionale Verfassung der Figuren auszudrücken und sie für den Zuschauer erfahrbar zu machen. Eine Bedeutung für den Raum hat sie nur insofern, als dass sie die Leidenschaft der Figuren füreinander stärker hervorhebt und die Umgebung des Paares in den Hintergrund treten lässt.

In der Duellsequenz am Ende von C'ERA UNA VOLTA IL WEST interagieren Musik, deren Quelle sich außerhalb der diegetischen Welt befindet, und Geräusche der diegetischen Welt miteinander. Die Duellanten Mundharmonika (Charles Bronson) und Frank (Henry Fonda) treffen sich an einer Eisenbahn-Baustelle. Während ihrer Unterhaltung sind im Hintergrund die Geräusche der werkenden Arbeiter zu hören. Als sich die Kontrahenten für ihre Auseinandersetzung auf einem Platz am Rand der Baustelle zu positionieren beginnen, hebt die pathetische Musik Ennio Morricones an, die mit ihrer Mundharmonika und der klirrenden E-Gitarre den gesamten Film über leitmotivisch für die Figuren Mundharmonika und Frank eingesetzt wurde. Bei der Unterhaltung zeugen die Geräusche akustisch vom räumlichen Hintergrund der Figuren, der in den meisten Einstellungen im Off bleibt. Die Musik löst die Geräuschkulisse des repräsentierten mechanischen Raums ab. Damit entfernen sich die Figuren nicht nur räumlich von der Baustelle; auch auf akustischer Ebene konzentriert sich die Gestaltung ganz auf das Verhältnis der Figuren zueinander. Die Musik eröffnet eine »Sphäre« der Erinnerung und der schicksalhaften Verbindung der Figuren. Erst als der Schuss fällt und Frank getroffen zusammenbricht, endet die Musik und wird wieder von den Geräuschen der Baustelle abgelöst, womit der Off-Raum erneut Präsenz beansprucht. Der mechanische Raum wird damit wieder über den im Bildraum präsentierten Raum erweitert, während er mit der Musik im übertragenen Sinne auf einer psychologischen oder metaphorischen Ebene erweitert war. Die »Realität« des mechanischen Raums tritt abermals in den Vordergrund. Die Geräuschkulisse erzeugt hier im Kontrast zur Musik eine Art Ernüchterung.

Der Ton untermalt also nicht nur das visuelle Geschehen, sondern prägt dessen Dramaturgie maßgeblich.

Eine Sonderstellung nehmen Erzählerstimmen im Off ein, die das Geschehen kommentieren. Solche Erzähler sind häufig Figuren der Geschichte. Sie gehören der diegetischen Welt an und erzählen

II. Gestaltung und Wahrnehmung

die Geschichte dann zum Beispiel rückblickend. In diesem Fall befinden sie sich an einem anderen Punkt im Raum-Zeit-Gefüge, als visuell gerade dargestellt wird. Es gibt auch Erzähler, die nicht als Figuren der diegetischen Welt auftreten. In BARRY LYNDON ist es ein neutraler, allwissender Erzähler, der zwischen Geschichte und Zuschauer vermittelt. Der Erzähler steht hier außerhalb der diegetischen Welt und hat einen gottähnlichen Blick, da er Dinge weiß und vorwegnimmt, die der Zuschauer nicht wissen kann. Im Falle eines Erzählers aus der diegetischen Welt hat der Zuschauer eine Art Vertrauten, der das Eintauchen in die Geschichte fördert. Kubrick hingegen setzt den Kommentator dazu ein, den Zuschauer auf Distanz zu halten, indem er ihn aus einem neutralen Raum heraus zwischen Diegese und Zuschauer das Geschehen kommentieren lässt.

Inszenierungen ohne Ton sind beim Film sehr selten. Eine Ausnahme bilden einige Einstellungen aus 2001: A SPACE ODYSSEY. In einer Einstellung zum Beispiel treibt ein Astronaut ins offene Weltall hinaus. In ihr herrscht Stille, was zwar wegen der tatsächlich fehlenden Akustik im Weltall eine realistische Darstellung ist, jedoch im Kontrast zu unserem alltäglichen Lebensraum, in dem nie absolute Stille herrscht, fremdartig und irritierend wirkt.

Die verschiedenen Spielarten, mit denen der Ton Einfluss auf die Raumgestaltung hat, werden bei den Sequenzanalysen in Teil III berücksichtigt. Es werden jedoch nicht neue Kategorien für die Beschreibung auditiver Raumkonstruktionen entwickelt.

Zusammenfassung

Nach der Diskussion theoretischer Ansätze in Teil I, die größtenteils eine bestimmte ästhetische Norm für den Film postulieren, wurden in diesem Teil die Möglichkeiten der Konstruktion filmischen Raums in einer Art phänomenologischer Darlegung ausdifferenziert, es wurden also die Erscheinungsweisen raumkonstituierender Parameter, wie perspektivische Bildkonstruktionen, Lichtführung, Kamerabewegung etc., beschrieben und an Beispielen erläutert. Dafür wurden neben der Filmwissenschaft die Kunsttheorie und Wahrnehmungspsychologie herangezogen. Zunächst wurden die Tiefenkriterien erläutert, die auch in statischen Bildern wirksam sind. Anschließend wurde die Analyse des filmischen Bildraums um bewegungsinduzierte Tiefenkriterien wie Objektbewegungen und Kamerabewegungen erweitert. Im dritten Abschnitt wurden die Möglichkeiten beschrieben, den Bildraum nach verschiedenen Perspektiven zu organisieren, und die Ausführungen zur visuellen Gestaltung des filmischen Raums endeten schließlich mit einer Auseinandersetzung mit der Montage. Der Exkurs über den Ton beschäftigte sich mit den Möglichkeiten der akustischen filmischen Raumbildung.

Die detaillierte Darstellung war notwendig, da sich bisher keine Theorie um eine vergleichbar ausführliche Systematik für die Analyse des filmischen Raums bemüht hat. Ziel dieser Ausführungen war es, immer wieder den Zusammenhang zwischen Konstruktion und Ästhetik zu zeigen. Aus diesem Grund wurde sehr ausführlich mit Beispielen gearbeitet. Es wurde gezeigt, dass die von den Filmemachern gewählte Konstruktion für die Inszenierung einer Handlung eine spezifische Bedeutung erzeugt. Implizit heißt das, dass jede alternative Konstruktion die Bedeutung der gezeigten Handlung verändern kann.

In Teil III wird zunächst eine Typologie filmischer Räume nach ästhetischen Kriterien erstellt, die dann am Beispiel von 2001: A SPACE ODYSSEY erläutert wird. Die in diesem Teil geleistete Darstellung der Details bildet eine notwendige Basis für die Beispielanalysen. ❑

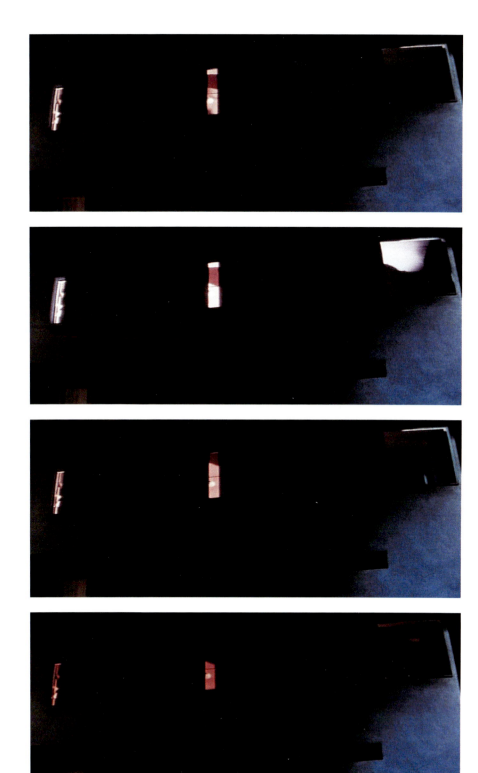

Abb. 1
Tiefenkriterien –
Licht und Schatten:
LOST HIGHWAY
(s. S. 44)

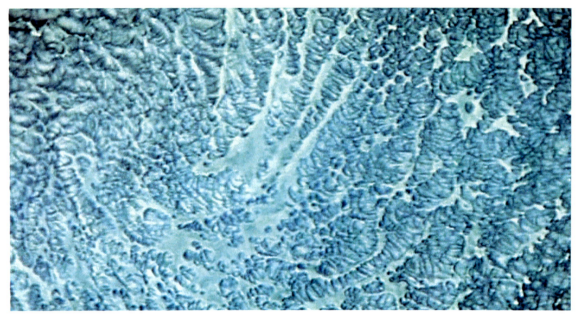

Abb. 2 Bewegung von Objekten – Oberflächenverformung: SOLARIS (s. S. 56)

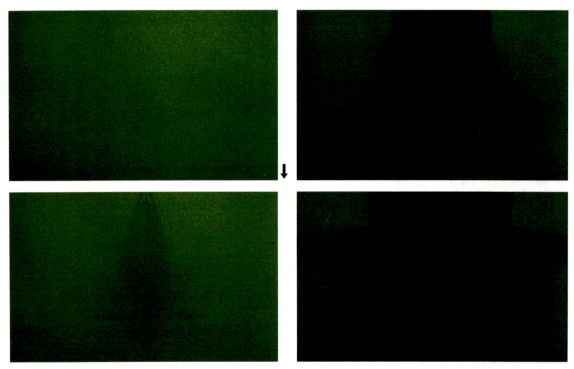

Abb. 3 Gestaltung des Raums mit Farbe / Ambivalenz zwischen agoraphobischem und klaustrophobischem Raum: DAS BOOT (s. S. 50 und S. 127f.)

Abb. 4 Gestaltung des Raums mit Farbe: MASQUE OF THE RED DEATH (s. S. 50)

Abb. 5 Durchsichtigkeit: ONCE UPON A TIME IN AMERICA (s. S. 51f.)

Abb. 6
Kamerafahrten vorwärts:
THE SHINING
(s. S. 65)

Abb. 7
Kamerafahrten rückwärts:
A CLOCKWORK ORANGE
(s. S. 66)

Abb. 8
Kombination
verschiedener Typen von
Kamerabewegungen:
C'ERA UNA VOLTA IL WEST
(s. S. 75)

Abb. 9 Kombination verschiedener Typen von Kamerabewegungen: FIGHT CLUB (s. S. 77f.)

Abb. 10
Planimetrischer Raum:
2001: A SPACE ODYSSEY,
Einstellung 2 (00'10;
s. S. 128ff.)

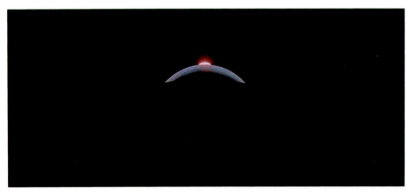

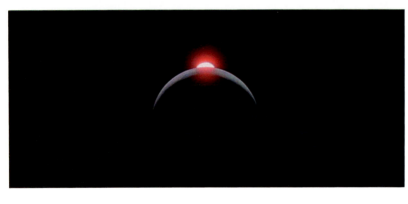

Abb. 11
Raum als Flucht /
Tiefe Räume ...

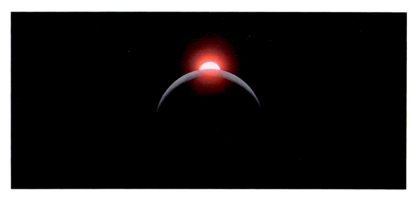

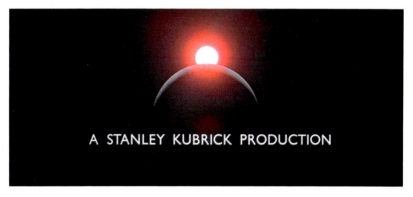

... 2001: A SPACE ODYSSEY,
Einstellung 3 (01'28;
s. S. 131ff. und S. 158ff.)

Abb. 13 Erzählerraum und leere Räume: 2001: A SPACE ODYSSEY, Einstellungen 4 (00'15; 2 Fotos), 6 (00'04), 7 (00'04), 9 (00'04), 10 (00'05), 11 (00'05), 12 (00'05), 14 (00'04), 15 (00'07; s. S. 136ff.)

Abb. 12 (links) Leere Räume: THE MAN WHO KNEW TOO MUCH (s. S. 141)

Abb. 14
Montage:
NORTH BY NORTHWEST
(s. S. 89f.)

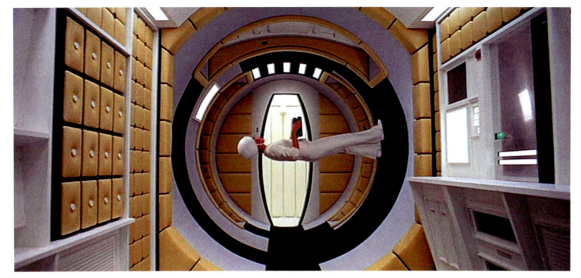

Abb. 15 Nichteuklidische Räume: 2001: A SPACE ODYSSEY, Einstellung 150 (00'57)

Abb. 16 Nichteuklidische Räume: DER KRIEGER UND DIE KAISERIN (s. S. 152)

Abb. 17 Tiefe Räume: 2001: A SPACE ODYSSEY, Einstellung 370 (00'21; s. S. 158ff.)

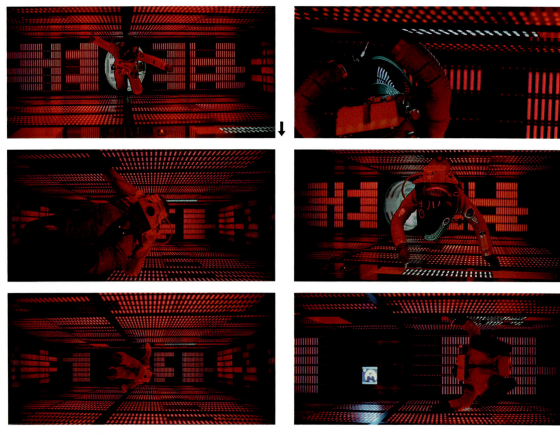

Abb. 18 Klaustrophobische Räume: 2001: A SPACE ODYSSEY, Einstellung 495 (00'06), 496 (00'05), 498 (00'05), 499 (00'06), 500 (00'22), 514 (00'06; s. S. 164ff.)

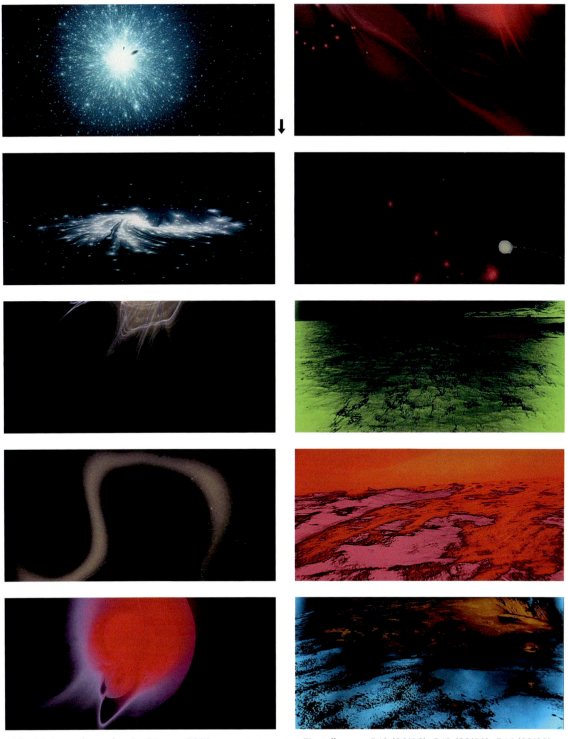

Abb. 19 Amorphe und weite Räume: 2001: A SPACE ODYSSEY, Einstellungen 540 (00′19), 541 (00′11), 544 (00′09), 546 (00′16), 548 (00′27), 549 (00′11), 550 (00′13), 563 (00′08), 566 (00′08), 570 (00′15; s. S. 167ff.)

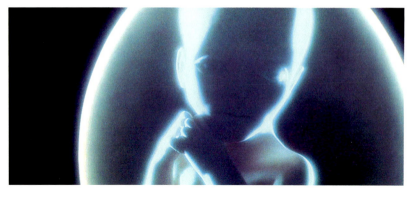

Abb. 20
Aufhebung gewohnter Größenverhältnisse: 2001: A SPACE ODYSSEY, Einstellungen 601 (00′09), 602 (00′07), 604 (00′44), 605 (00′25; s. S. 178f.)

III. Der filmische Raum: Typologie und Beispielanalyse

Definitionskriterien der einzelnen Raumtypen

In diesem Kapitel wird der filmische Raum anhand von Raumtypen beschrieben, die in Filmen als Standard bezeichnet werden können. Auch Raumkonstruktionen, die durch die hier vorgeschlagene Typologie nicht unmittelbar erfasst werden, kann sich mit diesen Kategorien beschreibend genähert werden.

Anders als in Teil II, in dem die Möglichkeiten der Konstruktion filmischen Raums dargelegt wurden, sind die Kriterien für diese Typen ästhetisch: Es geht nicht darum, ob ein Bild zentralperspektivisch, mit Weitwinkel- oder Teleobjektiv oder ähnlichem konstruiert ist, sondern darum, welche Raumwahrnehmung erzeugt wird. Ist ein Raum zum Beispiel beengend, oder evoziert er ein Gefühl von Weite? Betont die Raumkonstruktion die Flächigkeit des Bildes, oder versucht sie den Eindruck von Tiefe zu erzeugen? Die Kriterien für einen Raumtypus sind also unabhängig von der technischen Umsetzung.

Bei den einzelnen Raumtypen stehen verschiedene Definitionskriterien im Vordergrund: Objektbezug, Bildkomposition, Emotion, Kognition. Die ersten beiden Kriterien zielen eher auf die filmische Darstellung, während die beiden anderen den Rezipienten betreffen.

Diese Kriterien schließen sich nicht gegenseitig aus, sondern spielen im Prinzip bei jeder filmisch erzeugten Raumillusion eine Rolle. Sie bilden einen Komplex, von dem meistens eine Komponente im Vordergrund steht und bei dem die Analyse der Raumkonstruktion ansetzen kann. Nahezu jede filmische Repräsentation zeigt Dinge und Personen, wodurch ein Objektbezug hergestellt wird. Diese Objekte werden auf eine bestimmte Art arrangiert und aufgenommen (Bildkomposition). Die Identifikation und Einordnung der Beziehungen der Objekte zueinander und zu der Handlung stellen kognitive Leistungen des Rezipienten dar, die wiederum in Zusammenhang mit Emotionen stehen.

Raumkategorien anderer Autoren, wie etwa die Kategorie des *personal space* von Per Persson (Persson 2003: 101ff.), werden zur Ausdifferenzierung herangezogen, oder es werden Gemeinsamkeiten und Abweichungen von Kategorien diskutiert, wenn sie sich mit den hier entwickelten überschneiden, wie zum Beispiel die »four basic types of space: deep space, flat space, limited space, and ambiguous space« von Bruce Block (Block 2001: 14).

Die Raumkonstruktionen der hier vorgeschlagenen Typologie können auch danach unterteilt werden, wie häufig sie in Filmen vorkommen. Danach ließen sie sich grob in zwei Gruppen unterteilen:

Häufig verwendete Raumkonstruktionen sind figurenzentrierte Räume, leere Räume, Bühnenräume, planimetrische Räume, tiefe Räume, klaustrophobische Räume, agoraphobische Räume, weite Räume und Detailräume.

Selten verwendete Raumkonstruktionen sind nichteuklidische Räume, labyrinthische Räume, Aufhebung vertrauter Größenverhältnisse, assoziierte Räume, amorphe Räume, Zerstörung des Raums und Erzähler-Raum.

Die Typologie bezieht sich nur auf die Darstellungen im Bildraum innerhalb einer Einstellung. Raumbeziehungen, die durch die Montage zweier Einstellungen entstehen, sind durch die drei in Teil II, Seite 92f. vorgestellten Konzepte

III. Typologie und Beispielanalyse

beschrieben. Zur Erinnerung: Nach dem ersten Konzept werden zwei Teilansichten eines Ortes gezeigt, wobei das, was in der ersten Einstellung gezeigt wird, ganz oder zum Teil in der zweiten enthalten ist. Das zweite Konzept ist durch Teilansichten eines Ortes innerhalb von aufeinanderfolgenden Einstellungen definiert, bei denen sich die präsentierten Raumausschnitte nicht überlappen. Beim dritten Konzept werden Teilansichten verschiedener Orte gezeigt, ohne dass der Betrachter in der Regel eine geografische Beziehung zwischen den einzelnen Raumausschnitten herstellen kann.

Eine andere Möglichkeit, filmischen Raum zu analysieren, stellt der pragmasemiotische Ansatz von Hans J. Wulff dar. Die Organisation des Bildraums nach Tiefenkriterien und die damit verbundenen wahrnehmungspsychologischen Aspekte spielen bei Wulff eine untergeordnete Rolle. Er erwähnt sie als Vorbedingung für seine Untersuchung des filmischen Raums, welche die dargestellte Welt eines Films durch eine Verknüpfung von szenischen Räumen oder Orten repräsentiert sieht, die dem Zuschauer auf der Basis bestimmter Repräsentationsmechanismen eine geografische Orientierung ermöglichen. Diese Orte betrachtet Wulff als Orte des Handelns und untersucht sie als »Räume, in denen ›Szenen‹ spielen, dramatische Einheiten von Raum, Zeit und Handlung.« (Wulff 1999: 81), womit die Ebene der Narration einen zentralen Bezugspunkt darstellt. Dabei geht der Autor auch von einem einheitlichen Raum aus, den der Zuschauer aus einzelnen Einstellungen konstruiert. Die Montage steht bei Wulffs Analyse also im Mittelpunkt. Der Zuschauer konstruiert »szenische Räume« (Wulff 1999: 97), in denen Handlungen stattfinden und zwischen denen ein geografisches und ein »(handlungs-)logisches Verhältnis« (Wulff 1999: 100) besteht. Neben die geografische Beziehung von Räumen und die Ebene des Handelns und der Narration stellt Wulff die »symbolischen Funktionen des Raums« (Wulff 1999: 122) als eine weitere wichtige Bedeutungsebene heraus.

Der Hinweis auf den pragmasemiotischen Ansatz ist wichtig, da dieser weitere Ebenen für die Analyse filmischer Raumkonstruktionen aufzeigt.

Da sich die vorliegende Arbeit mit der Raumkonstruktion in der kleinsten filmischen Einheit beschäftigt, nämlich der Einstellung, und die Ebene der Narration und der Symbolik bei der Systematisierung nicht miteinfließen lässt, schließen sich die beiden Begriffsinstrumentarien für die Beschreibung filmischen Raums nicht aus. Im Gegenteil: Sie können sich sinnvoll für die umfassende Analyse auf den Ebenen der Komposition, der Geografie, der Narration und der Symbolik filmischer Räume ergänzen.

Für die Analysen in diesem Buch würde eine Berücksichtigung aller Ebenen allerdings zu weit führen. Die anschließenden Detailanalysen von Einstellungen und Sequenzen aus dem Spielfilm 2001: A SPACE ODYSSEY von Stanley Kubrick (1968) dienen dazu, die Anwendbarkeit der hier definierten Prototypen unter Beweis zu stellen. Sie werden dafür auch im Kontext der Erzählstruktur des Films exemplifiziert. Anhand von vergleichbaren Raumkonstruktionen in anderen Filmen werden jeweils noch andere Möglichkeiten gezeigt, diese Standard-Typen zu verwenden. Möglichkeiten der Montage werden in der Analyse anhand von zwei Sequenzen veranschaulicht. Am Beispiel der ersten wird gezeigt, wie der Eindruck raum-zeitlicher Kontinuität erzeugt werden kann. Anhand der zweiten wird dargelegt, wie Kubrick die Montage nutzt, um die raum-zeitliche Kontinuität aufzulösen.

Katalogisierung der Raumtypen

Objektbezogene Raumkonstruktionen

Zu den objektbezogenen Raumkonstruktionen zählen figurenzentrierte Räume, leere Räume und Detailräume. Bei den beiden erstgenannten stehen die Darstellungen von Personen und Objekten bzw. deren Abwesenheit im Vordergrund. Detailräume heben in der Regel einen Teil einer Person oder eines Objekts hervor. Dieser Raumtypus lehnt sich an die gleichbenannte Einstellungs-

Katalogisierung der Raumtypen

größe an. Die anderen Einstellungsgrößen (Totale, Halbtotale, Nahaufnahme etc.) bieten einen groben Orientierungsrahmen für die Beschreibung der Raumkonstruktionen in den analysierten Einstellungen.

Figurenzentrierte Räume: Hier steht die Darstellung der Mimik und Gestik von Figuren im Vordergrund. Die Figuren sind scharf gefilmt, während die Umgebung zwar klar erkennbar ist, aber in der Regel etwas weniger scharf als die Figuren bleibt. Die Einstellungsgrößen sind meistens im Bereich zwischen Groß- und halbnahen Aufnahmen, um die Blickführung zu den Figuren hin zu unterstützen. In größeren Einstellungen rückt meistens die Umgebung stärker in den Fokus der Wahrnehmung, Detailaufnahmen hingegen verengen den Blick so, dass die Umgebung der Figur oder des Gegenstands nicht sichtbar ist.

Dieser Raumtypus wird wahrscheinlich am häufigsten verwendet, weil in der Regel Menschen im Mittelpunkt filmischer Erzählungen stehen. Für Dramen eignet sich diese Konstruktion besonders gut, weil so die Körpersprache einer oder eventuell auch mehrerer Figuren gut sichtbar gezeigt werden kann.

Mit dieser Form der Raumkomposition kann selbstverständlich auch ein Gegenstand visuell exponiert werden, was allerdings wesentlich seltener geschieht.

Eine Variante stellen Kompositionen dar, bei denen die Interaktion der Figuren mit dem Raum dargestellt wird. Der Raum wird bei der Inszenierung also stärker mit in die Handlung einbezogen. In 2001: A SPACE ODYSSEY visualisiert Kubrick eine Zukunftsvision, in der sich die Menschen in von ihnen geschaffenen Räumen bewegen, die wiederum der Raumerschließung dienen. So gehören Raumstationen und Raumschiffe zu den Protagonisten des Films. In vielen Szenen wird die neu geschaffene Lebenswelt der Menschen erfahrbar gemacht, indem in langen Einstellungen der Alltag im Weltraum gezeigt wird. Details des Lebensraums wie zum Beispiel Telefongespräche, die Einnahme von Mahlzeiten oder das Erleben der Schwerelosigkeit werden durch die Gestaltung hervorgehoben. Dazu trägt zum einen die Länge der Einstellungen bei, in denen der Umgang der Figuren mit ihrer Umgebung gezeigt wird. Zum anderen ist die visuelle Gestaltung meistens so beschaffen, dass der Raum scharf gefilmt ist und mehr Platz im Bild beansprucht als rein figurenzentrierte Räume, in denen die Figur vornehmlich durch Schärfe hervorgehoben wird. Einzelheiten sind dadurch besser erkennbar, und die Aufmerksamkeit des Zuschauers wird stärker auf den Raum verlagert.

Zum besseren Verständnis, wie die verschiedenen Einstellungsgrößen, in denen Figuren aufgenommen werden, auf den Zuschauer wirken, trägt Per Perssons Theorie des *personal space* (Persson 2003: 101ff.) bei. Persson konzentriert sich dabei vor allem auf die Funktion und Wirkung von Closeups bzw. Großaufnahmen. Die komplexe theoretische Basis, auf der er argumentiert, kann hier nicht referiert werden. Interessant ist seine These, dass die filmische Konvention, Figuren mehr Wichtigkeit zu verleihen, indem sie in Großaufnahme gefilmt werden oder sie im Vordergrund des Bildes zu zeigen, nicht zufällig entstand. Vielmehr lässt sich diese Entwicklung daraus ableiten, dass Nähe von Personen und Objekten stärkere emotionale Regungen hervorruft. Die Einstellungsgrößen, die den Filmemachern zur Verfügung stehen, suggerieren verschiedene Entfernungen zwischen den Objekten im filmischen Raum und dem Zuschauer und dienen damit wesentlich der Nähe-Distanz-Regulierung zwischen beiden. Der Großaufnahme misst Persson besondere Bedeutung zu, da sie dem Zuschauer gewissermaßen am nächsten kommt, geografisch und dadurch auch emotional.

»In real life, an enlargement of an object perceptually implies that the object is closer. In combination with a theory of personal space, which states that objects in intimate-distance zones generate stronger emotions of stress, discomfort, and pleasure than objects more distant, it makes perfect sense to talk about foreground objects as being more important than background ones. The convention of important foreground is specifically designed to exploit the zone warning system of personal space to create hierarchies of importance in visual discourse.« (Persson 2003: 130)

Die Großaufnahme dient bei einer Szene mit Personen vor allem dazu, beim Zuschauer die Gefühle »threat, intimacy, and voyeurism« (Persson 2003: 141) zu intensivieren. Nach Persson stellt

III. Typologie und Beispielanalyse

die Großaufnahme eine Grenzüberschreitung dar, die eine Intimität mit den Figuren erzwingt und darüber den Zuschauer stärker in das Geschehen involviert. Anhand einiger Beispiele reflektiert Perssson, wie mit Großaufnahmen die Wirkung von Liebesszenen und bedrohlichen Szenen gesteigert wurde. Bei bedrohlichen Szenen dringt die Inszenierung auch in den *personal space* des Betrachters ein. Wenn sich der Mörder mit einem Messer auf die Kamera zubewegt oder nach einem Schnitt plötzlich vor ihr steht, suggeriert die Bewegung dem Zuschauer bis zu einem gewissen Grad, dass sich der Mörder ihm nähert. Anders verhält es sich bei Großaufnahmen, die den Zuschauer in die Position eines Voyeurs versetzen. Hier verläuft die Grenzüberschreitung einseitig. Der Zuschauer dringt scheinbar in die Intimsphäre der Figur(en) ein, welche die Großaufnahme zur Schau stellt.

Perssons Kategorien machen auf verschiedene Funktionen und Wirkungsweisen der Großaufnahme aufmerksam und bieten damit auch Ansatzpunkte für die Analyse von figurenzentrierten Räumen allgemein. Ein voyeuristischer Blick etwa muss nicht an die Großaufnahme gebunden sein, sondern kann mit einer anderen Einstellungsgröße gestaltet werden.

Leere Räume: Ein typisches Beispiel sind Sequenzen, in denen eine Figur mit einer Waffe im Anschlag einen Raum nach einem Widersacher durchsucht. Diese Szenen spielen häufig in Wohnungen. Um Spannung zu erzeugen, kommt es erst zu der erwarteten Konfrontation, nachdem einige Zimmer vergeblich durchsucht worden sind.

In einer in Horror- und Psychothrillern typischen Einstellungsfolge sieht der Protagonist etwas und schreit um Hilfe, im Gegenschuss ist zu sehen, was die Reaktion ausgelöst hat, doch wenn andere Personen zu Hilfe gekommen sind, ist die Bedrohung verschwunden.

Wie die Detailanalyse der ersten Einstellungen von 2001: A SPACE ODYSSEY noch präziser zeigt, entstehen in den Aufnahmen der Wüstenlandschaft leere Räume. In dieser Sequenz werden Menschen und jegliche Anzeichen von Zivilisation vermisst. Diese Darstellung verweist auf etwas, das wahrscheinlich noch kommen wird. Über die Abwesenheit führt Kubrick gewissermaßen in die diegetische Welt des Films ein.

Detailräume: Gemeint sind damit Detail- und Großaufnahmen, bei denen die Umgebung des Gegenstands oder eines Gesichts nicht mehr zu sehen ist. Die räumliche Anordnung im Bild konzentriert sich dadurch meistens auf die Beschaffenheit eines Gegenstands oder die Physiognomie eines Gesichts. Handlungen, die an sich eher unauffällig sind, können durch diese Form der Inszenierung fokussiert werden.

Der Off-Raum spielt bei solchen Raumkonstruktionen meistens eine große Rolle, da der gezeigte Gegenstand aus seinem Gesamtzusammenhang herausgelöst ist. Der räumliche Kontext ist häufig vorher bereits etabliert worden. Manchmal beginnt eine Sequenz auch mit einer Detail- oder Nahaufnahme, und der Gesamtzusammenhang wird dem Zuschauer erst in der folgenden Einstellung oder durch eine Kamerafahrt oder einen Zoom eröffnet. Wichtig ist, dass der Gegenstand seine Bedeutung im Wesentlichen über den Teil des Raums bekommt, der nicht sichtbar ist. Der Blick ist bei dieser Raumkonstruktion extrem verengt.

Hitchcock arbeitet in THE MAN WHO KNEW TOO MUCH (Der Mann, der zuviel wusste; 1956) in einer Szene mit beiden Anschlussmöglichkeiten, also mit Kamerabewegung und mit Montage. Als Ben McKenna (James Stewart) auf der Polizeistation zum Telefon gerufen wird, erfährt er von einer fremden Männerstimme, dass sein Sohn in Gefahr sei, wenn er bestimmte Informationen an die Polizei weitergibt. Das Gespräch ist so gefilmt, dass der Zuschauer in der ersten Einstellung sieht, wie McKenna (amerikanische Einstellungsgröße von schräg vorne) den Hörer ans Ohr nimmt und zunächst ein paar Worte mit dem Fremden wechselt. In der zweiten Einstellung ist ein Mann in einem Korbstuhl von hinten sichtbar, der ebenfalls einen Telefonhörer am Ohr hat. Ort und Identität des Fremden bleiben dem Zuschauer unbekannt. Die folgende Einstellung bildet eine Detailaufnahme einer Hand, die einen Telefonhörer an ein Ohr hält. Der Zeigefinger ist zunächst leicht abgespreizt, reibt dann mit offensichtlich relativ großem Druck über den Hörer, bis alle Finger geschlossen sind. Die Kamera fährt zurück und schwenkt dabei leicht nach links, bis das Gesicht McKennas in einer Großaufnahme zu sehen ist. Diese kleine Bewe-

Katalogisierung der Raumtypen

Rückschlüsse auf den Off-Raum: Kamerabewegung und Montage in THE MAN WHO KNEW TOO MUCH

gung des Fingers weist bereits auf die Angespanntheit des Vaters hin, der um seinen Sohn bangt. Entsetzen und Ratlosigkeit spiegeln sich anschließend in der Mimik des Mannes wider.

Im weiteren Verlauf der Szene lässt McKenna einen Polizeibeamten im Hotel anrufen, da er selbst kein Französisch spricht (der Beginn des Films spielt in Marrakesch), um in Erfahrung zu bringen, ob sein Sohn dort ist. Während des Gesprächs werden immer wieder Einstellungen dazwischen montiert, in denen eine Hand McKennas zu sehen ist, die an den Seitenkanten eines Telefonbuchs nestelt. Diese Detailaufnahmen liefern dem Zuschauer im Prinzip keine neuen Informationen. Die Mimik James Stewarts drückt bereits die Nervosität der Figur aus. Die Rastlosigkeit der Finger verstärkt die Wirkung der Szene, indem sie ein zusätzliches Detail als Symptom für die Angst der Figur einfließen lässt.

Bildkomposition

Bei dieser Kategorie geht es um die Frage, ob ein Raum tief oder flächig ist und ob sich verschiedene Bildebenen differenzieren lassen. Für eine Zuordnung muss also das Arrangement der Objekte und

III. Typologie und Beispielanalyse

ihre Beziehung zueinander analysiert werden. Der Standpunkt der Kamera kann ebenfalls eine Rolle spielen. Zum Beispiel kann aus einem tiefen Raum, der entsteht, indem die sich mit den Figuren auf Augenhöhe befindende Kamera mit entsprechendem Objektiv und Lichteinsatz eine intensive Tiefenwirkung erzeugt, ein weiter Raum werden, sobald sie nach oben fährt, um dem Zuschauer einen Überblick über die Szenen zu gewähren.

Planimetrische Räume: David Bordwell verwendet den von Heinrich Wölfflin übernommenen Begriff »planimetrisch« für Bildkompositionen, die eher flächig sind und »nicht das Gefühl von im Hintergrund zusammenlaufenden Fluchtlinien erzeugen.« (Bordwell 1997: 20) Außerdem werden die Figuren nie schräg gezeigt, und die Kamera wird immer im rechten Winkel zur Bildebene positioniert. Lange Brennweiten tragen zu der flächigen Wirkung dieser Arrangements maßgeblich bei.

Bordwell meint eine Strömung in der Bildgestaltung des europäischen Kinos der 1970er und 1980er Jahre festzustellen, für die diese flächigen Kompositionen charakteristisch sind. Figuren agieren in dem eben beschriebenen Verhältnis zur Kamera beispielsweise vor Häuserwänden und sind manchmal vom Hintergrund kaum zu unterscheiden (Bordwell 1997: 20) [1]. Für die vorliegende Untersuchung wird der Begriff planimetrisch erweitert. Im Folgenden werden damit auch solche Raumkompositionen bezeichnet, bei denen die Figuren schräg zu sehen sind. Wichtig ist, dass das Bild nur auf eine schwache Tiefenwirkung hin komponiert ist, auch wenn die verschiedenen Ebenen klar unterscheidbar sind.

Typisch sind Groß- oder Nahaufnahmen von Figuren in Dialogsequenzen, deren Mimik und Gestik betont wird, indem sie scharf gezeichnet sind und der Hintergrund verschwommen bleibt. Solche Raumkompositionen sind häufig als planimetrisch und figurenzentriert zu klassifizieren.

Als eine Unterkategorie kann hier der sogenannte *profile-two-shot* angeführt werden (Mikunda 2002: 56). Bei dieser Kompositionsart sind zwei einander zugewandte Gesichter im Profil zu sehen. Abstrahiert man die Form der Köpfe, hat man zwei Dreiecke, bei denen die Nase jeweils die dem anderen zugewandte Spitze bildet. Auch bei solchen Arrangements sind die Gesichter in der Regel scharf und der Hintergrund verschwommen, sodass sich hier zwei Ebenen ergeben.

Die Kategorie deckt sich mit Bruce Blocks Raumtypus des *flat space* (Block 2001: 36ff.). Zusätzlich erwähnt Block einige Mechanismen, wie die Flächigkeit des Bildes hergestellt wird oder erhalten bleibt. Beispielsweise können Oberflächentexturen oder Bewegung von Objekten den Eindruck von Tiefe erzeugen. Viel Textur und Bewegung auf die Kamera zu oder von ihr weg müssen also vermieden werden, wenn die Flächigkeit des Bildes gewährleistet bleiben soll. Ebenso können durch Kamerabewegungen zusätzliche Tiefenkriterien entstehen.

Eine Variante des planimetrischen Raums bildet der *limited space* (Block 2001: 44ff.). Hier liegen Ebenen so hintereinander, dass der Tiefeneindruck möglichst schwach ausfällt. Damit dieser Eindruck möglich wird, darf es keine längslaufenden Flächen und Linien im Bild geben und keine Objekte, die sich von der Kamera weg oder auf sie zu bewegen. So entstehen klar unterscheidbare Ebenen, die sehr nahe beieinander zu liegen scheinen.

Bühnenräume: In solchen Bildarrangements spielt sich das Geschehen im Vorder- und Mittelgrund ab. Der Hintergrund bleibt Kulisse. Solche Raumgestaltungen werden häufig verwendet, um Interaktionen zwischen Figuren deutlich zu zeigen. Die Handlung spielt sich auf einer Art Plateau ab. Dabei ist gleichgültig, ob es sich um Aufnahmen in Gebäuden oder im Freien handelt.

Typisch sind Inszenierungen von Zimmern, die durch ihren Blickwinkel an Guckkasten-Bühnen erinnern. Sie werden meist in halbtotalen Einstellungen gefilmt. Dadurch ist ein gewisser Abstand zum Geschehen gewährleistet, und die Aktionen der Figuren sind gut sichtbar. Bewegt sich die Kamera, wird die Statik dieser Raumästhetik meistens aufgebrochen, weil sich die Relationen der verschiedenen Ebenen permanent verändern.

Aufnahmen im Freien, die sich relativ eindeutig dieser Kategorie zuordnen lassen, sind zum Beispiel Szenen in Western, die am Lagerfeuer spielen. Häufig werden solche Szenen über einen *establishing shot* ungefähr auf Augenhöhe mit den

Katalogisierung der Raumtypen

Transformation eines weiten Raums in einen figurenzentrierten: *establishing shot* in THE BIRDS

Figuren eingeführt, der dem Zuschauer einen Überblick verschafft. Das Feuer ist in der Mitte, die Figuren lagern darum herum, und der Hintergrund bleibt im Dunkeln. Die Bühnenästhetik ergibt sich hier aus dem Blickwinkel und der Lichtführung.

Weniger eindeutig sind Raumkompositionen im Freien, bei denen es zwar auch eine Art Plateau gibt, aber der Hintergrund klar erkennbar ist. Solche Räume können häufig als Mischtypen von Bühnenräumen und tiefen Räumen klassifiziert werden.

Tiefe Räume: Hiermit sind Raumkompositionen gemeint, bei denen Vorder-, Mittel- und Hintergrund von gleicher Bedeutung sind, sich also der Schärfebereich weit in den Raum erstreckt und die Wahrnehmung nicht auf eine Ebene des Bildes gelenkt wird.

Die zwei in Teil I beschriebenen Einstellungen aus CITIZEN KANE (1941; R: Orson Welles; vgl. S. 25 u. S. 27) sind Paradebeispiele für diese Raumästhetik. Hier wird vom Hintergrund bis zum Vordergrund der Raum durch die Bewegung von Figuren durchmessen und seine verschiedenen Ebenen dadurch in Beziehung zueinander gesetzt. Der Schärfebereich erstreckt sich dabei über alle Ebenen.

Eine Unterkategorie dieses Raumtyps bildet eine Raumkomposition, die hier als Flucht bezeichnet wird. Es handelt sich dabei um streng zentralperspektivisch gestaltete Räume. Der Fluchtpunkt muss nicht auf der mittleren Achse des Bildes liegen. Wichtig ist, dass alle Linien einem Punkt zustreben, um die spezifische Dynamik einer Flucht zu erhalten. Durch die Bewegung von Objekten in diese Richtung kann diese Dynamik verstärkt werden.

Eine Variante dieser Raumkonstruktionen bilden Einstellungen mit schnellen Kamerafahrten vorwärts. Der Raum wird mit einer Geschwindigkeit durchquert, die dem Zuschauer suggeriert, dass die Bewegung auf einen Ziel- oder Fluchtpunkt hin beschleunigt wird. Die Erfahrung des Raums wird hier durch die illusionierte Eigenbewegung intensiviert.

Diese Kategorie des tiefen Raums unterscheidet sich von Bruce Blocks Kategorie des *deep space* (Block 2001: 14). Block ordnet hier jede Raumkonstruktion mit klar identifizierbaren Objekten

III. Typologie und Beispielanalyse

und Strukturen ein, die nicht auf Flächigkeit hin komponiert ist wie der *flat space* und der *limited space*. In diesem Zusammenhang erstellt Block seine Liste mit Tiefenkriterien wie etwa relative Höhe und Größe von Objekten im Blickfeld, Perspektive etc.

Weite Räume: Bei dieser Raumkonstruktion steht der Raum selbst im Mittelpunkt der Darstellung. Dabei kann es sich um Landschaften oder städtischen Raum handeln. Eine Standard-Raumkonstruktion im Western ist eine Panoramaaufnahme der Prärie, in der die Figuren nur verschwindend klein im Bild zu sehen sind. Bei Aufnahmen in einer Großstadt könnten zum Beispiel belebte Straßen gezeigt werden, und die Figur, um die es im weiteren Verlauf des Films geht, nähert sich der Kamera, die ihr anschließend mit einer Bewegung folgt und sie damit aus der Masse der anderen Passanten exponiert (mit einer ähnlichen Konstruktion beginnt THE BIRDS [Die Vögel; 1963] von Alfred Hitchcock). Der weite Raum ist damit aufgelöst und in einen figurenzentrierten Raum transformiert.

Weite Räume kommen sowohl in Außen- als auch in Innenaufnahmen vor. Standardkonstruktionen von weiten Räumen in Innenräumen stellen etwa Aufnahmen in einem Gerichtsaal kurz vor Beginn der Verhandlung dar, oder auch Totalen von Ballsälen in Kostümfilmen. Weite Raumkonstruktionen in Außen- und in Innenräumen werden in nahezu jedem Film verwendet.

Weite Raumkonstruktionen geben dem Zuschauer in der Regel einen Überblick über den Raum, in dem sich das Geschehen abspielt. Sie werden deshalb häufig als *establishing shots* eingesetzt.

Emotion

Unter dem Begriff Emotion werden Raumkonstruktionen eingeordnet, die intensive Gefühlsregungen erzeugen, welche sich unmittelbar auf das Raumerleben beziehen. Die Wahrnehmung einer filmischen Raumkonstruktion als beklemmend eng zum Beispiel konstituiert sich in der Regel durch Gefühle, die wiederum mit einem Verstehen der jeweiligen filmischen Repräsentation zusammenhängen. Kognitive Prozesse spielen bei Emotionen also eine große Rolle. Der Begriff der Emotion umfasst auch physiologische Reaktionen auf eine Situation wie neurale und viszerale Prozesse (vgl. Zimbardo 1995: 442). Die filmische Darstellung eines engen Raums etwa kann eine Form von kinästhetischer Wahrnehmung erzeugen, wodurch der Zuschauer die eingeschränkte Bewegungsfreiheit bis zu einem gewissen Grad auch physiologisch erfährt.

Die Filmwissenschaft beschäftigt sich seit den 1990er Jahren verstärkt mit der Erzeugung und Lenkung von Emotionen des Zuschauers. Diskutiert wird etwa, ob und wie durch Anteilnahme oder Empathie des Zuschauers mit Figuren oder durch genrespezifische Narrationsmuster Emotionen gesteuert werden können (vgl. Hickethier 2002: 87f.). Wichtige Arbeiten stellen Ed Tans *Emotion and the Structure of Film – Film as an Emotion Machine* (1996), Torben Grodals *Moving Pictures: A New Theory of Film Genres, Feelings, and Cognition* (1999) und Plantinga/Smith (Hg.) *Passionate Views – Film, Cognition, and Emotion* (1999) dar.

Klaustrophobische Räume: Mit klaustrophobisch ist hier nicht ein psychopathologischer Zustand gemeint, sondern Räume, die den Eindruck räumlicher Beengtheit erzeugen.

In A CLOCKWORK ORANGE (Uhrwerk Orange; 1971; R: Stanley Kubrick) folgt die Kamera dem Protagonisten Alex (Malcolm McDowell) durch den Flur in der Wohnung der Eltern. Sie befindet sich ungefähr in Hüfthöhe zur Figur in amerikanischer Einstellungsgröße. Die Kamera und die Figur bewegen sich im gleichen Tempo. Die Wände laufen rechts und links dicht an der Figur und damit auch an der Kamera, die denselben Weg geht, vorbei, wodurch die Beengtheit des Wohnraums für den Zuschauer physisch erfahrbar wird.

Entscheidend für den Eindruck räumlicher Enge kann die Relation zwischen Figur und Umgebung und/oder die Relation zwischen Umgebung und Kameraposition sein. Wird eine Figur gezeigt, die eingeschlossen ist, kann der Zuschauer ihre Situation nachvollziehen, indem er sich mit ihr identifiziert. Ist die Kamera so positioniert, dass der Blick des Zuschauers in den filmischen Raum begrenzt

Katalogisierung der Raumtypen

wird, entsteht ein Gefühl der Beengtheit und Ausweglosigkeit, weil er unmittelbarer betroffen ist. In den beiden beschriebenen Einstellungen spielen beide Momente eine wichtige Rolle.

Agoraphobische Räume: Auch dieser Begriff ist hier nicht als psychopathologische Kategorie zu verstehen, die die Angst vor offenen Plätzen und Räumen beschreibt. Gemeint ist vielmehr der Eindruck von überwältigender räumlicher Ausdehnung, wie er etwa durch Aufnahmen vom Meer, der Wüste und des Weltalls erzeugt werden kann.

2001: A SPACE ODYSSEY handelt im Grunde – wie der Titel schon deutlich macht – von der Suche des Menschen in den unendlichen Weiten des Raums. In der Szene, in der ein toter Astronaut ins All hinaustreibt und von seinem Kollegen in einem Raumgleiter zurückgeholt wird, ist die gewaltige, für den Menschen nicht mehr überschaubare räumliche Dimension des Alls am deutlichsten spürbar. Entfernungen und Geschwindigkeiten sind nicht mehr einschätzbar, womit das All zu einer Art unendlichen Vakuum wird, das keine Orientierung ermöglicht.

Kognition

Der Begriff Kognition bezeichnet allgemein »alle Formen des *Erkennens* und *Wissens*« (Zimbardo 1995: 357). Kognitionstheoretische Ansätze in der Filmwissenschaft setzen sich vorrangig mit Prozessen der Informationsverarbeitung auseinander und stellen das Verstehen von Handlungsabläufen auf der Basis dessen, was (Ereignisse) und wann (Montage) etwas gezeigt wird, in den Mittelpunkt ihrer Überlegungen. David Bordwell als ein Vertreter kognitionstheoretisch orientierter Filmwissenschaft wurde bereits diskutiert (vgl. vor allem Bordwell 1985). Des Weiteren formulierte Stephan Schwan in *Filmverstehen und Alltagserfahrung: Grundzüge einer kognitiven Filmpsychologie des Mediums Film*

(2001) einen kognitionstheoretischen Ansatz, bei dem er die spezifischen Verstehensprozesse, die filmische Darstellungen erfordern, in Abgrenzung zu kognitiven Operationen im Alltag analysiert. »Verstehen eines Sachverhalts« wird hier mit dem »Aufbau einer kohärenten mentalen Repräsentati-

Klaustrophobischer Raum in A CLOCKWORK ORANGE

on« gleichgesetzt, »die dessen wesentliche Komponenten und deren Relationen zueinander beinhaltet« (Schwan 2001: 41). Bezieht man diese Definition auf die filmische Raumrepräsentation innerhalb einer Einstellung, bedeutet das, dass ein Raum in seiner Geografie, also in seiner Ausdehnung und der Anordnung der Objekte, identifizierbar dargestellt wird. Eine weitere Ebene bildet die Frage nach der sozialen Identifizierbarkeit des Raums (eine Wohnung, eine Fabrikhalle, eine Landschaft etc.), und welchem Kulturkreis oder Land er zugeordnet werden kann.

In der Regel treten diese Identifizierungsprozesse nicht ins Bewusstsein des Zuschauers, da die Räume zumeist so gestaltet werden, dass sie klar erkennbar sind. Erst durch die Nicht-Erkennbarkeit von Raumstrukturen beansprucht diese sonst so selbstverständlich ablaufende Kognitionsleistung den Großteil der Aufmerksamkeit des Zuschauers. Deshalb werden die Raumkonstruktionen, die beim Zuschauer die Frage nach der Erkennbarkeit

III. Typologie und Beispielanalyse

und Orientierung im Raum aufwerfen, dem übergeordneten Kriterium der Kognition zugeordnet. Zum Beispiel werden aus dem Alltag vertraute Orientierungsparameter, wie etwa Oben-Unten-Relationen, außer Kraft gesetzt, oder es sind eine klar erkennbaren Objekte sichtbar. Dieser Definition entspricht weitgehend auch Blocks Kategorie des *ambiguous space* (Block 2001: 47), die dieser allerdings nicht in Untergruppen differenziert. Räume werden als *ambiguous* bezeichnet, wenn die dargestellten Objekte nicht identifiziert werden können und/oder die Raumstruktur nicht erkennbar ist.

Nichteuklidische Räume: Der etwas prätentiöse Begriff »nichteuklidisch« meint hier lediglich, dass die aus der Alltagswahrnehmung vertraute räumliche Orientierung rechts-links, oben-unten und vorne-hinten – entsprechend den x-, y- und z-Achsen des Koordinatensystems – außer Kraft gesetzt ist.

Diese Raumästhetik kommt selten vor. In 2001: A SPACE ODYSSEY gibt es mehrere Einstellungen, die diese Relationen desavouieren, um die Schwerelosigkeit im Weltall filmisch erfahrbar zu machen: In einer Einstellung ist eine Stewardess mit einem Tablett in einer Art Zentrifuge von der Seite zu sehen (vgl. Farbteil, Abb. 15). Die Frau geht nach rechts oben immer weiter, bis sie schließlich senkrecht mit dem Kopf nach unten durch eine Tür einen anderen Raum betritt. Es folgt ein Schnitt, und in der nächsten Einstellung wird die Frau von vorne gezeigt, wie sie »auf dem Kopf stehend« den Raum betritt. Die Kamera dreht sich, bis sich die Frau in der gewohnten Position, das heißt mit den Füßen unten, befindet. In dieser Sequenz werden oben und unten im Laufe der Einstellungen schlicht vertauscht. In anderen Einstellungen wird die Bewegung der Figuren mit Kamerabewegungen so kombiniert, dass von vorneherein eine Orientierung nach den üblichen Parametern gar nicht möglich ist.

Labyrinthische Räume: Die Orientierungslosigkeit entsteht in einem Irrgarten, weil der Ausgang im Verborgenen liegt. Beim Film können sich labyrinthische Räume durch die Bewegung und/oder die Montage entfalten. Es kann mit falschen Anschlüssen auf der Blickachse oder mit langen komplizierten Kamerabewegungen durch den Raum gearbeitet werden. Meistens handelt es sich dabei um verschlungene Gänge und Räume, die eine geografische Orientierung erschweren.

Bei labyrinthischen Raumkonstruktionen wird in der Regel verhindert, dass der Zuschauer seinen gegenwärtigen, über die Kameraposition definierten Standpunkt in das richtige Verhältnis zu den zuvor eingenommenen Standpunkten setzen kann. Der Eindruck, dass es sich doch um einen Raum oder einen Ort handelt, wird in der Regel durch Elemente wie das Licht und die Umgebung erzeugt, die sich gleichen oder zumindest ähnlich sind. Häufig führt die Kamera den Zuschauer durch lange Gänge wie in THE SHINING (1980; R: Stanley Kubrick), in dem die Kamera dem kleinen Jungen auf einem Dreirad folgt, mit dem er durch die langen Gänge des Hotels fährt. Oder es wird zwischen zwei Figuren, die sich in einem Labyrinth verlaufen haben, hin und her geschnitten wie in DER NAME DER ROSE (1986; R: Jean J. Annaud). Hier verlieren sich die Protagonisten in dem geheimen Labyrinth des Klosters und können nur über Zurufe den Kontakt zueinander halten.

Oft ist innerhalb der diegetischen Welt diese Unübersichtlichkeit arrangiert worden, wie im eben erwähnten Fall oder beim Heckenlabyrinth in THE SHINING, das heißt, die Raumstruktur spielt innerhalb der Geschichte explizit als Labyrinth eine Rolle.

Aufhebung vertrauter Größenverhältnisse: Der Film bietet die Möglichkeit, unsere alltägliche Wahrnehmungsweise zu hintertreiben. Nicht nur die geografische Orientierung kann innerhalb der diegetischen Welt erschwert oder unmöglich gemacht werden, auch die in ihr herrschenden Größenrelationen können im Verhältnis zu unserer Alltagswelt auf den Kopf gestellt werden. Ein prominentes Beispiel dafür ist der Film THE INCREDIBLE SHRINKING MAN (Die unglaubliche Geschichte des Mr. C.; 1957; R: Jack Arnold). Durch eine Gasvergiftung schrumpft der Titelheld zusehends, bis er gegen Ende des Films ungefähr die Länge eines Streichholzes hat. Der Zuschauer bleibt bei diesem Schrumpfprozess in identifikatorischer Nähe zum Protagonisten. Auf dem Höhepunkt des Dramas kämpft der »verloren gegangene« Protagonist im Keller gegen eine Überschwemmung und eine Spinne um sein Überleben. Die veränderten Größenverhältnisse lassen einen Kellerraum zur lebensbedrohlichen Wildnis werden. Es sind auch Inszenierungen denkbar, bei denen die Größenverhältnisse in umgekehrter Weise verändert werden. Die Bedeutung vertrauter Gegenstände ändert sich dann, indem sie ungewohnt klein erscheinen.

Assoziierte Räume: Diese Räume konstruiert der Zuschauer allein über Hinweise, die ihm der Film gibt. In BLAST OF SILENCE (Explosion des Schweigens; 1961; R: Allen Baron) ist zunächst nur Schwärze zu sehen und ein Geräusch zu hören, das an das Rattern eines Zuges auf Schienen erinnert. Die Assoziation an einen Eisenbahntunnel wird evoziert, die auch kurze Zeit später in derselben Einstellung bestätigt wird. Bis dahin werden aber nur einzelne Merkmale repräsentiert, welche die Vorstellung eines Raums nahe legen.

Amorphe Räume: Im Gegensatz zu Räumen, die assoziativ entstehen, ist bei amorphen Räumen ein konkretes Material sichtbar. In SOLARIS von Andrej Tarkowski (1972) wird immer wieder der Planet Solaris gezeigt, der einem Ozean aus einer grauen Masse gleicht. Diese bewegte Masse füllt den ganzen Bildraum aus. Es ist zwar ein Material sichtbar, das eine Struktur hat und sich bewegt; dessen dreidimensionale Ausdehnung ist jedoch nicht einschätzbar (vgl. Farbteil, Abb. 2).

Zerstörung des Raums: Im Zusammenhang mit Bazins Theorie vom filmischen Raum (Teil I, S. 22ff.) und bei der Darstellung der Konstruktionsmöglichkeiten filmischen Raums durch Kamerabewegungen (Teil II, S. 59ff.) war schon von dieser Kategorie die Rede. Bazin hatte den Realismus der filmischen Rauminszenierung als Maßstab für deren Gelungenheit angelegt. Die Zerstörung des Raums ist bei Bazin eine abwertende Kategorie für eine unrealistische Inszenierung. In dieser Arbeit meint die Kategorie lediglich eine Zerstörung der Tiefendimension durch Auflösung der Objektgrenzen und beinhaltet keine Wertung.

In Teil II ging es um die Zerstörung des Raums durch Reißschwenks, die die Konturen der Objekte im Bild verwischen und damit die Tiefenwirkung vernichten. Eine andere Möglichkeit, den

Die labyrinthische Klosterbibliothek in DER NAME DER ROSE

Raum zu zerstören, besteht in der Veränderung der Schärfe. In Aufnahmen, in denen die sich verändernde Wahrnehmung einer Figur, zum Beispiel durch Drogeneinfluss, gezeigt wird, verschwimmen häufig die Konturen des Raums, indem das Bild unscharf gestellt wird. Voraussetzung für die Zerstörung des Raums ist also, dass es vorher einen Raum gegeben haben muss, der zerstört werden kann.

Erzähler-Raum: Hierbei handelt es sich im Grunde genommen um einen weiteren (Zeit-)Raum, der auf narrativer Ebene eröffnet wird und der parallel zu der dargestellten Welt existiert. In manchen Filmen präsentiert sich eine Erzählinstanz, die außerhalb der diegetischen Welt steht, in Form von Zwischentiteln und/oder einer Erzählerstimme. Eine andere Möglichkeit ist, dass es sich bei dem Erzähler um eine Figur aus der Diegese handelt, die das Geschehen rückblickend kommentiert. Man kann sagen, dass in allen Fällen ein zweiter Raum zwischen der diegetischen Welt und dem Zuschauer eröffnet wird. Er fungiert als vermit-

III. Typologie und Beispielanalyse

telnde Instanz zwischen der diegetischen Welt und dem Zuschauer. Dieser Raum kann neutral oder über die Sicht einer Figur definiert sein.

Meistens wird dieses Verfahren benutzt, um das filmische Geschehen zu spezifizieren, wie durch die Benennung des Ortes und der Zeit, in der die Handlung spielt. In FIGHT CLUB (1999; R: David Fincher) dagegen handelt es sich um einen Erzähler, der seine Geschichte rückblickend erzählt und den Zuschauer zunächst täuscht, indem er sein projiziertes Alter Ego als real existierende Person vorstellt.

Beispielanalyse: 2001: A SPACE ODYSSEY

Im Folgenden wird die narrative Entwicklung des filmischen Raums exemplifiziert. Die Kategorien dienen dabei der sukzessiven Analyse dieser Entwicklung, indem die verschiedenen Raumkonstruktionen mit ihnen beschrieben werden können. Darüber hinaus wird gezeigt, welche Bedeutung die jeweilige Raumkonstruktion im narrativen Zusammenhang des Films hat.

Stanley Kubricks Film 2001: A SPACE ODYSSEY lotet, trotz der mittlerweile fortgeschrittenen technologischen Entwicklung, die Grenzen filmischer Raumgestaltung weitgehend aus. Der Film enthält Raumkonstruktionen, die in den meisten anderen Filmen nicht vorkommen. Der Regisseur arbeitet aber ebenfalls mit solchen, die üblicherweise in anderen Filmen verwendet werden. Um die Bandbreite möglicher Erscheinungsweisen der einzelnen Raumkonstruktionen zu vergrößern, werden für die Analyse auch andere Filme herangezogen. Dem Filmanfang von 2001: A SPACE ODYSSEY wird besondere Aufmerksamkeit geschenkt, da durch ihn die ästhetische Struktur des Films verdichtet etabliert wird [2].

Die Sequenzen werden mit ihrer Dauer in Minuten und Sekunden und einer Beschreibung protokolliert. Einzelne Einstellungen werden detailliert beschrieben und durch Standbilder veranschaulicht (aus Platzgründen können leider nicht alle analysierten Einstellungen abgebildet werden).

Die Analyse erfolgt direkt im Anschluss an das Protokoll der Einstellung oder der Sequenz. Dieses Verfahren kommt der Sequenzialität des Mediums Film am nächsten, da die Ursache-Folge-Relationen, die durch die Bewegung und den Einstellungswechsel generiert werden, auf diese Weise sukzessive nachvollzogen werden können [3].

Eine Analyse des kompletten Films kann bei dem methodischen Aufwand nicht geleistet werden. Sie ist auch nicht notwendig, weil sich die Raumtypen im Gesamtverlauf des Films in der Regel wiederholen.

Der Analyse und den Standbildern liegt die DVD-Version des Films aus der *Stanley Kubrick Collection* im Bildschirmformat 2.21:1 zugrunde.

Ambivalenz zwischen agoraphobischem und klaustrophobischem Raum und assoziierte Räume

1. Einstellung (=1), Dauer: 02'46

Anthrazitschwarz, Klänge setzen um den Bruchteil einer Sekunde verzögert ein. Sie erinnern zunächst an ein sich einstimmendes Orchester, entfalten aber schnell eine Suggestivität, die jeden aufkommenden Zweifel an einer Komposition unterläuft. Es handelt sich um Klangspuren, die in Tonhöhe und Lautstärke variieren, ohne dass Rhythmus oder Melodie entstehen. Nach circa einer Minute und 50 Sekunden schwillt die Musik an. Sie wird lauter, dröhnender und wirkt geradezu drängend. Nach circa 30 Sekunden wird sie wieder ruhiger (für ungefähr 20 Sekunden), bis sie schließlich verklingt. Etwa sechs Sekunden lang wird die Schwärze noch ohne Musik gezeigt.

Ungewöhnlich an diesem Filmanfang ist die zeitliche Ausdehnung der präsentierten Schwärze. Diese dient meistens als Anfangsmarkierung und wird wesentlich kürzer gezeigt. In der Regel wird sie nur für ein bis drei Sekunden gehalten und dient als Signal: Gleich beginnt der Film. Innerhalb eines Films wird projizierte Schwärze als Übergang zwischen Ab- und Aufblende, also als eine Spielart des Einstellungswechsels verwendet. Insofern ist sie dem Kinozuschauer durchaus vertraut. Außergewöhnlich ist Schwärze als filmisches Bild, das hier in Kombination mit der Klangkomposition eine dramaturgische Eigenständigkeit besitzt.

Die durch Sehgewohnheiten etablierte Erwartungshaltung, aufgrund deren nach ein paar Sekunden ein Bild mit identifizierbaren Objekten und eine Handlung sichtbar werden, wobei die Kamera gleichzeitig einen Standpunkt definiert, wird enttäuscht. Der Zuschauer wird stattdessen fast drei Minuten in Dunkelheit gehüllt. Die Lichtverhältnisse von Kinosaal und projiziertem Film sind kaum unterscheidbar. Wäre reine Schwärze auf die Leinwand projiziert, wäre die Kadrierung des Filmbildes nicht sichtbar. So erscheint das etwas hellere, nicht ganz reine Schwarz als ein Blick aus der Dunkelheit des Kinosaals in eine grenzenlose Dunkelheit. Abstufungen in der Helligkeit schaffen Raum (vgl. Arnheim 1978: 305ff.). In diesem Fall wird der Raum jedoch nicht innerhalb des Bildes, sondern durch die kleine Differenz der Helligkeit zwischen Bild und Rezeptionsort erzeugt. Der Ort der Rezeption wird also zum elementaren Bestandteil der suggestiven Wirkung der filmischen Präsentation.

Licht ist die Voraussetzung für die meisten Aktivitäten des Menschen und bildet damit die Grundlage für seine Existenzfähigkeit. Dunkelheit hingegen wirkt dämpfend auf das vegetative Nervensystem und schränkt die Handlungsfähigkeit ein. Tast- und Hörsinn treten für die Orientierung im Raum in den Vordergrund, und da diese beiden Sinne im Vergleich zum Sehsinn sehr unpräzise sind, sind die Möglichkeiten zu agieren stark eingeschränkt. Für die Situation im Kino bedeutet das, dass die Aufmerksamkeit des Zuschauers auf sich und die Position seines Körpers im Kinosessel und die Klänge gelenkt wird. Er ist durch seine eingeschränkte räumliche Orientierungsfähigkeit zunächst hilflos, da er seine Augen als wichtiges Sinnesorgan nicht zur Orientierung nutzen kann. Er ist sich in seiner Situation aber auch sicher, da er weiß oder vielmehr voraussetzt, dass er bei einer Filmpräsentation im Kino nicht in eine Handlungspraxis verwickelt wird.

Mit Dunkelheit sind eine Reihe von Konnotationen verbunden, von denen an dieser Stelle aber noch keine konkretisiert wird. Assoziationen wie Urfinsternis, Weltall, pränataler Zustand und Tod sind naheliegend.

Nur die Musik könnte konkretere Hinweise auf die Bedeutung der Schwärze geben. Es ist nicht erkennbar, ob sich die Quelle der Musik irgendwo in der Dunkelheit verhüllt befindet und damit dem diegetischen Raum angehört oder ob sie außerhalb desselben zu verorten ist. Da es keine eindeutigen Merkmale eines visuellen Raums gibt, bleibt diese in der Regel eindeutige Differenzierung hier unbestimmt.

Die Musik spielt in dieser Einstellung eine eigentümliche Rolle: Sie ist das einzige sequenzielle Moment und wird damit zum Handlungsträger des filmischen Geschehens. Bild und Ton stehen zunächst unverbunden nebeneinander. Im Bild ist keine Veränderung sichtbar, auf die sich die Musik beziehen könnte. Es bleibt die ganzen drei Minuten über schwarz. Je länger die Einstellung anhält, desto mehr sieht man sich als Zuschauer veranlasst, sich nach ihrer Bedeutung zu fragen. Die radikale Reduktion auf der visuellen Ebene, die die Aufmerksamkeit des Zuschauers auf die Musik lenkt, kann dahingehend interpretiert werden, dass der Regisseur hier der Musik als Kunstform Reverenz erweist. Dafür spricht, dass es sich um ein Werk (*Atmosphères* von György Ligeti) handelt, das nicht für den Film komponiert wurde. Daraus lässt sich schließen, dass Musik in diesem Film eine große Rolle spielen wird. Dennoch bleibt offen, warum diese Musik ausgewählt wurde und Schwärze gezeigt wird.

In der Musik wird eine Dramaturgie erkennbar. Zunächst variieren die Klangspuren mehr in der Tonhöhe als in der Lautstärke, bündeln sich langsam, werden dann lauter, erreichen einen dramatischen Höhepunkt und klingen ab. Danach bleibt die Schwärze ohne Musik, es gibt keinen Rhythmus, keine Harmonie und keine Melodie, es fehlt also das, was Musik normalerweise strukturiert. In der Musiktheorie wird eine solche Form als Klangflächenkomposition (vgl. Shintani 2003) bezeichnet. Das bedeutet, dass es bei dieser Komposition keinen eindeutigen Stimmverlauf gibt, der eine Orientierung innerhalb des musikalischen Verlaufs ermöglicht. Die Klänge scheinen aus allen Richtungen zu kommen und beziehen sich nicht aufeinander, wodurch die Suggestion einer unbestimmten Ausdehnung des Raums verstärkt wird.

III. Typologie und Beispielanalyse

Die Steigerung der Lautstärke vermittelt den Eindruck eines drängenden Näherkommens von etwas, das nicht konkretisierbar ist. Die Musik evoziert dadurch ein Gefühl von Diffusion und Haltlosigkeit. Visuelle und akustische Gestaltung scheinen sich zu entsprechen. Dem filmischen Bild und der Musik fehlt, was für sie im konventionellen Sinne konstitutiv ist: Dem Bild fehlen eine Objektwelt und die Handlungssequenzialität, der Musik fehlen Melodie, Rhythmus und Harmonie.

Die Einstellung kann insofern auch als Ansage für einen unkonventionell inszenierten Film gedeutet werden. Eine wechselseitige Bedeutungsveränderung durch die gleichzeitige Präsentation von Schwärze und Musik ist nicht belegbar. Die beschriebene Dramaturgie der Komposition kann zwar die Assoziation hervorrufen, dass »etwas« aus der Dunkelheit drängt, diese wird aber nicht bestätigt.

Mit einfachen gestalterischen Mitteln eröffnet hier der Film ein Feld für Assoziationen und Konnotationen, ohne eine konkrete Bedeutung vorzugeben. Er verführt den Zuschauer dazu, die Präsentation selbst mit individuellen Bedeutungen aufzuladen. Er spielt mit der Konvention, dass in der Regel ein Zusammenhang von Bild und Ton besteht. Aussagen über die Handlung des Films können noch nicht getroffen werden. Allenfalls können Strategien benannt werden, die für den weiteren Verlauf des Films konstitutiv sind. Eine davon ist, den Zuschauer in ungewohntem Ausmaß zur eigenen Bedeutungsgenerierung zu veranlassen, ohne dass die Bedeutung durch die filmische Präsentation eindeutig bestätigt wird. Eine andere betrifft die Dauer der Einstellung, die auf eine Erzählweise einstimmt, für die Langsamkeit und Ausführlichkeit des Zeigens charakteristisch ist. Nahegelegt wird die Deutung, dass Filmästhetik im Film selbst zum Thema wird. Der Film reflektiert sich selbst als Ausdrucksmedium, indem er seine Grenzen zum Thema macht. Die durch die Dunkelheit und die Komposition erzeugte Stimmung der Orientierungslosigkeit schränkt die Erwartung auf die Handlung des Films insofern ein, als dass bestimmte Genremerkmale nicht erkennbar sind. Es erscheint ausgeschlossen, dass es sich um eine Komödie, eine Liebesgeschichte, ein Familiendrama oder Ähnliches handeln wird.

In dieser Einstellung wird nicht wie üblich ein Ausschnitt eines unendlichen Raums gezeigt. Vielmehr bleibt die potenziell unendliche Möglichkeit der zeigbaren Ausschnitte in die Dunkelheit eingeschlossen. Einerseits wird der Zuschauer auf die Leinwand als ein »grenzenloses Feld möglicher Bilder« aufmerksam gemacht, und die »Universalität der Kinobühne« (Kersting 1989: 298) hat in der Schwärze als Beginn eines Films ihr adäquates Bild. Andererseits wird er durch die Dunkelheit auf seine Situation im Zuschauerraum verwiesen, von der aus er normalerweise in eine durch Objekte definierte diegetische Welt eines Films eintaucht. Dieses Eintauchen wird ihm hier zunächst verwehrt. Die Dunkelheit und die Musik erzeugen eine Ambivalenz zwischen der Wahrnehmung diffuser räumlicher Weite, womit das wesentliche Merkmal agoraphobischer Raumkonstruktionen eine Rolle spielt, und anderseits dem Eindruck, in der Dunkelheit des Kinoraums eingeschlossen zu sein, wodurch sich ein Merkmal klaustrophobischer Raumkonstruktionen konstituiert. Die Schwärze ist in ihrer Ausdehnung nicht einschätzbar, die Handlungsfähigkeit gleichzeitig eingeschränkt. Diese Raumerfahrung wird auch durch Assoziationen (Weltall, pränataler Zustand ... s.o.) erzeugt, womit Elemente assoziierter Räume in der Ästhetik der Einstellung ebenfalls eine Rolle spielen.

Diese Mehrdeutigkeit wird hier nicht aufgehoben wie in BLAST OF SILENCE von Allen Baron, einem Film, der mit Schwärze in einer ganz anderen Funktion beginnt. In diesem Film spricht ein Mann mit gehetzter, aggressiver Stimme aus dem Off über seine Geburt. Er sei aus dem »Nichts« gekommen etc. Der Zuschauer erfährt im Laufe des Monologs noch einiges über die Herkunft des Mannes. Währenddessen ist das Geräusch eines fahrenden Zuges zu hören, und nach einigen Sekunden erscheint ungefähr in der Mitte des Bildes ein weißer, flottierender Punkt, der allmählich größer wird. Noch bevor die Schienen sichtbar werden, wird deutlich, dass die Kamera auf das Ende eines Eisenbahntunnels zufährt. Die Schwärze wird über einen Erzähler zur Metapher für den pränatalen Zustand verdichtet. Das Geräusch des fahrenden Zuges verdeutlicht zugleich, dass sich die Kamera in einem Tunnel befindet. Das Ende des

Beispielanalyse: 2001: A SPACE ODYSSEY

Metaphorischer Geburtskanal: Die Anfangssequenz von BLAST OF SILENCE

Tunnels markiert damit auf der metaphorischen Ebene das Ende des Geburtkanals. In Bezug auf den weiteren Verlauf des Films wird die Erwartung hervorgerufen, dass der Zug irgendwann den Tunnel verlässt und sich die unmittelbare Fortführung des Films auch auf diesen Zug bezieht. So könnte eine Handlungssequenz in dem Zug begonnen werden, oder der Zug könnte an einem Bahnhof ankommen, wie es tatsächlich auch in dem Film geschieht. Die Schwärze wird in diesem Fall auf einer metaphorischen und auf einer realistischen Ebene konkretisiert und löst sich noch innerhalb der Einstellung auf. So wird unmittelbar aus der Schwärze heraus ein Handlungsraum sichtbar, der mit dem Ton korrespondiert.

Im Verlauf dieser Einstellung mischen sich noch Elemente anderer Raumtypen. Als deutlich wird, dass der Kamerablick ein Blick aus einem Tunnel ist, aus dem es ein Entrinnen nur nach vorne heraus gibt, ist der Raum visuell stark eingeengt und damit auch als klaustrophobischer Raum klassifizierbar. Die Bewegung auf einen Punkt hin und die Linienführung durch die Bahnschienen machen den Raum zu einer Flucht.

Im Unterschied zu der ersten Einstellung aus 2001: A SPACE ODYSSEY wird der Zuschauer hier über eine Kamerafahrt vorwärts durch unterschiedliche Raumeindrücke – unendliche oder nicht bestimmbare Ausdehnung der Schwärze, klaustrophobischer Raum und Flucht –, die über denselben konkreten Handlungsort (den Tunnel) erzeugt werden, in die diegetische Welt des Films eingeführt.

Ein weiteres Beispiel für einen ambivalenten Raumeindruck durch ein monochromes Bild – dies-

III. Typologie und Beispielanalyse

mal in einer anderen Farbe – bietet der Vorspann von DAS BOOT (1981 / TV-Fassung 1985; R: Wolfgang Petersen; vgl. Farbteil, Abb. 3). Nach einer historischen Einordnung des Geschehens in die U-Boot-Schlachten des Zweiten Weltkriegs durch einen weißen Text auf schwarzem Grund erscheint ein blassgrünes Bild, das an Aufnahmen durch ein Nachtsichtgerät erinnert. Dazu erklingt eine elektronische Musik, das typische metallische Klopfgeräusch eines Radars und ein dumpfes Grollen. Die beiden letzten Geräusche sind bereits bei der Einblendung des Textes zu hören. Alles deutet auf das Sichtbarwerden eines U-Boots hin. Auf welche Weise, bleibt zunächst noch ungewiss. Schließlich steuert es langsam aus dem Dunkel frontal auf die Kamera zu und gleitet über sie hinweg.

Das monochrome Bild gewinnt hier durch verschiedene Faktoren an Räumlichkeit. Aus der vorhergehenden Einstellung sind zwei Aspekte wichtig. Die Verortung des Filmgeschehens in den U-Boot-Krieg verweist auf das Meer als Handlungsraum. Das Klopfgeräusch und das Grollen werden mit dem im Text geschilderten Geschehen in Zusammenhang gebracht und damit als etwas für U-Boote Charakteristisches vorausgesetzt. Die Geräuschkulisse wird in die nächste Einstellung übernommen, sodass die wahrscheinlichste Möglichkeit ist, dass das grüne Bild eine Unterwasseraufnahme ist. Die farbliche Gestaltung schafft zusätzlich Räumlichkeit, da das blasse Grün durchsichtig erscheint.

In dieser Einstellung wird der Eindruck von Weite durch die Spezifizierung des Grüns als Unterwasseraufnahme im Meer erzeugt. Mit der leichten Struktur, die das Grün hat, ist der Raum gleichzeitig amorph.

Es wurden drei Strategien beschrieben, wie durch ein monochromes Bild eine Raumwirkung erzielt werden kann, wobei die beiden letztgenannten zusammengefasst betrachtet werden können: In 2001: A SPACE ODYSSEY wird der Zuschauer durch die Vermeidung von konkreten Anhaltspunkten für die Handlung des Films zu Assoziationen veranlasst. Hier stehen die Gestaltungselemente im Vordergrund und nicht die Darstellung von etwas, was eine Handlung vorantreibt. In den beiden anderen Beispielen wird die Aufmerksamkeit des Zuschauers durch präzise Informationen unmittelbar auf den Handlungsraum einer Geschichte hin kanalisiert. Sie bereiten über den Ton eine Entwicklung innerhalb des Bildes vor, und indem sich aus der Monochromie heraus eine Handlungssequenzialität entwickelt, werden auch jeweils die Anschlüsse an diese Einstellungen vorbereitet.

Planimetrische Räume

2. Einstellung (=1), Dauer: 00'10 (vgl. Farbteil, Abb. 10)

Ultramarinblauer Hintergrund. In der Mitte ist ein weißer Kreis, in dem holzschnittartig ein Löwenkopf skizziert ist. Darunter sind in demselben Weiß die Buchstaben *MGM* zu lesen. Zeitgleich erklingt ein tiefer, leiser, leicht vibrierender Ton, der die Einstellung über andauert.

Das plötzliche Erscheinen des Bildes durch einen harten Schnitt, das leuchtende Blau, die Veränderung der Tonspur und die nüchternen Formen machen diese Einstellung zu einem deutlichen Einschnitt. Der abrupte Wechsel nach der ungewöhnlich langen Dunkelheit im Kino, an das die Augen sich gewöhnt hatten, zu dem kräftigen Blau hin strengt die Augen zunächst an. Der Löwenkopf und die Buchstaben können vom Zuschauer mit entsprechendem Vorwissen als Markenzeichen und Initialen des Produktionsstudios Metro-Goldwyn-Meyer entziffert werden. Allerdings liegt hier eine Abweichung in der Gestaltung vor. Üblicherweise ist der Hintergrund schwarz, um den Kreis verläuft ein verschnörkeltes Band, auf dem der Name steht, und aus dem Kreis schaut der Kopf eines lebendigen Löwen, der zweimal brüllt. Diese eher zirkusähnliche Vorstellung des Studios wurde hier durch eine kühle, statische und reduzierte Repräsentation ersetzt. Ob der Zuschauer die Veränderung des Logos bemerkt, ist nicht relevant. Die Einstellung bedeutet einen abrupten und sachlich inszenierten Einschnitt, eine Zäsur, die das Vorhergehende abschließt und durch das Firmenlogo und die Schriftzeichen als Beginn des Vorspanns gekennzeichnet ist. Das kühle Blau und das stark vereinfachte Logo vermitteln den Eindruck einer auf das Wesentliche reduzierten Inszenierung. Das könnte bedeuten,

Beispielanalyse: 2001: A SPACE ODYSSEY

dass in dem Film die Strukturen eines Phänomens nachgezeichnet werden. Das Abbild eines lebendigen Löwen zeigt ein spezifisches Exemplar, während die vorliegende Gestaltung eine Skizzierung, eine Reduktion und damit eine Verallgemeinerung darstellt.

Die Figur-Grund-Beziehung, die hier sichtbar wird, ist das Erste, was den Sehgewohnheiten entspricht. Der Blick findet Halt.

Nichts von der visuellen Darstellung weist auf eine Quelle des tiefen, leisen Tons hin. Bild und Ton stehen dadurch unverbunden nebeneinander. Die Vibration und die Dauer des Tons evozieren den Eindruck einer Ankündigung von »etwas«, das der Einstellung folgen wird. Er wirkt spannungssteigernd, und durch die leichte Vibration wird ungeduldiges Abwarten suggeriert. Scheinbar drängt der Ton über die Einstellung hinaus, um sich entfalten zu können. Insofern verweist er auf die nächste Einstellung. Die Zäsur hat die Funktion, das Ende der ersten Einstellung und gleichzeitig den Vorspann einzuleiten. Würde dieses Verbindungsstück fehlen, würden die erste und die dritte Einstellung zu einer Einheit verschmelzen und die Aufblende die Wirkung der Schwärze mit der Klangkomposition relativieren, da sie nur Beginn oder Auftakt für das Geschehen der dritten wäre. So aber ist die erste Einstellung als ein formal abgeschlossener Teil (als Exposition/Prolog) zu betrachten, der den Zuschauer nicht in das unmittelbar Folgende einführt, sondern auf den Film in seiner Gesamtheit einstimmt, indem er zentrale Momente (das Raum-Zeit-Verhältnis, den langsamen Erzählrhythmus, den dramaturgischen Verlauf) der ästhetischen Konzeption des Films erfahrbar macht.

Im Prinzip handelt es sich hier um einen planimetrischen Raum in seiner extremsten Form. Die einzige Abweichung zur Definition Bordwells ist, dass der Löwe leicht diagonal von der Seite skiz-

Charakterisierende Hintergründe in CROUCHING TIGER, HIDDEN DRAGON

ziert ist. Es könnte darüber diskutiert werden, ob dieses Studiologo als Raum bezeichnet werden kann. Tatsächlich ist es eine Möglichkeit des Films, eine Tiefenstaffelung und damit den Eindruck von Räumlichkeit zu erzeugen. Eine derart einfache Figur-Grund-Beziehung ist eher für Titelsequenzen typisch. Denkbar sind auch abgefilmte Schriftzüge, die sich auf einer Wand befinden. Steht die Kamera so dicht vor der Wand, dass kein Boden oder Ähnliches sichtbar ist, wird ein ähnlich schwacher Eindruck von Tiefe erzeugt. Innerhalb des diegetischen Raums kommen solche Raumkonstruktionen selten vor.

Planimetrische Bildkonstruktionen im diegetischen Raum zeigen in anderen Filmen meistens eine oder mehrere Figuren von vorne oder von der Seite. In CROUCHING TIGER, HIDDEN DRAGON (Tiger & Dragon; 2001; R: Ang Lee) wird die Schwertkämpferin Yu Shu Lien (Michelle Yeoh) in einer Einstellung nahe von vorne aufgenommen, als sie einer Dame aus gutem Hause vorgestellt wird. Sie befindet sich im Schärfenbereich, wäh-

III. Typologie und Beispielanalyse

Keine Bewegungsfreiheit: TOKYO MONOGATARI

gert. Die aufrechte, bescheidene Persönlichkeit der Figur, die sich auch in der einfachen Kleidung und der Mimik widerspiegelt, wird mit dieser Inszenierung hervorgehoben. Der Hintergrund ist unbedeutend. Auf der anderen Seite erscheint die Dame, die ebenfalls nahe mit einer flachen Tiefenwirkung aufgenommen wurde, eher maskenhaft und in ihre Umgebung eingebunden. Dazu tragen zum einen deutlich die vornehme Kleidung, die Schminke und die mondäne Frisur bei; zum anderen wird die Figur nicht durch unterschiedliche Schärfenbereiche aus ihrer Umgebung hervorgehoben. Sie steht vor einer Wand mit Rolltransparenten, auf denen sich Schriftzeichen befinden und an der ein Gemälde hängt. Vor der Wand steht eine Kommode mit Gegenständen, die offenbar als eine Art Schrein dient. Die Frau steht rechts im Bild, sodass ihr Umfeld gut zu erkennen ist. Auch hier handelt es sich um einen planimetrischen Raum mit zwei Ebenen. Dem Hintergrund wird bei dieser Konstruktion aber mehr Bedeutung beigemessen. Er weist auf die gesellschaftlichen Zwänge hin, denen die junge Frau unterworfen ist. In dieser Sequenz wird die erste Begegnung der unabhängigen Kämpferin mit der an gesellschaftliche Traditionen gebundenen Frau gezeigt. Beide Raumkonstruktionen sind der Kategorie des planimetrischen Raums zuzuordnen. Sie charakterisieren die Figuren aber jeweils sehr unterschiedlich durch die Verwendung des Schärfenbereichs und durch die Objekte, die sie umgeben. Die Kämpferin erscheint weitgehend losgelöst von ihrer Umgebung und erscheint dadurch als klar, während die Dame zwischen den Insignien ihres Standes und hinter ihrer mondänen Kleidung als Individuum verschwindet.

Yasujiro Ozu inszeniert die Räume in TOKYO MONOGATARI (Die Reise nach Tokio; 1953) häufig planimetrisch. Charakteristisch sind für diesen Film die Aufnahmen in den Wohnungen, bei denen die Figuren auf dem Boden sitzend fotografiert sind. Ein gutes Beispiel stellt die Szene bei den Großeltern zu Beginn des Films dar, als sie sich über die bevorstehende Reise zu ihren Kindern in Tokio unterhalten. Der Mann und die Frau sind von der Seite zu sehen. Der Mann befindet sich in der rechten Bildhälfte mit dem Gesicht

rend der Hintergrund unscharf bleibt. Dadurch entstehen zwei deutlich voneinander getrennte Bildebenen, was die Tiefenwirkung extrem verrin-

und schaut ins rechte Off. Die Frau sitzt ihm im Rücken, ist also ebenfalls dem rechten Off zugewandt. Sie sitzt leicht versetzt hinter dem Mann. Die Aufnahmen zeigen die beiden mit leichter Untersicht. Die Wände und Türen im Hintergrund verlaufen horizontal, wodurch eine Tiefenstaffelung durch verschiedene Ebenen erzeugt wird. Die Figuren bilden eine Ebene, die zweite Ebene bildet eine Wand, und in einer Sequenz schaut eine Nachbarin zum Fenster herein, durch das die gegenüberliegende Häuserwand sichtbar ist. Hierdurch ist diese Bildstruktur sogar in drei Ebenen unterteilt, die sehr nahe beieinander zu liegen scheinen. Die Wände und Türen der engen Wohnung weisen zumeist gitterähnliche Strukturen auf. Zusätzlich zu der räumlichen Enge erwecken diese Strukturen, nach westlichem Verständnis, den Eindruck von eingeschränkter Bewegungsfreiheit. Fluchten, wie sie mit linearperspektivischen Konstruktionen erzeugt werden können, sind fast ausschließlich in Außenaufnahmen zu finden. Und selbst diese Konstruktionen zeigen in diesem Film enge Gassen zwischen kleinen Häusern. Einen befreienden Kontrast zu den engen Wohnungen bieten diese Räume nicht. Sie wirken eher wie Verbindungsgänge zwischen den engen Behausungen.

Die Beispiele aus den beiden Filmen haben gezeigt, wie mit planimetrischen Räumen Figuren und gesellschaftliche Verhältnisse charakterisiert werden können. In CROUCHING TIGER, HIDDEN DRAGON ging es darum, die verschiedenen Lebensstile zweier Figuren zu kontrastieren. Im zweiten Beispiel wird gewissermaßen ein familiärer Raum mit planimetrischen Konstruktionen inszeniert, die eine hermetische Atmosphäre erzeugen.

In 2001: A SPACE ODYSSEY spielen planimetrische Raumkonstruktionen keine bedeutende Rolle. Die nächste Einstellung zeigt vielmehr an, dass die Tiefe des Raums für den weiteren Verlauf des Films von Bedeutung sein wird.

Abblende

00'06 Schwärze. Der Ton aus der vorhergehenden Einstellung wird gehalten.

Aufblende

Beispielanalyse: 2001: A SPACE ODYSSEY

Raum als Flucht

3. Einstellung (=1), Dauer: 01'28 (vgl. Farbteil, Abb. 11)

Das Bild ist in bläulichem Schwarz gehalten. Die obere Hälfte eines Gestirns wird sichtbar. Sie füllt fast den ganzen Bildschirm aus. Rechts und links verläuft der Bogen ab der Bildmitte nach oben. Oben ist noch ein schmaler Streifen zum Bildrand hin frei. Das Gestirn bewegt sich langsam nach unten. Hinter dem Gestirn werden die oberen Hälften zweier anderer Gestirne sichtbar. Das hinterste Gestirn bewegt sich nach oben, ungefähr in dem gleichen Tempo, in dem sich das vordere nach unten verschiebt. Es leuchtet goldgelb, sodass es sofort als Sonne identifiziert werden kann. Naheliegend ist, dass es sich bei dem vorderen Gestirn um den Mond und bei dem mittleren um die Erde handelt. Alle drei Gestirne liegen genau auf einer Achse, wobei sie zum Bildhintergrund hin deutlich kleiner werden, sodass sich eine Tiefenstaffelung ergibt, die sich auf einen Fluchtpunkt hin erstreckt. Das Licht der Sonne fällt auf die Kuppel der Erde. Der Rest des Bildes ist schwarz mit kleinen, schwach weißlich leuchtenden Punkten. Der Mond zieht sich weiter nach unten zurück, bis er im unteren Off verschwindet. Die Sonne steigt weiter nach oben. Unmittelbar nach dem Verschwinden des Mondes erscheinen in der unteren Bildhälfte in weißen, großen Druckbuchstaben die Schriftzüge, in denen die Produktionsfirma, der Produzent und der Titel des Films genannt werden. Die Sonne bewegt sich langsam weiter nach oben. Die Ausleuchtung wird nach unten hin schwächer, sodass der untere Teil der Erde nur zu erahnen ist. Die Sonne wird, während der letzte Credit erscheint, langsam vollständig sichtbar. Das Bild wird einige Sekunden gehalten. Die Dunkelheit des Weltalls wird größtenteils von dem gleißenden Licht der Sonne und den weißen Credits zurückgedrängt.

Während der Einstellung erklingt die Einleitung von *Also sprach Zarathustra* von Richard Strauss. Im Hintergrund ist ein leises, aggressives Rauschen zu hören, das an einen Raketenstart erinnert.

III. Typologie und Beispielanalyse

Abblende

Schwärze. Die Musik klingt aus. Die Schwärze dauert noch ein paar Sekunden ohne Musik an.

Die Raumkonstruktion wandelt sich in dieser Einstellung von einem nahezu planimetrischen Raum zu einer Flucht. Der Rückzug des Mondes verändert die Raumkonstruktion also von einem flächigen zu einem tiefen Raum hin. Die einzigen Tiefenkriterien sind zuvor eine einfache Figur-Grund-Beziehung vom Mond und dem schwarzen Hintergrund bzw. dem Weltall sowie die Strukturen auf der Mondoberfläche, welche die Figur plastischer machen. Durch die Bewegung des Mondes wird der Blick auf den dahinter liegenden Raum freigegeben. Zugleich erscheint in der Tiefe des Raums sukzessive eine Lichtquelle, deren Licht den Raum von ihr bis zur Position zur Kamera erst überschaubar macht. Diese Tiefe wird wiederum durch insgesamt drei Objekte – Mond bzw. Credit, Erde und Sonne – erreicht, die durch ihre Lage eine Tiefenstaffelung ergeben. Dem Blick des Zuschauers wird in dieser Einstellung ein Raum eröffnet, der, wie im letzten Credit mit *A Space Odyssey* angedeutet, wahrscheinlich der Handlungsraum des Films sein wird. Gleichzeitig inszeniert Kubrick einen allmächtigen Blick der Kamera, die den Zuschauer einen für ihn unmöglichen Blickpunkt einnehmen lässt. Dieser Blick ist aber nicht auf Personen gerichtet, sondern auf Objekte, die in ihrer Form und Anordnung geometrisch sind. Auch hier ist eine Tendenz zur Abstraktion erkennbar, die ein Hinweis darauf sein könnte, dass es sich bei der Handlung des Films um ein Modell handelt und nicht Individuen im Mittelpunkt stehen.

Die Einstellung kann als Sinnbild für Aufbruch oder Beginn wahrgenommen werden. Aufbruch, weil Licht eine der wichtigsten Voraussetzungen für menschliches Handeln ist und hier Licht die Dunkelheit des Alls durchbricht. Außerdem bedeutet Sonnenaufgang auch Tagesanbruch. Ein Zusammenhang von Licht als Metapher für Erkenntnis und damit verbundenem Raumgewinn scheint hier als zentrales Moment des Films vorgestellt zu werden.

Die lineare Anordnung der Planeten wirkt richtungsweisend auf einen Zielpunkt hin. Diese Wirkung von Linearität im Bild wird zunächst näher erläutert. Die Dynamik der Komposition verläuft vom unteren Bildvordergrund zum oberen Bildhintergrund, was durch die Reihung der Objekte, das Sich-Zuspitzen (Gestirne werden kleiner), einen Eindruck von Steigerung vermittelt. Dabei könnten die Gestirne jeweils Stationen einer Entwicklung sein, wobei die Sonne die zu erreichende Stufe wäre.

Ebenso exakt wie die lineare Anordnung ist die Form der Objekte. Kugeln und Kreise bevorzugen keine Richtung. Es ergibt sich also eine Bildkomposition, die die Richtungslosigkeit von runden, festen Objekten und deren linearer Anordnung, die sie beschreiben, verbindet. Die Dynamik der Linearität ist also verschränkt mit der Dynamik der runden Objekte, die in sich geschlossen, das heißt selbstbezogen ist. Die Linearität der Anordnung kann als Sinnbild für teleologische und die Rundheit der Objekte als Sinnbild für zyklische Prinzipien interpretiert werden.

Die Bewegung erzeugt eine Verschiebung des Fokus. Der Mond zieht sich aus dem Gesichtsfeld zurück, das er zu Beginn der Einstellung nahezu vollständig ausfüllt, und die Sonne rückt in den Mittelpunkt der Aufmerksamkeit. Im Verlauf dieser Verschiebung steigert sich die Musik zum Finale.

Die Raumwirkung in dieser Einstellung konstituiert sich durch eine strenge Geometrisierung. Die Positionierung der Objekte, ihre Formen und der Betrachterstandpunkt sind akkurat auf einer Achse angeordnet. Die Bewegungen bedeuten nur langsame, zögerliche Verschiebungen nach unten und oben, ohne die Linearität aufzubrechen. Jedoch erfolgt eine Verlagerung im Spannungsgefüge des Bildes. Zunächst ist der Mond Mittelpunkt. Aufgrund seiner Größe und seiner Position verstellt er den Blick. Er bewegt sich nach unten, und als spannungserzeugender Gegenpol erscheint die Sonne, die zwar kleiner ist, dafür aber durch ihre Leuchtkraft die zunächst überlegene Präsenz des Mondes durch seine Größe im Bildraum ausgleicht. Nachdem der Mond den Bildraum verlassen hat, erscheinen die Credits an seiner Stelle.

Beispielanalyse: 2001: A SPACE ODYSSEY

Dadurch gerät die Komposition nicht aus dem Gleichgewicht. Würde im Bildvordergrund eine Leerstelle gelassen, wäre die Dreier-Konstellation aufgelöst und das Bild würde zum Hintergrund hin »übergewichtig«. Die Hinweise verdichten sich auf eine sich vollziehende Entwicklung, die in dem Film erzählt wird. Den Raum für diese Entwicklung bildet das unendliche Weltall.

Den Höhepunkt der Einstellung bildet die vollständige Sichtbarkeit der Sonne und damit auch die Leuchtkraft, die sie vor dem Auge der Kamera bzw. des Zuschauers entfaltet. Das Spannungsverhältnis entsteht zwischen der Sonne und dem Mond bzw. den Credits. Der Blick oszilliert auf der vertikalen Achse zwischen diesen beiden Polen, die sich gleichzeitig verschieben (später entziffert der Zuschauer die Credits, die an Stelle des Mondes erscheinen). Am Ende der Einstellung prangt die Sonne wie ein Emblem in der oberen Bildhälfte. Diese Verschiebung der Gestirne stellt so etwas wie astrologische Metapher dar. Die Sonne als Symbol der Erkenntnis verdrängt die Dunkelheit als Symbol der Unwissenheit. Diese »dunkle« Unwissenheit erscheint in Gestalt des Mondes, der den Blick des Zuschauers und den Weg des Lichts zunächst versperrt.

Die Flächigkeit des Bildes stellt für jeden Zuschauer einen gleichermaßen zwingenden Blickpunkt bereit. Der Blick der Kamera auf das Geschehen erfolgt von einem nichtdefinierten Standpunkt irgendwo im All. Die Kamera hat in diesem Fall eine eher starre Position (auch wenn nicht klar entschieden werden kann, ob sie sich nicht auch ein bisschen bewegt), von der aus sie das Geschehen aufnimmt, womit ihre protokollierende Funktion hervorgehoben wird.

In dieser Einstellung konkretisieren sich die Prognosen, die aus der Anfangseinstellung nur als erste Assoziationen hervorgehen konnten. Den Raum, in dem sich das Geschehen abspielt, ist das Weltall. Die Bewegung selbst ist auf die vertikale Achse beschränkt, die sich aus dem Kamerastandpunkt und den Gestirnen zusammensetzt. Die Bewegung der Sonne suggeriert, dass hier der Beginn und das Ziel eines Entwicklungsprozesses beschrieben werden. Die Verschiebung im Bild führt zu einem Raumgewinn für den Blick, der zunächst durch die Erde und die Lichtverhältnisse eingeschränkt ist. Nachdem der Mond im unteren Off verschwunden ist, erscheinen an Stelle seiner runden, richtungsunspezifischen Form Schriftzeichen, die horizontale Linien bilden und von links nach rechts gelesen werden. Die lineare Anordnung von Zeichen, die in einer vorgegebenen Richtung entziffert werden, bildet eine komplexere Struktur gegenüber der ursprünglichen Form des Mondes (vgl. Arnheim 1978: 178ff.). Parallel dazu erhebt sich die Sonne und entfaltet ihre Leuchtkraft. Das könnte darauf hinweisen, dass die Entwicklung von Kultur, die mit Licht und Ausdehnung im Raum bzw. Verfügbarkeit über Raum durch Licht zusammenhängt, das zentrale Moment des Films darstellt.

Um die Bezugssysteme zu verdeutlichen, die in dieser Einstellung eröffnet werden, ist die nähere Betrachtung des Filmtitels aufschlussreich, der ebenfalls für eine wichtige Rolle des Raums spricht. Der erste Teil des Titels benennt einen Zeitpunkt in Form der Jahreszahl 2001, die bei Fertigstellung des Films 33 Jahre in die Zukunft weist. Im zweiten Teil des Titels wird die Heimreise des Helden Odysseus aus der griechischen Mythologie in den Weltraum verlegt. Die Jahreszahl stellt eine relativ präzise Zeitangabe dar. Mit der Sage wird in der Regel eine lange, schwierige Reise assoziiert. Sprichwörtlich steht die Odyssee einfach für eine lange Irrfahrt. Genauer betrachtet handelt es sich aber um die Heimreise des Helden nach dem Trojanischen Krieg, auf der er viele Abenteuer bestehen muss, bis er schließlich an sein Ziel gelangt. Odysseus ist der Prototyp eines rational denkenden Geistes, der sich nicht seinem Schicksal ergibt, sondern den Gefahren mit Besonnenheit und Kalkül begegnet.

Die Reise kann als Metapher für die Entwicklung der instrumentellen Vernunft zur Unterwerfung der Natur gelesen werden. Das mythische Zeitalter, in dem der Mensch eins ist mit der Natur und deren zyklischen Prinzipien (zum Beispiel der Lauf der Jahreszeiten und die daran gebundenen mythischen Rituale) unterworfen, wird durch aufklärerisches Denken (zum Beispiel die Bildung von Begriffen) abgelöst, das den Menschen mehr Autonomie gegenüber der Natur gewährt, ihn aber

III. Typologie und Beispielanalyse

Raum als Flucht in LE DÉCLIN DE L'EMPIRE AMÉRICAIN...

zugleich durch die zunehmende Verfügungsgewalt von ihr entfremdet. Dieser Prozess der Abgrenzung des Menschen von der Natur bildet die Voraussetzung zur Subjektwerdung. Ein wichtiges Instrument dafür ist die Sprache. Die Bildung von Begriffen, um Dinge nach Merkmalsgleichheit zusammenzufassen und in ihrer Abwesenheit verfügbar zu machen, schafft diese Distanz. Dabei wird die Abhängigkeit von der Natur nur scheinbar überwunden, denn der Prozess der Entmystifizierung läuft Gefahr, in den Glauben an die Allmacht naturwissenschaftlicher Erkenntnismöglichkeiten zu münden. Verkannt wird, dass jede technische Errungenschaft zur Beeinflussung von Natur selbst nur umgewandelte Natur sein kann. Jeder Schritt, der als Befreiung von der Naturverfallenheit wahrgenommen wird, bedeutet gleichzeitig einen Schritt in den Mythos der Autonomie. An die Stelle der Eingebundenheit des Menschen in die zyklischen Abläufe der Natur tritt das Bewusstsein für die Teleologie des Fortschritts.

Bleibt noch festzuhalten, dass der Reisende an seinen Ursprungsort zurückkehrt, sodass sich hier das Motiv der Rückkehr zum Ursprünglichen (siehe Analyse der ersten Einstellung) wiederholt.

Die Funktion und Symbolik des Lichts bzw. der Sonne wird nun näher untersucht. Die Sonne ist die einzige Lichtquelle in dieser Einstellung. Sie ist durch ihr Licht und ihre Wärme Bedingung allen Lebens auf der Erde. Ihr Licht »veranschaulicht den Augen den Lebenszyklus der Stunden und Jahreszeiten« (Arnheim 1978: 297). Rein physiologisch betrachtet wirkt helles Licht anregend auf das vegetative Nervensystem (vgl. Mikunda 2002: 253ff.). Die Sonne als aufgehende Lichtquelle zeigt eine alltägliche Erfahrung des Menschen. Ihr tägliches Auf- und Untergehen und ihre Form (auch die der anderen Gestirne) sind Zeichen eines zyklischen Prinzips. Die emblematische Position, in der sie am Ende der Einstellung stillsteht, stellt hingegen ein Ziel, einen Endzustand dar, der erreicht wird oder erreicht werden soll.

Das könnte für die Struktur des Films bedeuten, dass die Stufen der Entwicklung, die durch die Gestirne symbolisiert sind, gleichzeitig Fortschritt und Wiederholung sind. Da Licht Voraussetzung für die meisten Tätigkeiten ist, stellt es

Beispielanalyse: 2001: A SPACE ODYSSEY

eine wesentliche Voraussetzung für die Gestaltung und damit für die Entwicklung von Autonomie gegenüber der Natur für den Menschen dar. Das Licht entwickelt sich hier zur Metapher für die Möglichkeit, sich im Raum orientieren zu können und infolgedessen zu entdecken und sich Ziele vorzustellen, die über den mit den anderen Sinnen erfahrbaren Raum hinausgehen. Dem Sehsinn wird hier die zentrale Rolle zur Entwicklung der Naturbeherrschung zugeschrieben. Es ist naheliegend, die auf die Sonne als Fluchtpunkt ausgerichtete lineare Komposition des Bildes in Verbindung mit dem Titel als Entwicklung des Logos oder der instrumentellen Vernunft zu interpretieren. Gleichzeitig repräsentieren die Gestirne das Zyklische als Sinnbild für den Mythos.

Die These für den weiteren Verlauf des Films lautet: Das dialektisch verschränkte Verhältnis von Mythos und Logos wird anhand einer Reise im Weltraum zu einem bestimmten Zeitpunkt dargestellt. Die Gestirne markieren dabei einen begrenzten Raum innerhalb des Alls, in dem das Geschehen stattfindet. Die Reise im Weltall setzt ein Zeitalter der Raumfahrt voraus.

Die Schwärze vor und nach der Auf- bzw. Abblende stellt eine Rahmung und eine Wiederholung dar. Aus der Schwärze erscheint etwas; eine Art Erleuchtungsprozess vollzieht sich, und alles versinkt wieder in der Schwärze. Auch diese Gestaltung kann ein Hinweis auf zyklische Strukturen sein, die im Film eine Rolle spielen.

In LE DÉCLIN DE L'EMPIRE AMÉRICAIN (Der Untergang des amerikanischen Imperiums; 1986; R: Denys Arcand) und BELLE DE JOUR (1967; R: Luis Buñuel) dienen ebenfalls als Flucht konstruierte Räume zur Gestaltung der Titelsequenz. Im ersten Beispiel handelt es sich um einen langen breiten Gang in einer Universität, den die Kamera langsam mit einer Vorwärtsfahrt durchmisst. Währenddessen erscheinen die Credits. Zunächst sind die einzelnen Buchstaben nur als Striche sichtbar, anschließend klappen die Namen der Mitwirkenden nach vorne, es entsteht also der Eindruck, als würden sie nach vorne aufgestellt und als stellten die Striche nur die Unterseite der Buchstaben dar. Nach einigen Sekunden verblassen die Namen schnell. Zuvor hat in einer Art Prolog ein Professor

... und in BELLE DE JOUR

III. Typologie und Beispielanalyse

seinen Studenten seine Ansicht über die Amoral der Kulturgeschichte erklärt. Die Kamerafahrt und die erscheinenden und kurze Zeit später wieder verblassenden Namen visualisieren in diesem Zusammenhang die Vergänglichkeit menschlicher Existenzen im langsamen, linear fortschreitenden Lauf der Geschichte. Die Fahrt endet vor einer Fensterbank, auf der zwei Frauen sitzen, die eine Unterhaltung beginnen. Die Titelsequenz geht nahtlos in die Diegese des Films über. Auf der Ebene der Raumkonstruktion wird dieser Übergang markiert, indem sich der Raum von einer Flucht zu einem figurenzentrierten Raum wandelt.

Auch in BELLE DE JOUR geht die Titelsequenz nahtlos in die Filmhandlung über. Hier bleibt die Kamera zunächst statisch, während ein Weg in einem großen Park in einer totalen Einstellung zu sehen ist, die ihn vom linken Bildvordergrund in den rechten Bildhintergrund verlaufend zeigt. Hufgetrappel ist zu hören, und nach einigen Sekunden fährt aus dem Bildhintergrund langsam eine Kutsche heran. Credits erscheinen links und rechts im Bild. Als die Kutsche an der Kamera vorbeifährt, folgt diese dem Gefährt mit einem Schwenk. Die Einstellung wirkt statisch, obwohl sich ein Objekt vor der Kamera bewegt. Diese Statik wird erst an der Stelle aufgebrochen, an der die Kamerabewegung beginnt. Die Szenerie wird durch die totale Einstellungsgröße sehr distanziert betrachtet, und erst durch die Veränderung des Blickpunkts entsteht eine entscheidende Dynamisierung. Der Kamerablick folgt der Kutsche, die sonst im linken Off verschwinden würde, und verleiht ihr dadurch Bedeutung für die folgende Handlung. Die Sequenz mündet in der Auspeitschung und der angedeuteten Vergewaltigung der Protagonistin Séverine (Catherine Deneuve) durch die beiden Kutscher auf Befehl ihres Mannes. Die Szene erweist sich wiederum als Tagtraum von Séverine. Buñuel legt in zweifacher Hinsicht eine falsche Fährte: Zunächst wird über eine gediegene, großbürgerliche Szenerie in die Diegese des Films eingeführt, die sich als trügerisch erweist, weil sie unvermittelt in einen sadomasochistischen Exzess übergeht. Zudem stellt sich heraus, dass es sich um die Fantasie einer Figur handelt, was zunächst nicht erkennbar war. Der Zuschauer kann erst ab einem bestimmten Grad von Absurdität vermuten, dass es sich wahrscheinlich nicht um die eigentliche Realität innerhalb der Diegese handelt. Ein als Flucht gestalteter Raum dient auch hier dazu, langsam in die Diegese einzuführen. Während in der zuvor beschriebenen Einstellung der Zuschauer, durch eine Kamerafahrt vermittelt, durch den Raum geführt wird, entwickelt sich hier die Bewegung aus dem Raum heraus auf den statischen Blickpunkt des Zuschauers zu, der erst in Bewegung gerät, als das Objekt an ihm vorbeizieht. Beide Bewegungen verlaufen geradlinig und auf einem vorgezeichneten Weg. Bei LE DÉCLIN DE L'EMPIRE AMÉRICAIN ist der Zuschauer in die Bewegung mittelbar involviert, und die Credits bringen durch die spezifische Form ihres Erscheinens eine zusätzliche Dynamik ein. Die Inszenierung ist dadurch insgesamt lebendiger als bei BELLE DE JOUR. Dessen grundlegendes Moment ist die Statik, die als Leblosigkeit der bürgerlichen Gesellschaft interpretiert werden kann, die durch die Unterdrückung der Sexualität diese wieder in pervertierter Form hervorbringt.

Kubricks 2001: A SPACE ODYSSEY erweist sich im Vergleich mit den beiden anderen Filmen als Sonderfall. Die Konstellation der Gestirne stellt zwar die erste Einstellung des Films dar, in der Objekte und damit ein identifizierbarer Raum eröffnet wird, die metaphorische Inszenierung, die Abwesenheit von Figuren und die formale Rahmung durch Auf- und Abblende lassen sie jedoch eher als eine Zusammenfassung denn als Beginn einer Handlung erscheinen. Im Gegensatz dazu wird in den beiden anderen Filmen über die als Flucht konstruierten Räume nahtlos in die Handlungen der Filme eingeführt. Sie bilden gewissermaßen den Auftakt.

Aufblende

Erzählerraum und leere Räume

4.-15. Einstellung (=12), Dauer: 01'32 (vgl. Farbteil, Abb. 13)

Morgenröte. Der Himmel – der Horizont verläuft ungefähr in der Bildmitte – ist dunkel gelb-rot. In der rechten Bildhälfte sind schemenhaft Felsen zu

Beispielanalyse: 2001: A SPACE ODYSSEY

erkennen. Die untere Bildhälfte ist braun-schwarz. Es ist eine Steppenlandschaft zu erahnen.

Nach circa sieben Sekunden erscheint der Zwischentitel in weißen Druckbuchstaben: *The Dawn of Man* (in der synchronisierten Fassung: *Aufbruch der Menschheit*). Der Zwischentitel verblasst nach circa sieben Sekunden.

Auf der Tonspur sind zirpende Grillen und ähnliche Tierlaute sowie leises Windrauschen zu hören.

Nichts deutet darauf hin, dass es sich nicht um eine Landschaft der Erde handelt. Der Titel spricht sogar dafür, da der Beginn der Menschheitsgeschichte angekündigt wird. Insofern ist die Annahme, dass es sich hier um eine irdische Landschaft handelt, vorrangig, obwohl im Science-Fiction-Genre auch Varianten denkbar sind.

Die amorphen Strukturen des Bildes werden von der Präzision der Buchstaben überlagert, die sich auch farblich deutlich vom Rest des Bildes abheben. Die Lettern des Zwischentitels weisen im Gegensatz zu denen des Vorspanns Serifen auf und sind an manchen Stellen leicht geschwungen. Inhalt und Gestaltung vermitteln den Eindruck einer Kapitelüberschrift von einer Chronik. Der Zwischentitel ist ein Hinweis dafür, dass jemand erzählt. Als vermittelnde Instanz zwischen Autor und Rezipient stellt der Titel etwas Dazwischengeschaltetes dar und gehört nicht zum abgefilmten Raum. Er befindet sich zwischen Kamera- bzw. Zuschauerblick und dem eigentlichen filmischen Raum. So wirkt der Zwischentitel wie der Eingriff einer höheren Instanz, die das Geschehen präsentiert und ankündigt. Die Schrift erscheint in großen Buchstaben etwas unterhalb der Mitte des Bildes anstatt irgendwo am Rand und schränkt damit die freie Sicht auf die Landschaft ein. Der Schriftzug bildet also eine Art Schranke und zieht die Aufmerksamkeit auf sich. Nachdem der Zuschauer das Bild zuvor in Ruhe betrachten konnte, kann er jetzt nur über diese Blockade hinweg in den Raum schauen. Sein Blick oszilliert zwischen der Schrift und der Weite hinter ihr. Die Präsenz eines Autors wird damit artikuliert, der den Zuschauer auf das zukünftige Geschehen vorbereitet und implizit damit sagt, dass es noch andere Zwischentitel geben wird. Außerdem entsteht der Eindruck, dass die Menschheitsgeschichte in Form einer Chronik dargestellt wird, was die Narrativität betont.

Dawn heißt eigentlich Morgendämmerung oder Tagesanbruch und im übertragenen Sinne Beginn. Das Bild wird spezifiziert: Es handelt sich um Morgenröte. *Dawn* bezieht sich aber vor allem auf *Man*, womit wieder der Zusammenhang von Sonnenaufgang/Erhellung und Aufbruch/Beginn als Motiv wiederholt und auf die Menschheit hin konkretisiert wird. Wörtlich übersetzt hieße es dann: Morgendämmerung der Menschheit. Der Morgen als Tagesanbruch ist aber nur ein Teil der zyklischen Abfolge von Tag und Nacht. Das weist darauf hin, dass auch die Entwicklung der Menschheit wieder in den Urzustand zurückkehrt. Die Entwicklung der Menschheit wird in dem Titel als handlungsstrukturierendes Moment des Films genannt. Der Titel suggeriert, dass die Menschheit bereits existiert, aber im metaphorischem Sinne aus der Dunkelheit ans Licht kommt. Die Metapher des Erhellens durch den Sonnenaufgang aus der dritten Einstellung wird hier wieder aufgenommen und auf den Beginn der Menschheitsentwicklung hin verdeutlicht.

Der Zwischentitel wird im Bild präsentiert anstatt wie die Credits zuvor einfach auf schwarzem Untergrund. Ein harter Bruch zwischen Vorspann und der ersten Sequenz wird vermieden. Eine vorgelagerte Präsentation des Titels wäre eine übergeordnete Überschrift für das Folgende und hätte den Charakter eines Lehrfilms, der dem Zuschauer in einem Filmkapitel den Beginn der Menschheitsentwicklung erklären will. Dem Zuschauer wird Zeit gelassen, das Bild zu betrachten, bevor der Zwischentitel mit eleganter Beiläufigkeit Präsenz beansprucht, ohne die Wahrnehmung gänzlich zu okkupieren. Dadurch wirkt er eher kommentierend als auf eine bevormundende Weise erklärend. Dass der Titel erst nach der Hälfte der gesamten Dauer der Einstellung erscheint, zeigt den Vorrang des Bildes gegenüber der Sprache bei der ästhetischen Konzeption des Films. Durch die Zwischenschaltung des Titels wird aber auch Distanz zwischen dem Zuschauer und dem Bild geschaffen. Den Titel in das Bild zu integrieren betont dessen Künstlichkeit und Manipulierbarkeit.

III. Typologie und Beispielanalyse

Die Geste des Zeigens wird damit direkt dieser Einstellung unterlegt, sie gilt durch die Ankündigung von dem, was gezeigt werden wird, aber auch für die folgenden Einstellungen. In ausgeprägter Weise als bei einem Titel auf schwarzem Grund schaltet sich hier ein impliziter Erzähler ein.

In BARRY LYNDON (1975; R: Stanley Kubrick) tritt eine Erzählinstanz sowohl visuell als auch akustisch in Erscheinung. Der Film ist in mehrere Teile unterteilt, die durch Texttafeln eingeführt werden. Der diegetische Raum und der Erzählerraum, soweit er sich durch Schriftsprache bemerkbar macht, überlagern sich hier nicht. Die Zwischentitel bleiben vom eigentlichen Handlungsraum getrennt. Diese Form der Gliederung lehnt sich damit stärker an die Literatur an als in 2001: A SPACE ODYSSEY, bei dem es sich um Inserts handelt, also die gleichzeitige Präsentation von Text und diegetischem Raum. Während der Diegese schaltet sich immer wieder ein Erzähler aus dem Off ein, der aber keine Figur der Erzählung darstellt. Es handelt sich um einen neutralen Erzähler, der den Zuschauer durch den Film begleitet, indem er die Erlebnisse des Protagonisten erklärend kommentiert und vorgreifend über die Schicksalsschläge informiert, die diesen ereilen werden. Einerseits entsteht Spannung durch die aufkommende Frage, wie sich die Handlung zu diesen Schicksalsschlägen hin entwickelt, andererseits schafft die dazwischengeschaltete Stimme Distanz zwischen Zuschauer und Protagonist, da Ersterer mehr weiß als Letzterer und die vermittelnde Instanz sich immer wieder einmischt.

PULP FICTION (1994; R: Quentin Tarantino) beginnt mit einer Texttafel, auf der der Lexikoneintrag zum Begriff *Pulp* zu lesen ist. Die folgende Handlung wird damit einem literarischen Genre zugeschrieben. Die Definition dessen, was folgt, bezeugt einerseits Reflexivität, kann in diesem Fall aber auch zusätzlich bedeuten, dass eine appropierte Sichtweise, wie sie ein Lexikon dokumentiert, ergänzt, korrigiert oder widerlegt werden soll. Dafür spricht der Wortlaut, der dieses Genre in drastischer Weise als minderwertig, gar als Schund und Abfall deklariert. Der Zwischentitel lenkt vielmehr die Aufmerksamkeit des Zuschauers auf Genreaspekte, deren sich der Filmemacher bewusst ist (vgl. Hickethier 2002: 97). Diese Reflexivität lässt ironische Brechungen erwarten.

Die übrigen Einstellungen der ersten Sequenz aus 2001 (5-15) stellen weitere Momentaufnahmen des Tagesanbruchs dar. Die ersten sind sehr dunkel, sodass noch nicht erkennbar ist, was für eine Landschaft gezeigt wird. Als die Sonne höher steht, wird eine Wüsten- und Felslandschaft sichtbar. Die Vegetation ist dementsprechend spärlich. Weder tierisches noch menschliches Leben ist bisher sichtbar. Zirpende Grillen und leises Windrauschen sind im Hintergrund zu hören.

Während die vorhergehenden Einstellungen sehr artifiziell wirken, war die Eröffnung des Raums in Einstellung 4 im Vergleich naturalistisch. Das Bild ist eine durchaus nicht ungewöhnliche Landschaftsaufnahme. Die Geräusche gehören hier, im Gegensatz zur Musik im Weltall, zu dem im Bild gezeigten diegetischen Raum. Die Tonquellen in der gesamten Sequenz sind nicht sichtbar, weil sie im Off oder im Schutz der Dunkelheit verborgen sind oder sein könnten. Die Geräusche in der Sequenz, die von Tieren oder von Wind stammen, sind nicht Gegenstand der Darstellung, sie dienen der Darstellung von Stille.

»Das Erlebnis der Stille ist ein *Raumerlebnis*. Am tiefsten ist die Stille, wenn ich in einem gewaltigen Raum von sehr weit her Geräusche vernehme. Auch der geräumigste Raum wird *mein Raum*, meine Umgebung sein, wenn mein Gehör für ihn ausreicht und der Lärm der fremden Welt nur von irgendwo jenseits zu mir dringt. Einen völlig tonlosen Raum jedoch werden wir niemals als ganz konkret, ganz wirklich empfinden. Er wird stets gewichtlos, stofflos wirken. Denn was wir *nur sehen*, ist nur Vision. Den gesehenen Raum werden wir nur dann als Realität empfinden, wenn er auch Töne hat. Erst dadurch erlangt er seine Tiefendimension.« (Balázs 1972: 190ff.)

Balázs geht soweit, die Darstellung von Stille als genuin (ton-)filmisch zu bezeichnen. Folgt man dieser Aussage, ist die Stille konstitutiv für die Raumwahrnehmung in dieser Sequenz. Überraschend an den Ausführungen ist, dass Töne Voraussetzung für Stille sein sollen. Tonlosigkeit wäre irritierend und würde einem technischen Fehler

Beispielanalyse: 2001: A SPACE ODYSSEY

zugeschrieben werden, da den Hörgewohnheiten nach immer etwas zu hören ist. Doch das erklärt das Phänomen nicht. Die Geräusche selbst »sind« nicht die Stille. Sie machen vielmehr die Stille in dem Raum zwischen ihrer Quelle und ihrem Empfänger wahrnehmbar, indem sie diese durchdringen. Die Stille im Film muss sich von Geräuschen abheben können, um wahrnehmbar zu sein [4]. Je entfernter die Geräusche klingen, desto weiter wird der Raum über die Kadrierung hinaus unmittelbar wahrgenommen.

Bis auf die Kamerabewegung in Einstellung 13, in der die Kamera von einer starken Aufsicht langsam auf Normalsicht nach oben schwenkt, herrscht Bewegungslosigkeit in allen Einstellungen der Sequenz. Sie werden durch die gemeinsamen Merkmale der Stille und der Bewegungslosigkeit, aber auch durch die sich sukzessive verändernden Lichtverhältnisse zusammengehalten und als Darstellung eines homogenen Raums aus verschiedenen Perspektiven zu unterschiedlichen Tageszeiten wahrgenommen. Diese Einstellungsfolge entspricht dem zweiten Montage-Konzept nach Burch (Burch 1973: 8ff.; vgl. auch 71), nach dem Teilansichten eines Ortes gezeigt werden, die sich nicht überlappen.

Ungewöhnlich an dieser Sequenz ist, dass das Gezeigte die Abwesenheit von »etwas« in den Vordergrund stellt. Bei jeder neuen Einstellung sucht der Zuschauer das Bild nach Bewegung und Zeichen von Zivilisation ab.

Jede Einstellung wird so lange präsentiert, dass sie in Ruhe betrachtet werden kann. Die irritierende Abwesenheit von Bewegung vor der Kamera und Gestaltetem in Kombination mit Stille rufen ein Gefühl von Leere und Trostlosigkeit hervor. Die Anzahl der Einstellungen und ihre jeweilige Dauer fügen sich zu einer für einen Spielfilm außergewöhnlich langen Sequenz ohne Bewegung von Objekten und Anzeichen von Zivilisation zusammen. Der Raum ist hier nicht Kulisse, sondern Protagonist, da er nicht funktionalisiert als Handlungsraum eingeführt wird, sondern unabhängig besteht.

Im Abschnitt über Montage (S. 86ff.) wurde bereits angeführt, dass Merkmalsgleichheit ein Kriterium sein kann, um den Eindruck eines Zusammenhangs zwischen einzelnen Einstellungen beim Zuschauer hervorzurufen. Diese Merkmale sind in diesem Fall die Stille, die Bewegungslosigkeit, die Ähnlichkeit der Landschaft und auch die »Leere« und die Lichtverhältnisse; Letztere jedoch mit Einschränkung, da sie sich von Einstellung zu Einstellung verändern. Hier ist es einerseits die Ähnlichkeit und andererseits die deutliche, kontinuierliche Veränderung über die ganze Sequenz hin, was den Zusammenhang zwischen den einzelnen Einstellungen konstituiert.

Im Folgenden wird näher auf den Sinn dieses Perspektivwechsels eingegangen. Denkbar wäre auch, dass der Sonnenaufgang und die trostlose Landschaft mit Zeitraffer in einer Einstellung gezeigt werden, die sich über denselben Zeitraum erstreckt (oder aber man filmt einen Sonnenaufgang mit normaler Bildfrequenz, was nahezu eine volle Spielfilmlänge in Anspruch nehmen würde.) Die Wirkung wäre jedoch eine andere. Bewegung fände dann vor der Kamera statt, und die Darstellung wäre auf einen Ausschnitt beschränkt. Die Aufmerksamkeit richtete sich auf die Bewegung, und die Präsentation des Raumausschnitts wäre in der Singularität als Ausschnitt eines begrenzten Raums wahrgenommen.

Der fließende Vorgang des Sonnenaufgangs ist in raum-zeitliche Sprünge zerlegt. Der Fokus der Darstellung wird damit vom Sonnenaufgang auf den Raum verschoben, der erst mit zunehmender Helligkeit sichtbar wird. Der Bewegung der aufsteigenden Sonne ist durch die Momentaufnahmen ihre Dauer entzogen. Der Raum, in dem sie stattfindet, scheint hingegen statisch.

Bei Einstellung 13 sind gegenüber den anderen zwei Besonderheiten zu bemerken. Erstens ist sie wesentlich länger. Zweitens findet eine Bewegung, und zwar eine Kamerabewegung, statt. Eine Kamerabewegung bedeutet einen fortschreitenden Perspektivwechsel zwischen Anfang und Ende der Bewegung. Der Beginn der Einstellung ist aus extremer Obersicht auf Felsen und Sandboden gefilmt. Nach den relativ langen, statischen Einstellungen zuvor suggeriert die Dynamisierung des Blickpunktes durch die Kamerabewegung ein aktives Umherschauen. Aber auch an dieser Stelle wird die Erwartung enttäuscht, etwas für einen Spielfilm Vertrautes zu sehen zu bekommen. Der Blick

III. Typologie und Beispielanalyse

öffnet sich auf eine Wüste. Der Eindruck festigt sich, dass es in dieser Welt nur karges, weites Land gibt.

Montage und Perspektivwechsel durch Kamerabewegung werden in dieser Sequenz nicht verwendet, um eine oder mehrere Handlungen sukzessive zu entwickeln, indem immer wieder Neues gezeigt wird, woraus der Zuschauer einen kontinuierlichen Handlungsablauf konstruiert. Die Aneinanderreihung von Ausschnitten eines homogenen Raums zeigt diesen zwar nicht in seiner Gänze, die Ausschnitte funktionieren aber als Zitate, die den gesamten Raum repräsentieren: Egal wohin man schaut, überall herrscht dieselbe Leere. Nur der Zwischentitel weist darauf hin, dass dieser Zustand eine Ausgangssituation für eine Entwicklung ist.

Gilles Deleuze verweist auf die Unterscheidung zwischen leeren Räumen und Stillleben, wobei die Übergänge zwischen beiden Kompositionsformen fließend sind:

»Ein leerer Raum gewinnt seine Bedeutung vor allem aus der Abwesenheit eines möglichen Inhalts, während das Stillleben sich durch die Anwesenheit und Zusammenstellung von Gegenständen definiert, die sich in sich selbst hüllen oder zu ihrem eigenen Behältnis werden: so in der langen Einstellung fast am Ende von BANSHUN [Später Frühling; 1949; R: Yasujiro Ozu], die eine Vase zeigt.« (Deleuze 1997: 30)

Warum wird nun die Landschaft nicht als Stillleben wahrgenommen? In der Sequenz werden klar identifizierbare Dinge gezeigt: Felsen, Knochen, Sand etc. Die Tonspur trägt nicht zur Kennzeichnung einer Einstellung oder Sequenz als leeren Raum oder als Stillleben bei, da beide mit Sprache oder Musik präsentiert werden können, ohne dass der Ton die Klassifizierung des Bildes entscheidet. Geht man von den Begriffen »leerer Raum« und »Stillleben« aus, sagt Letzterer, dass etwas Sichtbares Gegenstand der Darstellung ist, während das Adjektiv »leer« einen Mangel ausdrückt. Stillleben ist hier als ein Spannungsverhältnis zu verstehen, das jeweils zwischen den Gegenständen oder dem Gegenstand und dem Betrachter besteht. Für den leeren Raum hingegen ist die Abwesenheit eines möglichen Inhalts charakteristisch, wie Deleuze schreibt und damit die Vielfalt aller Möglichkeiten meint, die diesen Inhalt darstellen könnten. Bei einem leeren Raum entsteht die Spannung durch Aufbau oder Enttäuschung einer Erwartungshaltung oder durch die Absolutheit der Leere als eine Art Kulminationspunkt. Dabei braucht die Leere einen Rahmen, der sie entstehen lässt und der die narrative Funktion konstituieren kann. In dieser Sequenz ist das eine karge Landschaft, die als Ursprungsort für den »Aufbruch der Menschheit« etabliert wird. Sie stellt den Beginn der eigentlichen Filmhandlung dar, die durch den Zwischentitel eingeleitet wird. Die Erwartung, einen Handlungsablauf präsentiert zu bekommen, der in Regel mit der Erscheinung von Menschen einhergeht, ist daher besonders hoch. Der Zuschauer sieht aber nicht den Beginn einer Handlung im herkömmlichen Sinne, es werden keine Personen vorgestellt oder ähnliches. Vielmehr scheint ein Zustand dargestellt zu sein, der in einem ungewöhnlich langsamen Erzählrhythmus präsentiert wird. Das ist aus Gründen der Erzählökonomie eine ungewöhnliche Weise, einen Film zu beginnen. Die Hinweise verdichten sich darauf, dass ein langsamer Erzählrhythmus zum ästhetischen Konzept des Films gehört. Die Erwartung, etwas für eine Handlung im üblichen Sinne Relevantes im Bild zu finden, wird immer wieder enttäuscht. Eine erwartungsvolle Haltung, die vor allem zu Beginn eines Films üblich ist, geht über in eine kontemplative. Einzig die Gewissheit, dass der Film gerade erst begonnen hat, lässt vermuten, dass die Leere irgendwann aufgehoben wird.

Die Darstellung von Leere konkretisiert sich in Einstellung 14 zur Darstellung einer lebensfeindlichen Umgebung. Der Totenschädel und die Knochen (Einstellungen 14 und 15) liegen verstreut als Zeichen verendeten Lebens herum. Insbesondere der prähistorisch aussehende Totenschädel vermittelt dem Zuschauer den Eindruck, in eine weit zurückliegende Zeit zu blicken.

Der Raum wird vom Prolog bis zur ersten Sequenz immer enger, oder anders gesagt, er entwickelt sich vom diffusen zum konkreten Handlungsraum: Von der unsichtbaren, nur erahnten Räumlichkeit der Schwärze in Verbindung mit Ligetis Klangkomposition über die Weite des Weltalls mit

Beispielanalyse: 2001: A SPACE ODYSSEY

der Konzentration auf den Komplex Mond, Erde, Sonne zum »Aufbruch der Menschheit« auf der Erde.

In THE MAN WHO KNEW TOO MUCH durchdringt Jos (Doris Day) Gesang das leere Treppenhaus und die leeren Flure der Botschaft bis zu ihrem Sohn, der von den Attentätern als Geisel gefangen gehalten wird (vgl. Farbteil, Abb. 12). Der Gesang soll dem Jungen signalisieren, dass Rettung in der Nähe ist, und ihn dazu veranlassen, sich bemerkbar zu machen. Hitchcock leitet diese Sequenz über einen Kameraschwenk ein. Die Kamera befindet sich in dieser Einstellung außerhalb des Raums, in dem die Sängerin ihren Auftritt hat. Von der offenen Tür zu diesem Raum schwenkt die Kamera langsam nach rechts zum Aufgang des Treppenhauses. Die folgenden Einstellungen sind statisch und zeigen die leeren Aufgänge und Flure bis zu dem Zimmer, in dem der Junge bewacht wird. Der leere Raum trennt in diesem Fall Figuren voneinander. Gleichzeitig stellt er eine Art Labyrinth dar, weil die Eltern nicht wissen, wo sich ihr Sohn in dem Gebäude befindet. Die Leere steht hier für die Abwesenheit des Sohnes. Die einzelnen Ausschnitte des Raums beschreiben den Weg, den die immer lauter werdende und verzweifelt klingende Stimme der Mutter zu ihrem Sohn nimmt. So kann die Leere auch als Metapher für den emotionalen Zustand der Eltern, insbesondere der Mutter, interpretiert werden, die ihres Sohnes beraubt wurden und verzweifelt versuchen, ihn wiederzufinden.

Ozu entwickelt in TOKYO MONOGATARI eine weitere Spielart leerer Räume. Eine Einstellung stellt eine Aufnahme eines Wohnungsflures dar. Eine Frau tritt von rechts in den Flur, geht der Kamera ein Stück entgegen und verschwindet links durch einen Türrahmen. Die Kamera bleibt dabei statisch, sodass die Frau nicht mehr sichtbar ist. Nur ihr immer kleiner werdender Schatten ist noch zu sehen. Erst als der Schatten nahezu verschwunden ist, erfolgt ein Schnitt. Die Frau lässt den Flur gewissermaßen als leeren Raum zurück. Der Bildraum wird dabei im Laufe der Einstellung in zwei Teile unterteilt. Zunächst liegt der Fokus in der Mitte des Bildes, in der sich die Frau bewegt. Als sie links aus dem Bild verschwindet,

Leere Räume in TOKYO MONOGATARI

nimmt der Flur zwar immer noch den größten Teil des Bildraums ein, die Aufmerksamkeit verlagert sich aber zusätzlich auf den kleinen Teil links im Bild, wo ihr Schatten das einzige Bewegungsmoment darstellt.

Bei den leeren Räumen in Hitchcocks Film handelt es sich um so etwas wie einen labyrinthischen Zwischenraum zwischen den Eltern und ihrem Kind, der durchdrungen werden muss, damit alle wieder zusammenfinden können. Bei Ozu entsteht ein leerer Raum erst dadurch, dass er betreten und wieder verlassen wird. In 2001: A SPACE ODYSSEY sind bisher noch keine Menschen erschienen, deren Anwesenheit vermisst werden könnte. Sie werden erst erwartet. Allerdings erscheinen sie zunächst in einer Art rudimentärem Entwicklungsstadium.

III. Typologie und Beispielanalyse

Bühnenräume

16.-26. Einstellung (=11), Dauer: 01'26

In dieser Sequenz werden die ersten Lebewesen eingeführt: Primaten und Tapire. Zunächst werden die Primaten alleine gezeigt. Die zweite Einstellung der Sequenz zeigt die Tapire alleine. In den darauffolgenden Einstellungen sind beide meistens zusammen zu sehen. Die Primaten fressen von Sträuchern und nesteln an sich und ihren Artgenossen herum, gelegentlich verscheuchen sie die Tapire von den Sträuchern, die diesen ebenfalls als Nahrungsquelle dienen. Ein trister Alltag im Leben der Tiere wird dargestellt, der lediglich aus Nahrungsaufnahme und rudimentärer Körperpflege besteht. In der letzten Einstellung wird während der Abenddämmerung ein Primat von einem Leoparden gerissen. Die gesamte Sequenz über ist ein leises Windrauschen und Zirpen zu hören, das nur gelegentlich vom Grunzen der Primaten oder dem Fauchen des Leoparden am Ende durchbrochen wird.

Abblende

Der leere Raum wird belebt. Die Silhouetten in Einstellung 16, die sich bewegen, sind als affenähnliche Wesen erkennbar. Die Überleitung vom leeren zum belebten Raum ist durch die zunächst schemenhafte Darstellung fließend gestaltet. Der Zuschauer wird schrittweise an die ersten erscheinenden Lebewesen des Films herangeführt. Außerdem könnte diese Form der Darstellung auch ein Hinweis darauf sein, dass eine Gattung und nicht Individuen gezeigt werden. Auffallend ist, dass ab dieser Einstellung die Bilder strenger in Vordergrund, Mittelgrund und Hintergrund unterteilt sind. Schon der Umstand, dass die Primaten fast ausschließlich im Bildvordergrund agieren bzw. die Aktionen in diesem Teil des Bildes die Aufmerksamkeit auf sich ziehen, betont die Unterteilung des Bildes. Die Einstellungsgrößen, meist Halbtotalen, sind so gewählt, dass die Bewegungen der einzelnen Primaten deutlich sichtbar sind, sie sich aber nicht als Individuen unterscheiden. Schnell wird deutlich, dass hier modellhaft das Verhalten einer Gattung vorgestellt werden soll.

Das Zusammenleben ist eher durch ein Nebeneinander als durch ein Miteinander geprägt. Die Primaten kauern in der Landschaft, scharren im Geröll und rupfen an Sträuchern. Sie sitzen fast ausschließlich in der Hocke, leicht vornüber gebeugt mit gesenktem Kopf. Ihre Körperhaltung signalisiert, dass sie sich für nichts interessieren, was über ihren unmittelbaren Aktionsradius hinausgeht. Die Körperhaltung und die räumliche Entfernung, die zumeist zwischen ihnen herrscht, erwecken den Eindruck einer Gruppe, deren Mitglieder dennoch weitgehend isoliert leben. Dieser Eindruck wird noch verstärkt, als der Leopard einen von ihnen reißt und die anderen keinen Versuch unternehmen, ihm zu helfen, sondern ohne zu zögern die Flucht ergreifen.

Eine andere Tiergattung, der Tapir, wird in der zweiten Einstellung der Sequenz eingeführt. Sie wird damit zunächst zeitlich und räumlich getrennt von den Primaten gezeigt. Außerdem sind die Tapire bei ihrem ersten Erscheinen gut ausgeleuchtet in der Totalen zu sehen, während die Primaten in einer engen Halbtotalen dem Zuschauer räumlich näher scheinen. Die zeitliche Nachordnung und die nüchternere Inszenierung der Tapire sind Indikatoren für ihre untergeordnete Bedeutsamkeit. Die distanzierte Haltung der Kamera gegenüber der Handlung konstituiert sich zum einen durch die schon erwähnten Einstellungsgrößen, die Abwesenheit von Kamerabewegungen und die Aufnahmewinkel, mit denen das Geschehen gefilmt wird. In dieser Sequenz sind keine Einstellungen mit extremen Aufnahmewinkeln gefilmt. Knapp die Hälfte der Einstellungen ist mit leichter, zum Teil kaum wahrnehmbarer Aufsicht gefilmt, der Rest mit Normalsicht. Die dezente Aufsicht gewährleistet einen guten Überblick, drängt aber als Gestaltungsmittel nicht in den Vordergrund der Wahrnehmung. Diese Art der Rauminszenierung vermittelt in diesem Zusammenhang den Eindruck, aus der Distanz ein Geschehen zu betrachten. Diese Künstlichkeit wird noch dadurch unterstützt, dass die Primaten von Schauspielern in Kostümen dargestellt werden. Die Offensichtlichkeit dieses Umstands ist nicht auf eine mangelhafte Inszenierung zurückzuführen, sondern betont hier die modellhafte Anordnung, mit

Beispielanalyse: 2001: A SPACE ODYSSEY

der eine Vorstellung von der Entwicklung der Menschheit komprimiert und präzise gezeigt werden soll. Selbst der Angriff des Leoparden wird als Alltagsgeschehen konstatiert und nicht als tragischer Tod in Szene gesetzt, wozu nicht zuletzt die fehlende Dynamisierung des Geschehens, wie sie durch Kamerabewegungen oder schnelle Schnittfolgen denkbar wäre, beiträgt. Aus der Merkmalsgleichheit der Einstellungen ist zu schließen, dass jede von ihnen die Primaten wieder in einem anderem Teil der Landschaft zeigt, die auch in der ersten Sequenz zu sehen ist. Die Montage ist nach dem zweiten Konzept gestaltet, nach dem Teilansichten eines Ortes gezeigt werden, die sich nicht überlappen. Dabei ist nicht entscheidbar, ob es sich um dieselben Primaten wie in den vorhergehenden Einstellungen handelt.

Diese Plateaus, die durch die Bildaufteilung und die statische Kameraperspektive entstehen, sind der Kategorie der Bühnenräume zuzuordnen, auch wenn der Hintergrund klar erkennbar ist und die Raumgestaltung damit auch in die Tiefe geht. Im Fokus der Darstellung steht eindeutig das Verhalten der Primaten, das sich im Vorder- und Mittelgrund abspielt. Die Landschaft wird dadurch zur Kulisse, in der die Primaten agieren.

Eine weitere Besonderheit dieser Sequenz ist die Zeitlosigkeit des dargestellten Existierens. Für die erzählte Zeit, die zwischen den Einstellungen vergangen sein könnte, gibt es keine Hinweise. Es könnte sich um Sekunden, Minuten, Tage oder sogar Jahre handeln. Die Morgendämmerung zu Beginn der ersten Sequenz und die Abenddämmerung am Ende dieser Sequenz legen allerdings nahe, dass der Ablauf eines Tages gezeigt wird.

In C'ERA UNA VOLTA IL WEST (Spiel mir das Lied vom Tod; 1968; R: Sergio Leone) wird in der Mitte der Duellsequenz die Konstruktion eines Bühnenraums verwendet, um die endgültige Ausgangsposition der Kontrahenten für den Schusswechsel zu markieren. In dieser Einstellung sind die Figuren von der Seite mit leichter Untersicht vor einer Felswand als Hintergrund gefilmt. Vor der Felswand liegen Holz und Geröll, im Bildvordergrund liegt die Jacke eines Duellanten, die dem Zuschauer jedoch lediglich hilft, die Entfernung von der Kamera zu den Figuren einschätzen zu

2001: A SPACE ODYSSEY, Einstellungen 16 (00'07), 17 (00'05), 18 (00'09), 19 (00'04) und 26 (00'15)

III. Typologie und Beispielanalyse

können. Als Einstellungsgröße wurde die Totale gewählt. Die beiden Figuren stehen sich gegenüber, sie stehen in der linken bzw. rechten Bildhälfte. Bezieht man den Standpunkt der Kamera mit ein, ergibt sich die Form eines Dreiecks, dessen Spitze die Kamera bildet. In den ersten Sekunden bewegt sich Mundharmonika (Charles Bronson) noch ein Stück von links nach rechts, während die Musik langsam verklingt. Ähnlich wie in der ersten Sequenz von 2001: A SPACE ODYSSEY wird auch hier der Eindruck von Stille erzeugt, indem nur ein leises Windrauschen zu hören ist. Unmittelbar zuvor war die Sequenz mit Schuss/Gegenschuss-Verfahren inszeniert. Die Raumkonstruktion, die Bewegungslosigkeit und das Verstummen der Musik machen diese Einstellung zu einem Einschnitt, einer Art Intermezzo innerhalb der Sequenz. Sie zeigt die Standorte der Figuren und leitet dazu über, in den folgenden Einstellungen das Geheimnis um den Mundharmonikaspieler zu lüften, wodurch wiederum der anschließende Schusswechsel vorbereitet wird. Die strenge Geometrisierung durch die Position der Figuren im Verhältnis zur Kamera lässt ein starres Gefüge entstehen, das deutlich macht, dass sich ihre Standorte nicht mehr verändern werden, bis sie geschossen haben.

Die Einstellung schafft im Gegensatz zu den zuvor verwendeten Großaufnahmen Distanz. Sie verbindet fließend zwei dramaturgische Einheiten und steigert durch die Verzögerung gleichzeitig die Spannung im Hinblick auf die Lösung des Rätsels und den Ausgang des Duells. Die Konstruktion eines Bühnenraums eignet sich in diesem Fall besonders gut dazu, weil eine Art Plateau geschaffen wird, das dem Zuschauer einen guten Überblick gewährleistet, er aber gleichzeitig nahezu auf Augenhöhe mit den Figuren bleibt. Die Distanz zu ihnen wird dadurch nicht zu groß, wie das wahrscheinlich bei einer Totalen mit starker Aufsicht der Fall wäre. Nach diesem Zwischenspiel wird in den folgenden Einstellungen die Distanz zu den Figuren wieder durch Groß- und Detailaufnahmen verringert.

Eine ähnliche Konstruktion eines Bühnenraums findet sich in CROUCHING TIGER, HIDDEN DRAGON bei einem Duell zwischen zwei Kämpferinnen im Innenhof eines Hauses. In diesem Fall befindet sich die Kamera genau auf Augenhöhe mit den Figuren. Hinter ihnen, rechts und links im Bild verlaufen Wände, sodass ein Plateau entsteht, das deutliche Parallelen zu einer Theaterbühne aufweist. Auch hier dient der Bühnenraum dazu, die Figuren Position für eine kämpferische Auseinandersetzung beziehen zu lassen und sie in ihren Ausgangspositionen für den Zuschauer sichtbar zu machen.

In allen Beispielen bieten Bühnenräume eine gute Übersicht über die Position und die Haltung der Figuren zueinander. In C'ERA UNA VOLTA IL WEST und CROUCHING TIGER, HIDDEN DRAGON dienen sie als Ausgangspunkt für eine kämpferische Auseinandersetzung, in 2001: A SPACE ODYSSEY schaffen sie gewissermaßen eine Versuchssituation. Das ändert sich auch in der folgenden Sequenz nicht.

Aufblende

Schuss/Gegenschuss: Raum als montiertes Kontinuum

27.-42. Einstellung (=16), Dauer: 01'58

In dieser Sequenz konkurrieren zwei Primatenhorden um ein Wasserloch, das sich zwischen zwei Felswänden befindet. Zunächst ist nur eine Horde zu sehen, von der einige Exemplare in Gruppen zusammenkauern; andere scharren im Boden, betreiben Körperpflege oder trinken. Die Szenerie wird über einen *establishing shot* eingeleitet (Einstellung 27).

Die folgenden fünf Einstellungen zeigen kleinere Ausschnitte aus dieser Szenerie, bis in Einstellung 33 eine Art Gegenschuss zur ersten Einstellung der Sequenz erfolgt: Die zweite Horde pirscht sich heran. Als die erste auf sie aufmerksam wird, versuchen beide Parteien, die Kontrahenten mit Drohgebärden und wildem Gekreische zu beeindrucken, bis die erste Horde sich schließlich unter Protest zurückzieht, als einer der Herausforderer durch das Wasser in Richtung der gegnerischen Horde vorprescht. Während der Auseinandersetzung springt die Kamera auf beide Sei-

Beispielanalyse: 2001: A SPACE ODYSSEY

Bühnenräume: Die Duellszenen in C'ERA UNA VOLTA IL WEST und CROUCHING TIGER, HIDDEN DRAGON

ten und zeigt jeweils eine Partei alleine oder beide mit einer Art *over shoulder shot*, das heißt, sie steht einer der Parteien im Rücken oder mittendrin, sodass sich einige Primaten sehr nahe mit dem Rücken zur Kamera bewegen.

Die Besonderheit an dieser Sequenz ist, dass die Agierenden nicht nur einer Art angehören, sondern auch gestaltgleich erscheinen. Die Akteure können vom Zuschauer nicht durch Mimik, Gestik oder Kleidung unterschieden werden. Es gibt lediglich Unterschiede in der Zeitlichkeit der Präsentation, Nuancen im Verhalten, und entscheidender: geografische Positionierungen, die eine Wiedererkennung der Horden und zum Teil der einzelnen Primaten trotz der Einstellungswechsel ermöglichen. Wie ist also die Orientierung im Raum in dieser Sequenz durch Einstellungsgrößen und Perspektiven organisiert?

In der vorhergehenden Sequenz wurde eine Horde Primaten eingeführt. Nach der Abblende,

III. Typologie und Beispielanalyse

die den Übergang zu dieser Sequenz markiert, erscheinen wieder Primaten. In der Rangfolge der Möglichkeiten hat diejenige Priorität, die davon ausgeht, dass es dieselben Primaten wie aus der vorhergehenden Sequenz sind, die an verschiedenen Orten gezeigt wurden. Anlass für eine andere Hypothese wird an dieser Stelle nicht gegeben. Die einzelnen Vertreter dieser Art weisen keine ausgeprägte Individualität auf.

In dieser Sequenz nun sind zwei Horden unterscheidbar, bei denen sich in der Konfrontation jeweils zwei Individuen als eine Art Anführer profilieren. Die Frage nach der Differenzierung der beiden Gruppen tritt erst in dem Augenblick auf, in dem sich der Anführer der zweiten Horde anschleicht und sich damit durch sein Verhalten auf die erste Horde bezieht und gleichzeitig abgrenzt. Er bewegt sich zielstrebig in Richtung des Wassers. In der vorhergehenden Sequenz stellt der Zuschauer aufgrund der Merkmalsgleichheit der Protagonisten eine Kohärenz zwischen den gezeigten Primaten her. Obwohl sie sich an verschiedenen Orten befinden, werden sie als eine Gruppe wahrgenommen.

Ein Charakteristikum der Filmwahrnehmung ist, dass der Zuschauer zwangsläufig versucht, Kohärenz zwischen den Einstellungen herzustellen, und umso zeitlich dichter die Einstellungen aufeinander folgen, desto zwingender läuft dieser Konstruktionsprozess ab. Er kann gar nicht anders, als eine Verbindung zwischen den Einstellungen zu konstruieren, da ein Film ein gestalteter Gegenstand ist und ihm damit Intentionalität unterstellt wird. Dieser Konstruktionsprozess kann vom Filmemacher mehr oder weniger unterstützt und erleichtert werden.

Die Merkmalsgleichheit ist das beherrschende Moment für die Etablierung von Konstanten, die wiederum die Konstruktion eines raum-zeitlichen und handlungslogischen Zusammenhangs gewährleisten. Der Zuschauer geht davon aus, dass ein und dieselbe Horde an verschiedenen Orten gezeigt wird, da Aussehen und Verhalten der einzelnen Exemplare identisch sind.

Diese Sequenz beginnt mit einem *establishing shot* (Einstellung 27). Der Handlungsort wird übersichtlich präsentiert. Da das Wasserloch in einer Schlucht liegt und der Blick diagonal nach links auf eine Felswand fällt, kann der Kamerastandpunkt zum Geschehen als diagonal von rechts beschrieben werden. Diese Einordnung ist erforderlich, da die Sequenz zum Teil in einer Art Schuss/Gegenschuss-Verfahren (ab Einstellung 33) gefilmt ist, ohne dass das 180-Grad-Prinzip verletzt wird, das in diesem Beispiel eine wichtige Orientierungshilfe für den Zuschauer ist, um die konkurrierenden Parteien auseinanderhalten zu können.

In den ersten Einstellungen nach dem *establishing shot* (Einstellung 27) werden einzelne Primaten oder Gruppen in ihrem Verhalten gezeigt, die Einstellungsgrößen sind kleiner und gewähren keinen Überblick mehr. Objektiv ist nicht eindeutig feststellbar, wo sich die Primaten innerhalb der Gesamtszenerie befinden. Eine grobe Orientierung ist dennoch möglich, weil der Bildaufbau und die Bewegungsrichtungen so konstruiert sind, dass der Zuschauer die Perspektive aus dem *establishing shot* in die folgenden Einstellungen übernimmt. In Einstellung 27 wird durch die beschriebenen Aufnahmewinkel nach links hin mehr Luft gelassen. Der rechte Bildvordergrund ist dunkler, und die Felsen sind näher an der Kamera. Die folgenden Einstellungen bis einschließlich Einstellung 32 sind dementsprechend aufgebaut. Die Primaten sind nach links gewandt bzw. durch Bewegung nach links orientiert. In den Einstellungen 28 und 29 ist der rechte Bildhintergrund durch die Felsen dunkler und massiver als der linke. In Einstellung 31 bewegt sich ein Primat nach links oben. Einstellung 32, die letzte Einstellung, bevor die zweite Horde erscheint, ähnelt Einstellung 27 sehr. In dieser Einstellung wird die Bewegung des Primaten aus Einstellung 31 weitergeführt. So ergibt sich eine Klammer, da sich die Kamera nun nahezu wieder in der Ausgangsposition von Einstellung 27 befindet. Die Einstellungsgröße in Einstellung 32 ist jedoch kleiner als in Einstellung 27, die Kamera bleibt also näher am Geschehen, womit die Erwartung geschürt wird, dass der Handlungsort noch nicht verlassen wird.

Die Blickführung konzentriert sich also fast ausschließlich zur linken Bildhälfte hin. So wird vom *establishing shot* ausgehend eine Kontinuität

Beispielanalyse: 2001: A SPACE ODYSSEY

in der Blickführung entwickelt, die trotz der harten Schnitte suggeriert, dass man sich dem Geschehen aus einer Richtung sukzessive genähert hat. Die Kamera scheint in die Szenerie hineingesprungen zu sein und sieht sich um. Sie bleibt während der Einstellung statisch, sodass der Eindruck von Momentaufnahmen entsteht.

Einstellung 33 stellt einen Gegenschuss zu der bisher beschriebenen Blickrichtung dar. Der Kamerastandpunkt ist leicht nach links versetzt. Die Position der Primaten oberhalb des Wasserlochs aus den ersten Einstellungen der Sequenz und die Perspektive erwecken den Eindruck, das Geschehen von der gegenüberliegenden Seite zu betrachten. Da die Kamera leicht nach links versetzt ist, entsteht der Eindruck, die Szenerie von einer Seite einer

2001: A SPACE ODYSSEY, Einstellungen 27 (00'05) und 33 (00'10)

imaginären Achse zu betrachten, die hier zwischen den beiden Felswänden durch das Wasserloch verläuft. Die zweite Horde folgt anscheinend einem Anführer, der vorangeht, auf seine Gefolgschaft wartet und dann als Erster aus der Deckung kommt. Die bloße Präsenz der zweiten Horde sorgt für große Aufregung bei der ersten (Einstellung 34). Die erste Horde zieht sich zwar widerstrebend zurück, riskiert aber keine direkte körperliche Konfrontation. Auf beiden Seiten bleibt es bei Drohgebärden, wenn auch die zweite Horde, besonders der Anführer, aggressiver vorgeht, während die Verteidiger sich im Prinzip schnell geschlagen geben.

Die Inszenierung ist so angelegt, dass der Zuschauer der vertriebenen Horde näher ist. Die zweite Horde wird wie eine abhängige Variable in eine Versuchsanordnung eingeführt, um die Reaktion der Versuchsgruppe zu beobachten. Vergleicht man die Einstellungen 36 und 37, die aus dem Rücken der jeweiligen Horden gedreht wurden, fällt die unterschiedliche Bewegungsdynamik auf. In Einstellung 36 springen die Primaten der ersten Horde erregt dicht vor der Kamera hin und her. Dahinter können noch die Aktionen der zweiten Horde beobachtet werden, jedoch bleibt die erste durch ihr aufgeregtes Treiben vor der Kamera stark präsent. In Einstellung 37, die aus dem Rücken der Angreifer gedreht ist, ist die Anordnung der Primaten statisch. Sie bilden in der Mitte ein Spalier, durch das der Zuschauer auf die erste Horde sieht. Das Verhalten der Verteidiger und nicht der Angreifer steht damit im Vordergrund der Darstellung.

Der Raum wird in dieser Sequenz als ein von zwei Gruppen umkämpftes Territorium inszeniert, die sich frontal gegenüberstehen. Filmisch wird so verfahren, dass die Kamera, die auch hier weitgehend statisch bleibt, sich immer auf einer der beiden Seiten der Parteien befindet. Nie steht sie etwa zwischen den Gruppen und schwenkt hin und her.

Im Prinzip wird hier mit Bühnenräumen gearbeitet. Die Sequenz spielt in einem sehr begrenzten Handlungsraum, der von Akteuren betreten und verlassen wird, ohne dass der Raum jenseits

III. Typologie und Beispielanalyse

Over shoulder shots und Großaufnahmen in CROUCHING TIGER, HIDDEN DRAGON

des Ortes eine Rolle spielt. Der Aufnahmewinkel ist zumeist normal, oder es wird mit leichter Übersicht gefilmt. Dadurch entstehen ähnliche Plateaus wie in der zweiten Sequenz. Filmtechnisch ist das Geschehen lediglich durch die Montage dynamisiert. Durch das Schuss/Gegenschuss-Verfahren ergibt sich aber noch ein weiterer Unterschied zu einem einfachen Bühnenraum: Beim Auftauchen der zweiten Horde wurde gewissermaßen ein zweiter Bühnenraum eröffnet. Die Grenze ist durch das Wasserloch markiert.

Hier handelt es sich um eine ungewöhnliche Variation des Schuss/Gegenschuss-Verfahrens. Normalerweise werden Dialoge zwischen zwei Personen nach diesem Prinzip aufgenommen. Eine typische Schuss/Gegenschuss-Sequenz wurde bereits im Abschnitt über Montage beschrieben (S. 90). Eine weitere typische Variante stellt die Verwendung von *over shoulder shots* dar, wie sie Ang Lee in CROUCHING TIGER, HIDDEN DRAGON zu Beginn einer Dialogsequenz benutzt, bevor die beiden Figuren abwechselnd in Großaufnahmen gezeigt werden. Die Verwendung von Großaufnahmen erfolgt ab dem Zeitpunkt, als eine der Figuren beginnt, der anderen von einer tiefgreifenden religiösen Erfahrung zu berichten. Die Distanz zu den Personen wird durch die Einstellungsgröße verringert, um die Gefühlslage einer Figur oder die Spannung zwischen Figuren für den Zuschauer intensiver erfahrbar zu machen.

In IL BUONO, IL BRUTTO, IL CATTIVO (Zwei glorreiche Halunken; 1966; R: Sergio Leone) wird in dem Duell zwischen den drei Protagonisten diese Verfahrensweise noch gesteigert, indem *over shoulder shots*, Großaufnahmen, und (unmittelbar vor dem Schusswechsel) Detailaufnahmen von den Augen der Kontrahenten gezeigt werden. Die Schnittfrequenz steigt dabei, und die Musik wird dramatischer. Die Situation spitzt sich zu, bis sich die Spannung durch einen Gewaltakt entlädt.

Bei den beschriebenen Sequenzen, und das gilt für die meisten, die nach dem Schuss/Gegenschuss-Verfahren konzipiert sind, wird die Homogenität des Raums hauptsächlich durch die Blickachsen der Figuren erzeugt.

Bis hierhin entwickelt sich der filmische Raum in 2001: A SPACE ODYSSEY von einem assoziierten Raum (Schwärze) über einen für die Alltagswahrnehmung des Zuschauers in seiner Ausdehnung kaum einschätzbaren Raum (Konstellation der Gestirne) zu einem konkreten Handlungsraum (Erde). Überträgt man die Konzeption der Raumbeziehungen zwischen zwei Einstellungen, die auf S. 92f. vorgeschlagen wurde, auf die Raumkonzeption des Films bisher, kann diese dem ersten Konzept zugeordnet werden: Ein Raumausschnitt

Beispielanalyse: 2001: A SPACE ODYSSEY

Von der Totalen bis zur Detailaufnahme, bei sich steigernder Schnittsequenz: Die Duellszene in IL BUONO, IL BRUTTO, IL CATTIVO

III. Typologie und Beispielanalyse

enthält also den Raumausschnitt der nachfolgenden Einstellung. Die Schwärze suggeriert die Unendlichkeit des Weltalls, die Gestirne sind Teil des Alls, und die Aufnahmen auf der Erde zeigen wiederum einen Teil der Gestirne, sodass von drei Teilansichten eines Ortes gesprochen werden kann. Die Einstellungen, in denen die Landschaft und die Primaten gezeigt werden, präsentieren Teilansichten eines Ortes, die sich nicht überlappen.

Einerseits verengt sich der Raum von einer suggerierten Unendlichkeit zu einem relativ überschaubaren Handlungsraum, andererseits öffnet er sich, weil er konkreter, fassbarer und letztlich auch vertrauter erscheint. In den Moment, in dem die Primaten als Gattung eingeführt werden, rückt ihr Verhalten und ihre Lebensweise in den Mittelpunkt der Darstellung. Der leere Raum entwickelt sich durch die Präsenz von Lebewesen zu einem Lebensraum.

Bis zu dieser Stelle des Films wurde die Analyse sehr detailliert durchgeführt, da exemplarisch vorgeführt werden sollte, wie in die Raumkonzeption eines Films eingeführt werden kann. Für die weitere Analyse werden zusätzliche Beispiele aus den anderen beiden Kapiteln des Films, *Jupiter Mission – 18 Months Later* und *Jupiter and Beyond the Infinite* herangezogen.

Zur Überleitung zunächst eine kurze Zusammenfassung des weiteren Verlaufs von *The Dawn of Man*: Die vom Wasserloch vertriebene Horde »lernt« durch die Berührung eines rätselhaften, schwarzen Monolithen, der über Nacht erschienen ist, Gegenstände als Waffen zu gebrauchen. Beim nächsten Angriff der feindlichen Horde wehren sich die Primaten, die mit dem Monolithen in Berührung gekommen sind, mit Knochen, die sie als Keulen verwenden, und schlagen ihre Gegner in die Flucht. Nach dem *match cut* von dem in die Luft geschleuderten Knochen auf das Raumschiff (siehe Teil I, S. 12f.), der einen Zeitsprung über Millionen von Jahren hinweg bedeutet, beginnt die Reise von Dr. Floyd zu der Raumstation Clavius auf dem Mond [5]. Der *match cut* erzeugt, wie bereits beschrieben, durch die ähnliche Form und dieselbe Bewegungsrichtung eine Analogie zwischen dem Knochen als Waffe und dem Raumschiff als Werkzeug. Mit der Waffe entwickeln sich die Primaten zu Fleischfressern und beginnen ihr Territorium zu verteidigen, indem sie jemanden aus der konkurrierenden Horde erschlagen. Mit einem Mord beginnt also der Aufbruch der Menschheit, der mit dieser Schnittfolge gleichzeitig als Eroberung des Raums inszeniert wird.

Die Handlung des Films wird im Weltall fortgesetzt. Der Wissenschaftler Dr. Floyd reist zum Mond, weil dort ein rätselhafter schwarzer Monolith gefunden wurde, der eine Strahlung in Richtung Jupiter sendet. Als ein Team von Wissenschaftlern versucht, den Stein zu fotografieren, erklingt ein für die Astronauten unerträglich hoher Ton. Es erfolgt ein Schnitt und das nächste Kapitel *Jupiter Mission – 18 Months Later* beginnt bei circa 52'26 Minuten Spieldauer und nach 227 Einstellungen.

Im zweiten Teil des ersten Kapitels herrschen in den Raumschiffen und Stationen, also den von Menschen geschaffenen Räumen, Fluchten und figurenzentrierte Räume vor. Auch nichteuklidische Räume finden hin und wieder Verwendung. Auf der Reise Dr. Floyds zu der Raumstation Clavius hingegen werden das All und der Mond als ein Schattenreich inszeniert, in dessen Einsamkeit kein Leben existieren kann. Hier sind vorrangig Mischungen aus weiten und leeren Räumen zu finden, die das sich endlos erstreckende All erfahrbar machen.

Im Prinzip können somit auch einige Raumkonstruktionen in diesem Teil des Films, also seitdem die Handlung ins Weltall verlegt wurde, anderen Raumkategorien als den bisher besprochenen zugeordnet werden. Für die Analyse sind die beiden anderen Kapitel aber geeigneter, da sie eindeutigere dramaturgische Einheiten bilden.

Am Ende des ersten Kapitels haben sich folgende Prognosen bestätigt, die aus der Analyse der ersten Einstellungen abgeleitet wurden: Geburt (bzw. Entstehung) und Entwicklung stellen zentrale Themen des Films dar. Allerdings geht es zunächst im übertragenden Sinne um die Geburt der Intelligenz durch die Berührung des Menschen mit dem Monolithen und die damit einhergehende Entwicklung der Technologie, die wiederum mit der Eroberung des Raums verknüpft ist. Sie beginnt mit dem Kampf um das Wasserloch auf der

Beispielanalyse: 2001: A SPACE ODYSSEY

Erde und wird mit der Erforschung des Weltalls fortgesetzt. Der Sprung vom Knochen zum Raumschiff als Instrument stellt einen quantitativen, keinen qualitativen Sprung dar.

Nichteuklidische Räume

228.-236. Einstellung (= 9), Dauer: 03'29

Nachdem die Kapitelüberschrift (weiße Buchstaben vor dem Weltall als Hintergrund) verschwunden ist, gleitet ein Raumschiff von links ins Bild. Diese und die folgenden zwei Einstellungen, die das Raumschiff aus anderen Perspektiven zeigen, fungieren als *establishing shots* für die nachfolgenden Einstellungen, die im Inneren des Raumschiffs spielen. Die darauf folgende Einstellung wurde schon im Abschnitt über Kamerabewegungen (S. 61) beschrieben:

Ein Mann joggt in der Innenbahn einer Art Zentrifuge, die auf der Seite zu liegen scheint; nach den Gesetzen der Schwerkraft auf der Erde müsste er nach unten auf die Seite fallen. Die Kamera folgt ihm mit einem Schwenk. In dieser Einstellung werden die durch die Schwerkraft bedingten Oben-Unten-Relationen in zweifacher Weise hintertrieben. Zuerst durch die Position der Figur zur Kamera und zweitens durch die Bewegung der Figur in Verbindung mit der Konstruktion des Raums, in dem sie sich bewegt. Die Form des Raums ähnelt einem Laufrad. Indem sie die Bahn entlangläuft, ändern sich ständig die Oben-Unten-Relationen der Figur zum Raum. Der Raum muss demnach ganzflächig mit eigener Schwerkraft ausgestattet sein.

Mit Einstellung 232 wird nach einem harten Schnitt der Blickwinkel gewechselt. Die Kamera folgt dem Läufer in gleichbleibendem Abstand. Aus diesem Aufnahmewinkel erfährt der Zuschauer annähernd die subjektive Sicht des Läufers, für den immer unten dort ist, wo er sich gerade befindet, unabhängig von einem Schwerkraftzentrum, das die Körper in eine Richtung oder zu einem Punkt zieht.

Die nächsten beiden Einstellungen zeigen den Astronauten mit extremer Untersicht einmal halbnah von vorne und einmal amerikanisch von hinten. Dass der Raum unmöglich nach den Gesetzen der irdischen Schwerkraft funktionieren kann, wird hier weiter vorgeführt. Entstand in der ersten Einstellung der Eindruck, dass der Mann stürzen müsste, so scheint er jetzt eine schier unüberwindliche Steigung vor sich zu haben.

Eine weitere Figur ist zu sehen. Die Zentrifuge liegt wieder seitlich zum Kamerastandpunkt, und der Astronaut, der zuvor als Jogger zu sehen war, sitzt in der linken Bildhälfte im Hintergrund an einem Tisch, mit dem Rücken zum unteren Bildrand. In der rechten Bildhälfte klettert ein anderer Mann aus einer Luke und steigt eine Leiter hinab, bis er auf der Innenbahn der Zentrifuge steht. Die Luke befindet sich in der Achse der Zentrifuge. Die Leiter, die der zweite Astronaut hinabsteigt, befindet sich parallel zum unteren Bildrand an dem oberen flachen Teil der Zentrifuge, der Astronaut bewegt sich also waagerecht mit dem Rücken zum unteren Bildrand.

Seitdem die Handlung im Weltall spielt, wird die euklidische Raumvorstellung sowohl durch Arrangements innerhalb einzelner Einstellungen als auch durch die Montage unterlaufen. In dieser Sequenz wird die Illusion eines nichteuklidischen Raums überwiegend innerhalb der Einstellungen erzeugt. Die Handlung im Raumschiff *Discovery* beginnt mit einer unserer alltäglichen Raumwahrnehmung widersprechenden Konstruktion, die in den folgenden Einstellungen aus verschiedenen Positionen gezeigt wird. In anderen Sequenzen entsteht der Widerspruch vorwiegend durch die Montage von Einstellungen. Ein Beispiel dafür ist die Sequenz, in der Bowman außerhalb der *Discovery* agiert (bei circa 71'00 Minuten Spielzeit). Er verlässt das Schiff mit einer Gondel, um an dessen Radar eine Reparatur vornehmen zu können. Die Positionen des Raumschiffs und der Gondel im Verhältnis zum Kamerastandpunkt gewährleisten bis hierhin eine übliche Oben-Unten-Orientierung, wie zum Beispiel durch die Ausrichtung der Fenster und des Radars. So verlaufen die untere Seite der Gondel und der *Discovery* parallel zur unteren Bildkante. Als die Gondel anhält, wird durch die Positionierung des Schiffs, der Gondel und der Kamera eine der Schwerkraft bzw. unseren Sehgewohnheiten widersprechende

III. Typologie und Beispielanalyse

An Bord der *Discovery*: Nichteuklidische Räume in 2001: A SPACE ODYSSEY, Einstellung 231 (00'37)

Objekt-Konstellation erzeugt. Da den Hintergrund lediglich die Schwärze des Alls bildet, gibt es keine Linien, die den Bildraum einheitlich strukturieren und zu denen die Objekte in Relation gesetzt werden könnten. Sie stehen und bewegen sich frei im Raum. Die Gondel wird schräg von oben im rechten Bildvordergrund gezeigt. Das Schiff verläuft im linken Bildhintergrund diagonal vom linken unteren zum oberen Bildrand und ist ebenfalls von schräg oben zu sehen. Die Objekte sind zwar in einer einheitlichen Perspektive zu sehen, der steile Winkel des Schiffes und der Gondel im Verhältnis zu dem nicht perspektivisch strukturierten Hintergrund und der Kadrierung lässt aber in der Schwebe, ob sich die Objekte in einem räumlichen Verhältnis zur Position des Betrachters befinden, das den Oben-Unten-Relationen eines durch Schwerkraft bestimmten Raums unterworfen ist.

In einer anderen Einstellung werden die aufgehobenen irdischen Oben-Unten-Relationen durch verschiedene Aufnahmewinkel innerhalb einer Bildkonstruktion dargestellt (beginnt bei 60'07 Spielzeit). Im Bildvordergrund ist einer der beiden Astronauten stehend von oben zu sehen, während der zweite im Hintergrund von der Seite gefilmt ist. Die Astronauten bewegen sich seitlich, um von Apparaturen ablesen zu können, ohne dass sich damit der Aufnahmewinkel ändert. Durch die Bewegung wird deutlich, dass auch alle Apparaturen in derselben Oben-Unten-Relation angebracht sind, in der sich die Figuren befinden. Das Bild ist damit in zwei Bereiche unterteilt: in einen, der aus der Vogelperspektive zu sehen ist, und in einen, der aus der Seitenperspektive gezeigt wird.

Kubrick mobilisiert alle filmischen Mittel, um die filmischen Sehkonventionen, die sich an unserer Alltagswahrnehmung orientieren, zu hintertreiben, aufzubrechen und zu überwinden. Die Grenzen filmischer Darstellbarkeit werden ausgelotet, um eine Vision von Raum zu entwickeln, die dem Menschen nicht mehr in vertrauter Weise Halt bietet.

In keinem anderen Film wurde bisher die konventionelle Raumwahrnehmung so konsequent außer Kraft gesetzt wie in 2001: A SPACE ODYSSEY. Wenn in anderen Filmen solche Raumkonstruktionen verwendet werden, geschieht dies in der Regel nur in einigen Momenten. So beginnt Tom Tykwer in DER KRIEGER UND DIE KAISERIN (2000) eine Einstellung durch eine Kamerabewegung, bei der die Oben-Unten-Relationen zunächst hintertrieben werden (vgl. Farbteil, Abb. 16). Ein Mann ist mit starker Untersicht aufgenommen. Den Hintergrund bildet ein klarer Himmel. Die Kamera fährt nun in einem Bogen nach oben über die Figur

Beispielanalyse: 2001: A SPACE ODYSSEY

und schwenkt dabei nach unten, bis diese am Ende der Kamerabewegung von oben zu sehen ist. Da die Figur zu Beginn der Einstellung als einziges Objekt vor einem einfarbigen Hintergrund sichtbar ist, gibt es keinen einheitlich strukturierten Bildraum. Diese Orientierungslosigkeit wird in dem Augenblick aufgehoben, in dem der Mann mit dem Untergrund sichtbar wird, auf dem er steht – das Geländer einer Autobahnbrücke. Solche Raumkonstruktionen gibt es in Spielfilmen immer wieder, allerdings nie ohne Auflösung in herkömmliche Raumkoordinaten.

Figurenzentrierte Räume

333.-344. Einstellung (= 12), Dauer: 02'13

Diese Form der Raumkomposition spielt in Filmen eine wichtige Rolle, in denen Charaktere zentral sind, da die Mimik und Gestik der Figuren im Vordergrund stehen. Charaktere kommen in 2001: A SPACE ODYSSEY nicht vor. Die Menschheit als Ganzes ist hier der eigentliche Protagonist. Die einzelnen Personen, die im Laufe des Films auftauchen, werden mehr als Exemplare denn als individuelle Charaktere inszeniert. In diesem Kapitel werden die Astronauten David Bowman und Frank Poole eingeführt. Zunächst steht die Darstellung des Alltags der beiden Astronauten im Vordergrund, zum Beispiel Sport, Essen, Nachrichtenschauen und Zeitvertreib wie Schachspielen und Zeichnen. Hierzu werden meist Halbtotalen verwendet, bei denen die Figuren ganz und De-

2001: A SPACE ODYSSSEY, Einstellungen 232 (00'15), 233 (00'07), 234 (00'08), 236 (00'41)

III. Typologie und Beispielanalyse

2001: Einstellungen 334 (00'24), 338 (00'04), 339 (00'16), 342 (00'04), 343 (00'10) und 344 (00'07)

tails ihrer Umgebung gut sichtbar sind. Eine Ausnahme bildet das Gespräch zwischen HAL und Bowman, in dem der Bordcomputer den Astronauten zu dessen Ansichten über das Unternehmen befragt, da er, wie sich noch in dem Gespräch herausstellt, an einem psychologischen Bericht arbeitet. Eine weitere Ausnahme ist die Sequenz, in der HAL, der fast das gesamte Raumschiff unter seiner Kontrolle hat und als perfekt gilt, einen Fehler bei der Berechnung eines technischen Defekts gemacht haben soll und es zu einem Gespräch zwischen ihm und dem Astronauten kommt. Hier spielen Mimik und Gestik der Figuren durchaus eine Rolle.

Diese Sequenz beginnt nach circa 77'18 Minuten Spielzeit. Sie wird über einen *establishing shot* eingeleitet. Bowman und Poole sitzen vor Armaturen und empfangen eine Nachricht von der Bodenkontrolle, die ihnen mitteilt, dass HAL sich bei seinen Berechnungen geirrt haben muss. Die Kamera zeigt sie von hinten, sodass nur ihre Hinterköpfe und die Schalter und Bildschirme zu sehen sind. Noch während dieser Mitteilung wird auf die Figuren umgeschnitten. Die folgende Einstellung zeigt Bowman und Poole schräg von vorne rechts mit leichter Aufsicht. Sie sitzen nebeneinander und sind fast bis zu den Knien sichtbar. Unverkennbar ist die Ähnlichkeit der Astronauten in der Physiognomie, der Mimik und der Gestalt bis hin zur Frisur.

Während vorher nur alltägliche Situationen an Bord der *Discovery* gezeigt wurden, geht es nun für die Astronauten darum, auf eine vom Alltäglichen abweichende, vielleicht sogar bedrohliche Begebenheit zu reagieren. Weder Bowman noch Poole wirken durch den Fehler des Computers beunruhigt. Sie stellen ihm sachliche Fragen, geben sich durch Blickkontakt zu verstehen, dass sie die Sache merkwürdig finden und ziehen sich dann unter einem

Beispielanalyse: 2001: A SPACE ODYSSEY

Vorwand aus der Reichweite HALs zurück, um sich beraten zu können, ohne dass der Bordcomputer ihre Unterhaltung hören kann.

Gestik und Mimik der beiden Männer sind dabei nahezu identisch. Diese Ähnlichkeit wird durch eine analoge räumliche Positionierung der Figuren unterstützt. Die Einstellungsgrößen und die Aufnahmewinkel der beiden folgenden Einstellungen sind gleich. Die Astronauten sind in Großaufnahmen, mit leichter Aufsicht und etwas von schräg rechts aufgenommen. Ihre Gesichter sind regungslos.

Visuelle Exponierung einzelner Figuren in LOLA RENNT

Wenn die Figuren sich einander zuwenden, entsteht eine spiegelbildliche Entsprechung der beiden Männer. Poole blickt ins rechte Off, Bowman in der nächsten Einstellung ins linke. Die Einstellungsgröße und der Aufnahmewinkel sind aus den beiden vorhergehenden Einstellungen beibehalten worden.

In einer halbtotalen Aufnahme wird dieses spiegelbildliche Verhältnis der beiden noch einmal in einer Einstellung gezeigt. Der Aufnahmewinkel ist, wie in den vorhergehenden Einstellungen, von schräg rechts mit leichter Aufsicht gewählt.

Während dieser Einstellungen ist HALs Stimme aus dem Off zu hören. Auffällig ist das emotionslos wirkende Verhalten der Astronauten, das sie zwar schon vor diesem Ereignis zeigten, das aber in diesen Einstellungen besonders hervorgehoben wird. In dieser Sequenz beginnt sich das Verhältnis von Mensch und Maschine umzukehren, das dem Zuschauer aus seinem Alltag vertraut ist. Die Maschine ist fehlerhaft, der Mensch denkt und handelt anscheinend unbeeinflusst von jeder Emotion. Bei dieser Inszenierung stehen die (menschlichen) Figuren eindeutig im Mittelpunkt. Ihre Gestik und vor allem ihre Mimik werden sehr ausführlich gezeigt. Der Camerablick ruht geradezu auf ihren Gesichtern. Doch die anhaltende Konversation, die keine Klärung schafft, entlockt den beiden Astronauten keinerlei spürbare emotionale Regung, wohingegen die Maschine HAL wenigs-

tens seine Verwunderung zum Ausdruck bringt. Die Menschheit scheint auf einer Stufe der Technologisierung angekommen zu sein, die es Maschinen ermöglicht, eine Form von Individualität zu entwickeln, während die Menschen immer stereotyper werden. Sie wirken entindividualisiert und genormt.

In dieser Sequenz handelt es sich um Standards figurenzentrierter Räume. Um andere Spielarten figurenzentrierter Raumkonstruktionen aufzuzeigen, werden noch zwei weitere Beispiele herangezogen: In seinem Film LOLA RENNT (1998) arbeitet Tom Tykwer mit unkonventionellen figurenzentrierten Räumen. Bei einer dieser Raumkonstruktionen dreht sich der Raum um die Titelheldin (Franka Potente), während die Kamera um sie herumfährt. Die Figur bildet in diesem Beispiel sogar eine Achse, um die sich alles dreht. Die Drehungen visualisieren die Angst von Lola, da sie nicht weiß, was sie tun soll und die Situation Gefahr läuft, außer Kontrolle zu geraten. In anderen Einstellungen dieses Films verwendet Tykwer unterschiedliche Schärfenbereiche, um einzelne Personen hervorzuheben. Normalerweise liegt der Schärfenbereich auf Ebenen des Bildes. Selten liegt er auf einzelnen Objekten wie in diesen Einstellungen, in denen jeweils eine Figur scharf gestellt ist und der gesamte andere Bereich des Bildes, der zum Teil ebenfalls Figuren zeigt, die sich auf derselben Ebene befinden, unscharf bleibt.

III. Typologie und Beispielanalyse

Die Auswahl der visuell exponierten Personen scheint zunächst beliebig zu sein, da noch unklar ist, ob und wenn ja, welche Rolle sie spielen werden.

Unauffälligere Hervorhebungen von Figuren können auf subtile Weise eine überraschende Wende im Handlungsverlauf plausibler erscheinen lassen. In CONFLICT (Konflikt; 1943; R: Curtis Bernhardt) beschreibt der noch nicht entlarvte Mörder Richard Mason (Humphrey Bogart) der Polizei und seinem anwesenden Freund Hamilton (Sydney Greenstreet) seine Frau, als er sie zum letzten Mal gesehen hat. Der Täter wird sitzend, mit Blick ins rechte Off in amerikanischer Einstellungsgröße aufgenommen. Als er ein Detail beschreibt, das sich für die Aufklärung der Tat als entscheidend erweist, erfolgt ein Schnitt. In der nächsten Einstellung ist der Freund ebenfalls sitzend im rechten Bildvordergrund mit Untersicht zu sehen. Links hinter dem Mann steht der Polizeibeamte, der einige Floskeln über die gute Beobachtungsgabe Masons äußert. Die Aufmerksamkeit wird jedoch nicht auf den sprechenden Polizeibeamten gelenkt, sondern auf den Freund Masons, der im Bildvordergrund auf visueller Ebene eine viel stärkere Präsenz beansprucht. Die Untersicht hat bei dieser Figur auch eine stärkere Wirkung, da ihr die Kamera näher steht. Der Blick des Mannes ist ernster als zuvor, und er starrt geradezu in Richtung seines Freundes. Die visuell exponierte Darstellung und die nuanciert veränderte Mimik der Figur erzeugen Irritation, da nicht ganz deutlich wird, ob Hamilton wirklich auf eine Ungereimtheit in den Ausführungen Masons aufmerksam geworden ist oder nicht. Die Inszenierung eröffnet aber die Möglichkeit, dass es so sein könnte. Am Ende des Films stellt sich heraus, dass Mason ein Detail verraten hat, wodurch er seinem Freund verdächtig wurde und ihm eine Falle gestellt werden konnte. Die Glaubwürdigkeit dieses Schlusses wurde in der eben beschriebenen Einstellung entscheidend vorbereitet.

Die Ausführungen haben einen Eindruck davon vermittelt, wie unterschiedlich Figuren inszeniert werden können. Grundsätzlich steht bei figurenzentrierten Räumen die Mimik und Gestik von Figuren und deren Beziehung zueinander im Vordergrund der Darstellung. Bei der Analyse und Interpretation ist es daher notwendig, die Positionen, Bewegungen und die Präsenz der einzelnen Personen im Bildraum zu berücksichtigen. Häufig befinden sich die Figuren im Schärfenbereich und heben sich dabei von einem unscharfen Hintergrund ab. In alten Hollywoodfilmen zum Beispiel wurden Dialogsequenzen, die in einem Auto spielen, häufig mit Rückprojektion aufgenommen. Bei diesen Szenen stehen der Dialog und die Inszenierung der Figuren im Mittelpunkt, die auch den meisten Platz im Bildraum beanspruchen. Der Hintergrund erhält durch Unschärfe nur eine illustrative Funktion.

In der zuletzt analysierten Sequenz aus 2001 heben sich die Figuren auch häufig durch Schärfe vom unscharfen Hintergrund ab. Weder die Mimik noch die Gestik der beiden Astronauten lassen hier eine emotionale Regung erkennen, doch ihr Austausch von Blicken zeigt deutlich, dass sie HAL misstrauen. Auch die Inszenierung dieser Sequenz widerspricht einer Ökonomie des Erzählens. Die Figuren werden jeweils lange gezeigt, wobei sie ihre Fragen nahezu mit mechanischer Klarheit und Präzision stellen. Die Gesprächspausen scheinen dabei ungewöhnlich lang zu sein. Das Gespräch zwischen den beiden Männern und dem Computer wird beendet, als Bowman vorgibt, technische Probleme in einer Raumgondel nicht alleine bewältigen zu können.

Detailräume

358. Einstellung (=1), Dauer: 00'04

Die markantesten Detailraumkonstruktionen in Kubricks Weltraum-Epos stellen die Aufnahmen dar, in denen das künstliche Auge HALs, das durch die runden Formen einem organischen Auge ähnelt, den Bildraum vollständig ausfüllt. Die meisten Einstellungen zeigen das Auge als Teil einer Apparatur und schwächen dadurch dessen personifizierendes Moment ab. Die Detailaufnahme löst es aus dessen Kontext heraus und verringert scheinbar die räumliche Distanz zum Zuschauer soweit, dass dieser unmittelbar mit ihm konfrontiert wird. Das Auge oder vielmehr dessen Blick

Beispielanalyse: 2001: A SPACE ODYSSEY

Unerbittlich und geheimnisvoll: HALs Auge im extremen Close-up in 2001, Einstellung 358 (00'04)

erhält damit eine Präsenz, die dem Zuschauer nahelegt, es als Ausdruck einer Persönlichkeit wahrzunehmen, die ihn ansieht. Verstärkt wird dieser Eindruck durch die Struktur des Auges. Es besteht aus Lichtringen, von denen der äußere fast schwarz ist, der wiederum in einen roten übergeht. Der innere Kreis ist gelb und umschließt einen weißen Punkt. Die Abstufung durch die Farben erzeugt eine Tiefenstaffelung, die in das Innere des Computers zu führen scheint.

Die Analogien zu der Struktur eines menschlichen Auges mit der runden Form von Iris und Pupille sind offensichtlich. Die Statik hingegen ist einer der wesentlichen Unterschiede. Beim menschlichen Auge bewegen sich in der Regel das Augenlid, der Augapfel und die Pupille, die durch Verkleinerung und Vergrößerung den Lichteinfall reguliert. Diese Bewegungen sind meistens nur Zuckungen, die jedoch deutliche Zeichen für Leben darstellen. Irritierend ist hier, dass jegliche Bewegung ausbleibt, was im Widerspruch zum vorher erzeugten Eindruck von der Lebendigkeit des Computers steht [6]. Der reaktionslose Blick der Maschine HAL ist gleichermaßen unerbittlich und geheimnisvoll. Die Dauer der Einstellung lässt genug Zeit, um in seinem Blick eine Bewegung zu suchen. Sie veranlasst sogar dazu, weil Einstellungen ohne Bewegung eher ungewöhnlich sind und, wie eben schon gesagt, die Ähnlichkeit mit einem organischen Auge eine Bewegung möglich erscheinen lässt. Vermittelt erfolgt nach dieser Einstellung ein Sprung im Raum durch die Montage. Die nächste Einstellung stellt einen Gegenschuss dar, der den Blickpunkt HALs einnimmt. Das Bild ist so mit Schwärze kaschiert, dass sich in der Mitte ein runder Ausschnitt ergibt, durch den der Mund einer der Astronauten im Profil zu sehen ist. Die Kamera schwenkt nach links und zeigt den Mund des anderen Astronauten in der gleichen Einstellungsgröße. Der Rechner liest den Männern, die sich für ihre Lagebesprechung unter einem Vorwand von ihm akustisch abgeschottet haben, von den Lippen ab. Der Gegenschuss wird durch den runden Bildausschnitt erkennbar, der den runden Formen des Auges entspricht, außerdem handelt es sich um eine filmische Konvention, dass die Kamera den Standpunkt einer Figur einnimmt, nachdem ihr meist zielgerichteter Blick fokussiert wurde. Dem eingeengten Blick auf HALs mechanisches Auge folgt konsequenterweise ein weiterer Detailraum, der aus den Lippenpaaren der Astronauten gebildet wird.

Eine Fokussierung des Blicks wird auch häufig verwendet, um zu einer Visualisierung von Träumen und Fantasien einer Figur überzuleiten. In der berühmten Duellsequenz von C'ERA UNA VOLTA

III. Typologie und Beispielanalyse

IL WEST entwickelt sich aus der Großaufnahme des Mundharmonikaspielers durch einen Zoom eine Detailaufnahme seiner Augen. Diese sukzessive Blickfeldverengung wird durch eine Einstellung unterbrochen, die einen Mann zeigt, der auf die Kamera zugeht. Der Mann bleibt zunächst durch mangelnde Schärfe unkenntlich. Als er in der Nahaufnahme stehenbleibt, wird er jedoch deutlich als Frank identifizierbar. Allein aus der Gestaltung dieser Einstellungen lässt sich nicht zwingend ableiten, dass im Anschluss eine Erinnerung der Figur Mundharmonika gezeigt wird. Der nach innen gekehrte Blick und die Dauer der Groß- bzw. Detailaufnahme tragen entscheidend dazu bei, diese Anschlüsse vorzubereiten.

Eine andere Funktion erfüllt die letzte Einstellung in BRING ME THE HEAD OF ALFREDO GARCIA (Bring mir den Kopf von Alfredo Garcia; 1974; R: Sam Peckinpah). Diese zeigt die Mündung einer feuernden Schusswaffe, die direkt auf die Kamera gerichtet ist. Die Mündung füllt nicht den gesamten Bildraum aus. Der hintere Teil der Waffe bleibt verschwommen, und der Rest des Bildes ist nahezu schwarz. Die Darstellung konzentriert sich ganz auf die Mündung, die gleichzeitig den Mittelpunkt des Bildes bildet. Zuvor wurde gezeigt, wie ein Mann, der in einem Auto zu flüchten versucht, von mehreren Gangstern erschossen wird. Die Mündung wurde aus diesem Kontext mit der Detailaufnahme isoliert. Sie richtet sich aus der diegetischen Welt auf den Zuschauer im Off. Nach ein paar Schüssen gefriert das Bild zu einem *freeze frame*, und links in der Ecke der Kadrierung erscheint die Schrift *Directed by Sam Peckinpah*. Die Signatur des Regisseurs an dieser Stelle ist vieldeutig. Er gibt sich zunächst unmittelbar als derjenige zu erkennen, der diesen Angriff auf den Zuschauer inszeniert hat. Weiterhin zeigt sich Peckinpah für alles Vorgehende verantwortlich und unterschreibt damit seine persönliche Sicht auf die Dinge; in diesem Fall die Strukturen der Gewalt, denen auch der Zuschauer nicht entrinnen kann. Der Detailraum dient hier also dazu, eine Verbindung zwischen der diegetischen Welt und der realen Welt des Zuschauers und des Regisseurs zu schaffen.

Nachdem HAL durch das Lippenablesen erfährt, dass er vielleicht abgeschaltet wird, beginnt er sich zu wehren und tötet Poole, der das Radar außerhalb des Mutterschiffs reparieren will. Auch diese Sequenz inszeniert Kubrick wieder in aller Ausführlichkeit. Der Weltraum selbst wird in diesen Bildern zu einer Art Protagonist.

Tiefe Räume

370. Einstellung (= 1), Dauer: 00'21 (vgl. Farbteil, Abb. 17)

Auch die dritte Einstellung (S. 131ff.) war als tiefer Raum klassifiziert worden. Diese Raumkomposition war allerdings noch spezifischer als Flucht einzuordnen, während die folgende Einstellung diese Dynamik nicht aufweist. Die Raumaufteilung ähnelt sehr der schon in der Analyse von nichteuklidischen Räumen erwähnten Einstellung, in der Bowman eine Reparatur an dem Mutterschiff durchführt. Im Prinzip wird hier die gleiche Handlung nur mit dem anderen Astronauten (Poole) gezeigt. Im rechten Bildvordergrund befindet sich die Gondel, im linken Bildhintergrund das Mutterschiff *Discovery*, das von links unten schräg nach rechts oben verläuft, dabei aber nicht über die linke Bildhälfte hinausgeht. Der Astronaut treibt von der Gondel langsam zur *Discovery*.

Auch bei dieser Komposition ergibt sich eine Dynamik vom Bildvorder- zum -hintergrund hin, die sich aber durch die Form und die Anordnung der Objekte im Gegensatz zu Einstellung 3 nicht auf einen Fluchtpunkt hin kanalisiert. Waren dort Objekte, genauer gesagt Gestirne, hintereinander angeordnet, so gibt es in diesem Bild keine Linien

Signatur: BRING ME THE HEAD OF ALFREDO GARCIA

Beispielanalyse: 2001: A SPACE ODYSSEY

oder eine Tiefenstaffelung. Das Gestirn im Bildvordergrund von Einstellung 3 ist deutlich größer als das im Bildhintergrund, wodurch sich noch eine Größenstaffelung bei gleicher Form der Objekte ergibt, welche die Dynamik zum Bildhintergrund hin verstärken. Linien oder Flächen, die den Bildraum strukturieren, fehlen hingegen in Einstellung 370. Das entscheidende Tiefenkriterium für die Entfernungswahrnehmung bildet hier die Größenkonstanz. Der Astronaut bewegt sich in den Raum hinein bzw. von der Gondel zum Raumschiff hin, das heißt, er bewegt sich von der Kamera weg. Er erscheint im Bild immer kleiner, da sich der Sehwinkel mit zunehmender Entfernung verkleinert. Damit der Eindruck wachsender Entfernung entstehen kann und es nicht aussieht, als ob er schrumpfe, musste die Größenrelation von Astronaut, Gondel und *Discovery* in den vorhergehenden Einstellungen etabliert werden. Wären dem Zuschauer diese Größenverhältnisse vorher nicht vertraut gemacht worden, hätte er keine zuverlässigen Anhaltspunkte für die Entfernungen der Objekte zueinander. Die Bewegung des Astronauten wiederum ist ein Indikator für die Entfernung zwischen Gondel und Raumschiff. Zusätzlich spielt in dieser Einstellung die relative Größe der Objekte im Blickfeld eine Rolle. Die Gondel nimmt mit ihrer runden Form mehr als ein Drittel des rechten Bildvordergrunds in Anspruch, während die *Discovery* mit ihrer schlanken, geraden Form im Bildhintergrund halb so breit wirkt. Dadurch wird der Eindruck unterstützt, dass die

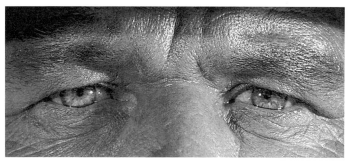

Fokussierung des Blicks und Flashback in C'ERA UNA VOLTA IL WEST

III. Typologie und Beispielanalyse

CROUCHING TIGER, HIDDEN DRAGON, Tiefe Räume (I): Der Angriff richtet sich auch gegen den Zuschauer

Bei einer Kampfszene in CROUCHING TIGER, HIDDEN DRAGON verläuft die Dynamik umgekehrt, also aus dem Bildhintergrund durch den Mittel- zum Vordergrund hin. Eine am Boden liegende Kämpferin wirft aus dem linken Bildhintergrund eine Klingenwaffe in Richtung ihres Widersachers, der im rechten Bildvordergrund steht. Die Aufnahme stellt einen typischen *over shoulder shot* dar, das heißt in diesem Fall, dass die Kamera dem Mann im Bildvordergrund links über die Schulter schaut. Die aggressive Dynamik, die durch die hohe Geschwindigkeit des geworfenen Objekts erzeugt wird, steigert sich noch während der Einstellung, weil die Waffe in Richtung des Zuschauers fliegt. Sie trifft den Mann am Kopf und bleibt dort stecken. Die Position der Kamera rückt den Zuschauer in identifikatorische Nähe zum Opfer. Der Angriff richtet sich damit gewissermaßen auch gegen den Zuschauer.

In einer anderen Einstellung dieses Films unterstützt eine Raumkomposition in die Tiefe die Charakterisierung der Kampfkunst-Schülerin Jen (Zhang Ziyi) und ihrer Beziehung zu ihrer Meisterin Jade Fuchs (Cheng Pei-Pei). Im linken Vordergrund steht eine Kerze auf einem Tisch als einzige Lichtquelle im Raum. Im Bildmittelgrund befindet sich Jen, die sich langsam auf den Tisch zubewegt. In dieser Szene widerspricht sie ihrer Meisterin, die sie dazu überreden will, gemeinsam mit ihr als Gesetzlose durch das Land ziehen. Jade Fuchs steht hinter ihr, im schlechter ausgeleuchteten Teil des Raums, den Blick auf ihre Schülerin gerichtet. Jen wendet sich von ihrer Meisterin ab, weil sie nicht auf den Vorschlag eingehen will und weil sie sie in der Kampfkunst längst übertroffen hat, jedoch ihre Fähigkeiten aus Respekt und Angst verborgen hielt. In dieser Einstellung will sich die Schülerin von ihrer Lehrerin klar distanzieren und macht ihr deutlich, dass sie ihr nichts schuldig sei. Während sie das alles ausspricht, dreht sie sich um und bewegt sich von ihrer Meisterin weg. Jade Fuchs will sich damit nicht zufriedengeben und fordert von ihrer Schülerin Loyalität ein. In diesem Augenblick bewegt sie sich aus dem rechten Bildhintergrund in den linken Bildmittelgrund. Als sie fast auf Jens Höhe angelangt ist, versucht sie, diese zu berühren, wobei unklar ist, ob es sich

Gondel dem Zuschauer geografisch näher ist als das Raumschiff.

Auffällig sind die sehr unterschiedlichen Formen der im Bild sichtbaren Teile beider Raumschiffe. Die Gondel ist rund, während der sichtbare Teil der *Discovery* quaderförmig ist und gerade verläuft. Die geometrischen Formen Gerade und Kreis bzw. Quader und Kugel dominieren auch hier die Bildkomposition.

Beispielanalyse: 2001: A SPACE ODYSSEY

dabei um einen aggressiven Akt oder eine zärtliche Geste handelt. Auf jeden Fall tritt die Verlassene aus dem dunkleren Bereich des Raums wieder auf ihre Schülerin zu, um sich mehr Präsenz zu verleihen und sich ihr darüber anzunähern. Die Auseinandersetzung mündet daraufhin in einen Schlagabtausch. Aus den Bewegungen der Figuren im Raum und den Positionen, die sie im Laufe der Einstellung zueinander und im Verhältnis zur Kamera einnehmen, entsteht in Kombination mit dem Dialog die dichte Darstellung eines psychodynamischen Prozesses. Die Anordnung der Objekte im Raum allein kann zur Charakterisierung eines Konflikts maßgeblich beitragen und damit einen psychischen Prozess visuell inszenieren.

Bei der ersten Begegnung der zwei Vampirjäger mit dem Grafen in THE FEARLESS VAMPIRE KILLERS (Tanz der Vampire; 1967) komponiert Polanski den Raum ebenfalls in die Tiefe und lenkt den Blick des Zuschauers durch die Anordnung und Bewegung der Figuren und durch eine Schärfenverlagerung. Professor Abronsius (Jack McGowran) und Alfred (Roman Polanski) werden von einem Diener in die Bibliothek des Grafen Krolock (Ferdy Mayne) geführt. Die Tür wird hinter ihnen verschlossen. Sie blicken sich erstaunt um. Dabei stehen sie in Nahaufnahme im linken und rechten Bildvordergrund. Zwischen den beiden Figuren bleibt der Blick in den Raum frei. Im Bildmittelgrund befindet sich ein Stuhl mit hoher Lehne, die mit dem Rücken zu den Figuren und damit auch zum Zuschauer zeigt. Auf diesem Stuhl sitzt eine Person, von der allerdings nur ein Arm und die Beine sichtbar sind. Abronsius und Alfred

CROUCHING TIGER, HIDDEN DRAGON: Tiefe Räume (II): Die Anordnung der Figuren im Raum charakterisiert den Konflikt

blicken sich an. Bis jetzt liegt der Schärfenbereich noch auf den Figuren im Bildvordergrund, auch wenn die Dinge im Hintergrund erkennbar sind. Anschließend wenden sie ihre Blicke in den Raum. In diesem Augenblick verlagert sich die Schärfe tief in den Raum. Die beiden Figuren bewegen sich langsam auf den Grafen zu, während die Kamera ihnen folgt. Der Blick des Zuschauers wurde, da zwischen den beiden Figuren viel Luft gelassen wurde, bereits in die Mitte des Raums

III. Typologie und Beispielanalyse

gelenkt. Anschließend wurde die Bewegung der Kamera und der Figuren durch ihre Blickrichtung und die damit einhergehende Schärfenverlagerung eingeleitet.

Den prominentesten Vertreter für tiefe Raumkompositionen stellt immer noch CITIZEN KANE

Blicklenkung durch Schärfenverlagerung: THE FEARLESS VAMPIRE KILLERS

dar (vgl. Teil I, S. 23ff.). Tiefe Räume dienen meistens dazu, komplexere Szenerien in einer Einstellung zu entwickeln. Der Bildraum gliedert sich in der Regel in Vorder-, Mittel- und Hintergrund, wobei alle Ebenen gleich scharf aufgenommen werden oder sich wie in dem angeführten Beispiel eine Dynamik durch Schärfenverlagerung über verschiedene Ebenen ergibt. Der Blick des Zuschauers kann dabei mehr oder weniger geführt werden. Manche Bildkompositionen erzeugen eine strenge Blickführung etwa über die Größe und Position der Objekte oder über die Bewegung, andere überlassen es dem Zuschauer, sich im Bild zu orientieren.

Vor diesem Hintergrund stellt die beschriebene tiefe Raumkonstruktion aus 2001: A SPACE ODYSSEY einen untypischen Fall dar, da die Leere des Weltalls den Bildraum nicht einheitlich strukturiert. Die Objekte bewegen sich oder stehen frei im unendlich scheinenden Raum. Durch diese Grenzenlosigkeit im Hintergrund trägt hier ein Element agoraphobischer Raumkonstruktionen zur Bildkomposition bei. Dieser Raumtypus spielt in seiner reinen Form eine Rolle, als HAL Poole mit der Gondel tötet, deren Steuerungsfunktionen er kontrollieren kann.

Agoraphobische Räume

382. Einstellung (= 1), Dauer: 00'14

In dieser Einstellung treibt die Leiche des Astronauten Poole nach HALs Angriff ins offene All hinaus. Die Gondel schießt von links unten aus dem Off in den rechten Bildhintergrund. Der Astronaut taucht aus dem unteren Off auf und treibt links von der Mitte des Bildraums ins All. Astronaut und Gondel sind die einzigen Objekte in dieser Einstellung. Der Rest des Bildes ist schwarz.

Die Einstellung weist keinen einheitlich strukturierten Bildraum auf. Die Objekte treiben in die endlose Schwärze, wobei die relative Größe im Blickfeld und die vertraute Größe von Gegenständen die einzigen Tiefenkriterien bilden. Der Raum entsteht in dieser Einstellung durch die Bewegung von Objekten und deren Größenverhältnis zueinander. Er erscheint als statische Größe mit unendlicher Ausdehnung. Diese Leere wird akustisch dadurch inszeniert, dass nichts zu hören ist. Anders als in der ersten Sequenz ist hier die Stille absolut. Sie wird nicht durch Geräusche aus der Ferne dargestellt. In dieser Einstellung wird ein ähnlich ambivalentes Verhältnis zum Raum er-

Beispielanalyse: 2001: A SPACE ODYSSEY

zeugt wie in der ersten Einstellung. In dieser blieb das Bild schwarz, während Musik erklang, womit auf akustischer Ebene der Eindruck von Räumlichkeit geschaffen wurde. Hier bleibt das Bild stumm, zeigt aber Objekte, die sich in einem grenzenlosen Raum bewegen. Auf visueller Ebene wird unendliche Ausdehnung suggeriert, während die absolute Stille unserer alltäglichen Raumerfahrung, die sich auch akustisch konstituiert, widerspricht. Die Raumerfahrung wird hier also auf den Sehsinn eingeschränkt. So entsteht eine gegenläufige Raumerfahrung auf visueller und akustischer Ebene oder bleibt Letztere hier vielmehr aus.

Im Prinzip handelt es sich um einen leeren Raum. Die endlose Leere des Alls ist Gegenstand der Darstellung. Die Information, dass der Astronaut tot ins All hinaustreibt, wurde schon in den vorhergehenden Einstellungen vermittelt. Die lang gezeigte Bewegung der Objekte in die Tiefe des Raums macht für den Zuschauer diese Leere erfahrbar, indem sich die Objekte immer weiter von dem durch die Kamera definierten Betrachterstandpunkt entfernen. Die Grenzen und Tiefenkriterien, die ein einheitlich strukturierter Bildraum in der Regel bietet und die dem Zuschauer eine gute Entfernungseinschätzung und Orientierung ermöglichen, fehlen hier. Insofern ist die Raumdarstellung sehr reduziert. Hier kann die eigene und die Position eines Objekts nur relativ zu anderen Objekten definiert werden. Diese Objekte, in diesem Fall Astronaut und Gondel, treiben aber in eine bestimmte Richtung im All, während der Kamerastandpunkt flexibel bleibt. Ein festes Raumgefüge mit mehr oder weniger festen Orientierungspunkten ist also auch hier nicht gegeben. Im Unterschied zu den anderen Einstellungen, die bereits im Zusammenhang mit nichteuklidischen Räumen analysiert wurden, geht es hier nicht (nur) um eine fehlende Oben-Unten-Orientierung, sondern um die Darstellung unermesslicher räumlicher Tiefe.

Andere agoraphobische Raumkonstruktionen können durch ein übermäßiges Ausdehnen eines Stoffes wie zum Beispiel Wasser entstehen. In THE PERFECT STORM (Der Sturm; 2000; R: Wolfgang Petersen) entwickelt sich die übermächtige Wir-

2001: A SPACE ODYSSEY, Einstellung 382 (00'14)

kung des Meeres in der Relation zwischen den sich aufbäumenden Wassermassen zu dem kleinen Schiff, auf dem sich die Protagonisten befinden. Die vertrauten Größenverhältnisse sind hier das ausschlaggebende Tiefenkriterium für den Eindruck überwältigender Weite. Hinzu kommen die Wucht der Wassermassen und die unergründliche Tiefe des Meeres. In Steven Spielbergs JAWS (Der weiße Hai; 1975) trägt die letztgenannte Eigenschaft

III. Typologie und Beispielanalyse

Auf dem Territorium des Feindes: Das Finale von JAWS

die Kombination von Zoom und Kamerafahrt berühmt gewordenen Einstellungen aus Hitchcocks VERTIGO (1958) auch agoraphobische Raumkonstruktionen dar. Aus der Sicht des Protagonisten zieht sich das Treppenhaus, das er hinunterschaut, in die Länge. Der Raum erscheint ihm durch seine Höhenangst als dynamisiert und damit als unwägbare Größe. In der Regel ist der Raum bei agoraphobischen Raumkonstruktionen dadurch dynamisiert, dass flexibles Material wie Wasser keinen Halt bietet oder die Perspektive einer Figur eingenommen wird. Das Weltall als leerer Raum, in dem sogar die Schwerkraft aufgehoben ist wie in 2001: A SPACE ODYSSEY, stellt einen Sonderfall dar. Sogar in den meisten anderen Filmen, die im Weltall spielen, wird die Darstellung von Schwerelosigkeit zugunsten einer der Alltagswahrnehmung des Zuschauers entsprechenden Raumwahrnehmung vernachlässigt.

maßgeblich zu der bedrohlichen Wirkung des Hais bei. Er kann sich ungesehen im Wasser bewegen und plötzlich zuschlagen, wodurch die Jäger auch zu Gejagten werden. Beim Finale, in dem der Protagonist Brody (Roy Scheider) sich nur noch an den aus dem Wasser ragenden Mast des gesunkenen Schiffes klammern kann, wird diese Bedrohung besonders deutlich. Das Schiff, das den Mast stützt, ist im Wasser bereits versunken, welches das Territorium des Feindes darstellt. Der Mann ist dem Hai dadurch auf dem offenen Meer ausgeliefert. Auch hier gibt es für die Figuren keinen Halt mehr im Raum.

Typisch für agoraphobische Raumwirkungen sind auch Sequenzen, in denen Figuren an Häuserfassaden oder Felswänden entlangklettern und dabei Gefahr laufen abzustürzen. Häufig wird dabei eine subjektive Kameraperspektive eingesetzt, wenn die Figur ins Straucheln gerät. So kann der Zuschauer der Figur nachempfinden, der die sie umgebende Weite zum Verhängnis zu werden droht. Im Grunde genommen stellen die durch

Im Gegensatz zu agoraphobischen Raumkonstruktionen stehen Raumkonstruktionen, die den Eindruck räumlicher Enge erzeugen. In einen solchen Raum muss sich der am Leben gebliebene Bowman begeben, um den Bordcomputer außer Gefecht setzen zu können.

Klaustrophobische Räume

495.- 517. Einstellung (= 23), Dauer: 05'22 (vgl. Farbteil, Abb. 18)

Nachdem Bowman versucht hat, die Leiche seines Kollegen wieder zum Schiff zurückzubringen, musste er sich gegen den Willen des Bordcomputers Zutritt zum Mutterschiff *Discovery* verschaffen. Er dringt in die Schaltzentrale von HAL ein, um ihn abzuschalten. Die Beleuchtung in diesem engen Raum erinnert mit dem tiefen, ins

Beispielanalyse: 2001: A SPACE ODYSSEY

Schwarze übergehenden Rot an eine Dunkelkammer. In diesem Raum herrscht Schwerelosigkeit, sodass auch hier die Oben-Unten-Relationen außer Kraft gesetzt sind. Die Wände bestehen aus einer Art Gitter, dessen Zwischenräume weißlich leuchten.

In vielen Einstellungen dieser Sequenz sind der Astronaut und ein Großteil der Schaltzentrale sichtbar. Die Vogel- und Froschperspektiven ermöglichen in diesen Einstellungen die vollständige Sichtbarkeit der Figur, obwohl die Kamera nahe an ihr ist. Damit wird ihr Verhältnis zu dem sie umgebenden Raum deutlicher dargestellt als bei kleineren Einstellungsgrößen, die automatisch stärker die Figur fokussieren. Einstellung 499 stellt eine typische Nahaufnahme dar, die aus dem Kontext heraus und durch die Position der Figur dennoch die Beengtheit des Raums transportiert. Erstens wird in den vorhergehenden Einstellungen das Verhältnis von Figur und Raum auf die eben beschriebene Weise etabliert. Zweitens wurde die Kameraposition so gewählt, dass sich der Astronaut zum oberen Bildrand hin orientiert und durch diesen Aufnahmewinkel die Wand der Schaltzentrale, an der er herumschraubt, im Bild als Decke erscheint, die unmittelbar über ihm verläuft. Die Schaltzentrale stellt Herz und Gehirn des Bordcomputers dar, der in dieser Sequenz menschliche Gefühle entwickelt. Als Bowman beginnt, ihn abzuschalten, artikuliert er Angst und verfällt in regressives Verhalten, indem er ein Kinderlied singt. HALs Inneres ist eng und dunkelrot. Das gleiche Rot tauchte schon in der Luftschleuse auf, durch die sich Bowman wieder Zutritt zum Mutterschiff verschaffte.

In THE BIRDS flüchtet die Protagonistin (Tippi Hedren) vor dem Angriff der Vögel in eine Telefonzelle, die ihr zwar zunächst notdürftig Schutz bietet, aber zugleich zur Falle wird, da sie keine Ausweichmöglichkeit mehr hat. Die Zelle hat eine Grundfläche von circa einem Quadratmeter, und ihre Wände bestehen aus Scheiben. In manchen Einstellungen befindet sich die Kamera in der Telefonzelle. So wird der Zuschauer in Nähe zur Protagonistin gerückt, die in Panik gerät, weil die Vögel auf sie zufliegen und nur sehr knapp an den Scheiben vorbeifliegen. Die Bewegungsfreiheit ist durch die kleine Grundfläche des Raums und die Bedrohung durch die Vögel stark eingeschränkt. Die Vögel kommen ihr räumlich sehr nahe, und es gibt keine Möglichkeit für die Frau, sich ihrem Blickfeld zu entziehen. Die klaustrophobische Enge und Ausweglosigkeit wird besonders in der Einstellung deutlich, in der der Raum fast senkrecht von oben gezeigt wird. Der Zuschauer sieht aus dieser Position die vier Wände, die die Figur umgeben, und wie diese panisch versucht, in alle Richtungen zu fliehen und nach weniger als einem Schritt wieder von einer der Wände gebremst wird. Im Laufe der Sequenz arbeitet Hitchcock immer wieder mit *point-of-view-shots*: Der Zuschauer sieht in einer Einstellung die Figur, die angsterfüllt in eine Richtung schaut. In der nächsten Einstellung wird ihm durch eine Verbindung auf der Blickachse suggeriert, dass er dieselbe Szenerie sieht wie die Figur. Den Höhepunkt dieser Sequenz bildet der Sturzflug einiger Vögel auf die Telefonzelle, der die Scheiben zum Bersten bringt. Der notdürftige Schutz des Raums wird damit endgültig aufgebrochen. Er hat zwar vorläufig Schutz geboten, das Opfer ist aber durch die Transparenz der den Raum beschreibenden Eingrenzungen weiterhin für die Angreifer sichtbar. Die Bedrohung durch den engen Raum erwächst in dieser Szene einerseits aus der eingeschränkten Bewegungsfreiheit und der damit einhergehenden Unmöglichkeit, vor den Angreifern zu fliehen, und andererseits aus der Transparenz seiner Grenzen.

IN THE MOOD FOR LOVE (2000; R: Wong Kar-Wai) ist ein Film, der nahezu durchgängig mit klaustrophobischen Raumkonstruktionen inszeniert ist. Enge Gänge und Flure in Mietshäusern, Türrahmen, Fenster, Gitter etc., in oder hinter denen sich die Figuren bewegen, kennzeichnen die Bildkompositionen. Häufig sind auch Gegenstände im Bildvordergrund, die einen Teil des Bildes verdecken. Der Schärfenbereich liegt dann auf einer Figur im Bildmittel- oder Hintergrund, wobei der Gegenstand im Vordergrund unscharf bleibt. Über diese Raumgestaltung wird konsequent der gesellschaftliche Zwang visualisiert, der die beiden Protagonisten davon abhält, ihre Gefühle füreinander offen zu zeigen, da beide mit einem anderen

III. Typologie und Beispielanalyse

Klaustrophobische Räume in THE BIRDS ...

verheiratet sind. Geografisch sind sie sich nahe, da sie auf demselben engen Flur in einer Art Wohngemeinschaft leben; durch das dichte Zusammenleben unterliegen sie allerdings stärker der Kontrolle ihrer Mitmenschen und damit auch den herrschenden gesellschaftlichen Konventionen.

Beispielanalyse: 2001: A SPACE ODYSSEY

... und in IN THE MOOD FOR LOVE

Die eingangs erörterte Sequenz aus 2001: A SPACE ODYSSEY endet mit einer Abblende von der Einstellung, in der Bowmans Gesicht in Großaufnahme zu sehen ist. Die Kapitelüberschrift *Jupiter and Beyond the Infinite* erscheint. Der Monolith taucht wieder auf – diesmal schwebend im Weltraum –, und eine Gondel verlässt die *Discovery*. Dazu erklingt das *Requiem* von Ligeti. Diese Kombination von Monolith und Musik erscheint an dieser Stelle zum dritten Mal in dem Film. Beim ersten Mal schien der Monolith durch die Berührung eines Primaten einen Evolutionssprung zu initiieren. Beim zweiten Mal berührte ihn der Wissenschaftler Dr. Floyd auf dem Mond, wobei unmittelbar nach dieser Berührung, bei dem Versuch, sich vor dem Monolith fotografieren zu lassen, ein für die Astronauten unerträglich hoher Ton erklang. Mit dem Erscheinen des Monolithen sind also bisher rätselhafte Ereignisse verbunden, die anscheinend durch ihn in Gang gesetzt wurden. Nach der bisherigen Logik des Films kündigt sich dementsprechend ein Ereignis an, das einen weiteren Entwicklungssprung und eine weitere Station auf der Odyssee der Menschheit in Stellvertretung durch Bowman bedeutet.

Amorphe und weite Räume

527.-570. Einstellung (= 44), Dauer: 10'03 (vgl. Farbteil, Abb. 19)

Diese Einstellungsfolge stellt eine der spektakulärsten Sequenzen von 2001 dar, die in der Literatur unter anderem als »Bowmans Reise durch die gleißenden Lichtkorridore des Sternentors« (Nelson 1984: 149) oder als »rätselhaften Sturz Bowmans in den ›Lichttunnel‹« (Kirchmann 2001: 159) umschrieben wird. Im Folgenden wird diese Sequenz mit Rekurs auf Kirchmann auch als Lichttunnelsequenz (Kirchmann 2001: 168) bezeichnet.

Zu diesem Sturz, der mit rasanten (zum Teil simulierten) Kamerafahrten vorwärts inszeniert wurde, kommt es, nachdem die *Discovery*, während Bowman HAL deaktiviert, das Ziel der Mission – den Planeten Jupiter – erreicht hat. Dies erfährt der Astronaut noch in der Schaltzentrale durch eine automatische Ansage über einen Monitor, die ihn ebenfalls darüber informiert, dass der Grund für die Mission zum Jupiter in einer Strahlung begründet liegt, die der auf dem Mond geborgene Monolith zu dem Planeten sendet und die als Beweis für intelligentes außerirdisches Leben interpretiert wird. Nach einer langen Sequenz, in der der Monolith im Jupiterorbit und die ihn umgebenden Gestirne gezeigt werden, verlässt Bowman das Mutterschiff mit einer Gondel und durchmisst einen Raum mit allen erdenklichen Formen und Farben.

Viele dieser Raumkonstruktionen sind als amorph zu klassifizieren. Bei manchen anderen steht aber auch der Eindruck von Weite im Vordergrund, sodass diese Raumkonstruktion ebenfalls an dieser Stelle exemplifiziert werden kann (vgl. auch Kirchmann 2001: 170ff.). Die Sequenz ist in drei Abschnitte unterteilbar. Im ersten Teil sind Lichtkorridore zu sehen, die tief in den Raum einem imaginären Fluchtpunkt zustreben. Sie verlaufen

III. Typologie und Beispielanalyse

zunächst vertikal und anschließend horizontal. Nach der hier erstellten Raumtypologie sind diese Konstruktionen als Fluchten einzuordnen. Dazwischen sind immer wieder Großaufnahmen von Bowman als Stills montiert. Der zweite Teil besteht aus Aufnahmen von diffusen Formen und Strukturen, von denen viele als uterinal und embryonal bezeichnet werden können. Andere erinnern wiederum mehr an Nebel, Sanddünen, Sternenformationen etc. Ab diesem Teil wird hin und wieder die Detailaufnahme eines duochrom gefärbten Auges einmontiert. Im dritten Teil schließlich werden irdische Landschaftsstrukturen, deutlich erkennbar als Aufnahmen von Wüsten- und Felslandschaften, durch eine duochrome Einfärbung verfremdet (vgl. Kirchmann 2001: 171). Die Sequenz endet mit der Detailaufnahme des Auges, das sich mehrmals verfärbt, bis es die natürliche Farbe eines menschlichen Auges annimmt.

Die Tiefenwirkung in Einstellung 540 entsteht durch das helle Zentrum in der Mitte des Bildes, von dem ausgehend »Funken« zu den Bildrändern hin treiben. Auch die länglichen dunklen Formen bewegen sich von der Mitte weg.

Die Formen in Einstellung 541 bilden einen Strudel, der diagonal von oben gezeigt wird.

Das zentrale Tiefenkriterium in Einstellung 544 bildet hier die Durchsichtigkeit des Nebelschleiers. Durch die vollständige Schwärze des Hintergrunds handelt es sich aber auch um eine Figur-Grund-Beziehung wie bei den drei folgenden Einstellungen (546, 548 und 549): Bei dieser seltsamen Mischung aus Düne und Nebel entsteht die Tiefenwirkung durch Schattierungen und eine wellenartige Bewegung.

Die Punkte vor dem schwarzen Hintergrund in Einstellung 550 bilden eine Figur-Grund-Struktur, während die weiße Kugel sich in den Raum bewegt und dadurch die Tiefenwirkung verstärkt.

Die Einstellungen 563 bis 570 schließlich zeigen duochrom eingefärbte Aufnahmen des Meeres und einer Gebirgslandschaft. Die Tiefenstaffelung erfolgt hier hauptsächlich durch Texturgradienten und Helligkeitsgefälle.

Bei einigen dieser Einstellungen ist die herkömmliche filmische Raumstruktur vollständig aufgebrochen (Einstellung 540-550). Zum Teil handelt es sich um relativ einfache Figur-Grund-Strukturen, die einen Eindruck von Tiefe erzeugen; bei anderen ist der Bildraum fast vollständig mit undefinierbaren Materialien ausgefüllt, die sich kontinuierlich verformen. Solche Bildkompositionen sind für den Kino-Spielfilm untypisch. Sie finden in Experimentalfilmen häufiger Verwendung, oder anders gesagt, sie sind dort weniger überraschend.

Die Kapitelüberschrift, die ungefähr fünf Minuten vor dem Beginn der Lichttunnelsequenz erscheint, lautet: *Jupiter and Beyond the Infinite* (deutsch: *Jupiter und dahinter die Unendlichkeit*). In diese Unendlichkeit scheinen Bowman und der Zuschauer gestürzt zu werden. Die Bilder, die uns Kubrick zeigt, sind nicht oder zumindest äußerst schwer sprachlich zu fassen. Ein direkter sprachlicher Zugriff auf das, was sie zeigen, soll offenbar geradezu vermieden werden. Kubrick selbst stützt diese Interpretation durch die oft zitierte Aussage, dass »2001 eine nicht verbale Erfahrung ist« und er versucht habe, »eine visuelle Erfahrung zu schaffen, die verbalisierte Einschachtelungen hinter sich läßt und mit einem emotionalen und philosophischen Inhalt direkt in das Unterbewußtsein eindringt« (zitiert nach Jansen 1983: 116).

Die amorphen Bildkompositionen dienen hier der Erzeugung von Assoziationen. Uterinale und embryonale Formen sind vielen Zuschauern bekannt, tauchen hier aber in verfremdeter und sich stetig verändernder Form auf. Der weiße Punkt rechts im Bild in Einstellung 550 erinnert mit dem weißen Faden, den er hinter sich her zieht, an ein Spermatozoon. Viele der von Kubrick gewählten Formen stellen Symbole für den Komplex Zeugung und Geburt dar. Die damit verbundenen Raumkonstruktionen werden als amorph typisiert, weil keine konkreten Objekte identifizierbar sind. Weder das Maß der Ausdehnung noch die Art des Materials sind für den Zuschauer genau bestimmbar. Die Bandbreite der Bedeutungen, die sich mit dieser Sequenz verbinden lassen, ist sehr viel größer als normalerweise beim Kino-Spielfilm. Die Assoziationen zu Zeugung und Geburt werden durch die Wiedergeburt Bowmans in der anschließenden Sequenz bestärkt.

Beispielanalyse: 2001: A SPACE ODYSSEY

Eine amorphe Struktur als Protagonist: Der titelgebende Nebel in John Carpenters THE FOG

Typische amorphe Raumkonstruktionen in Filmen mit einer konventionellen Erzählstruktur sind Aufnahmen mit Nebel, Rauch oder Ähnlichem. In ihnen tauchen meistens Figuren auf oder verschwinden. In FULL METAL JACKET zum Beispiel (1987; R: Stanley Kubrick) wird ein Trupp amerikanischer Soldaten in einer ausgebombten Stadt durch einen Heckenschützen dezimiert. Im Schutz eines durch eine Rauchbombe verursachten Nebels versuchen die Soldaten sich von einer Deckung zur nächsten zu bewegen. Sie rennen in den Nebel, der sie vollständig verschluckt. Spannung entsteht in dieser Szene, weil der Rauch die Soldaten bestenfalls vor den Blicken des Heckenschützen schützt, aber nicht vor den Schüssen. Sie selbst können kaum etwas sehen, womit der Terror, einer unsichtbaren Bedrohung ausgesetzt zu sein, noch verstärkt wird.

John Carpenter arbeitet in THE FOG (1980; R: John Carpenter) viel mit amorphen Strukturen in Form von Nebel. Zusammen mit dem gleißenden Licht, das in dem Nebel aus einer nichtdefinierten Quelle strahlt, stellen sie zentrale Gestaltungsmittel dar. In dem titelgebenden Nebel bewegen sich die Geister von ermordeten Seeleuten auf eine Küstenstadt zu, um sich zu rächen. Der Nebel fungiert als Vorbote des Todes. Er dringt überall ein und bringt den Tod in Form von zerfledderten Geistererscheinungen mit sich. Das an sich alberne Sujet entwickelt durch ein geschicktes Spiel mit dem nicht Sichtbaren dennoch eine bedrohliche Atmosphäre und ein hohes Maß an Spannung. In den meisten Einstellungen ist nicht der gesamte Bildraum mit Nebel ausgefüllt. Er erscheint aus dem linken oder rechten Off oder aus dem Bildhintergrund und breitet sich rasch aus. Er verschluckt den Raum und die Gegenstände in ihm. Wo und wann die Geister zuschlagen, bleibt ungewiss. Die Bedrohung ist zunächst unsichtbar. Und wenn sie in Erscheinung treten, bleiben sie entweder schemenhaft, oder es sind nur Details wie Arme oder eine Hand mit einem Messer sichtbar. Was sich in dem Nebel abspielt, bleibt zum großen Teil der Fantasie des Zuschauers überlassen. Eine spezifische amorphe Erscheinung spielt in diesem Film also gewissermaßen eine Hauptrolle und wird dadurch zu einem wesentlichen Teil vieler Bildkompositionen.

Die Sichtbarkeit, die einen wesentlichen Bestandteil des Mediums Film darstellt, wird hier hintertrieben, indem die Identifizierbarkeit von Objekten und die Überschaubarkeit des Raums, der in der Regel scharf konturiert ist, verweigert wird. Die Sichtbarkeit von etwas gewährleistet eine Einschätzung und verleiht dem Blickenden eine gewisse Kontrolle. Die Bedrohung erwächst hier also aus der Unsichtbarkeit des Raums und der Figuren, die dadurch als nicht beherrschbar erscheinen.

Als weite Raumkonstruktionen lassen sich beispielsweise Einstellung 563 und 566 klassifizieren. Die Strukturen bilden eine Art Texturgradient, der in Kombination mit der Kamerafahrt vorwärts den Eindruck vermittelt, sich über eine Landschaft zu bewegen, die sich weit in die Ferne erstreckt. Durch die Verfremdungen sind auch diese Aufnahmen im Bereich des experimentellen Films anzusiedeln.

Typischer sind etwa die weiten Raumkonstruktionen in BUFFET FROID (Den Mörder trifft man am Buffet; 1979; R: Bertrand Blier) und in PANIC (2000; R: Henry Bromell). In beiden Fällen bilden

III. Typologie und Beispielanalyse

Metapher für emotinale Fremdheit und Distanz: Weite, einsame Räume in BUFFET FROID

sie sogar im Wesentlichen das Raumkonzept für den gesamten Film. In BUFFET FROID bewegen sich die Figuren über große leere Plätze oder durch weitläufige Unterführungen. In PANIC fährt der Protagonist in der ersten Sequenz auf einer langen Rolltreppe durch ein mondänes Bürohaus, dessen Treppenhaus eher an einen Flughafen oder ein Kaufhaus erinnert. Die Weitläufigkeit der Umgebung wird umso spürbarer, weil sich außer den Protagonisten keine oder nur vereinzelt Menschen dort befinden, die sich nur in großer Distanz zueinander bewegen. Der von Menschen geschaffene Lebensraum wird dadurch zu einer einsamen und letztlich lebensfeindlichen Umgebung. In BUFFET FROID wird die Handlung gegen Ende des Films zwar in die freie Natur verlegt, die Raumkonzeption ändert sich deshalb aber nicht. Auch der Bergsee mit seiner Umgebung, auf dem sich die nach etlichen Morden übriggebliebenen Figuren in

einem Ruderboot über das Wasser bewegen, stellt mit seiner großen Wasseroberfläche und den weit entfernt wirkenden Bergen einen verlassenen und einsamen Raum dar. Die Raumwirkungen beider Filme unterscheiden sich jedoch in einem wesentlichen Punkt. Blier inszeniert die Umgebung seiner Figuren als dunkel, kalt und manchmal auch als heruntergekommen. Bromell hingegen zeigt eine moderne, sonnige und saubere Stadt, die nahezu aseptisch wirkt.

So unterschiedlich beide Filme letztlich auch in ihrer Handlung sind, lässt sich doch feststellen, dass bei beiden die Ermordung von Menschen eine zentrale Rolle spielt, deren Tod allerdings als etwas Beiläufiges dargestellt wird, das keine Veränderung bei den Hinterbliebenen bewirkt. Für diese lapidare Inszenierung des Todes eignen sich weite Räume, da die geografischen Entfernungen, die sie zwischen den Figuren schaffen, zur Metapher für emotionale Fremdheit und Distanz werden.

Die weiten Raumkonstruktionen in der Lichttunnelsequenz in 2001: A SPACE ODYSSEY setzen keine Figuren ins Verhältnis zum Raum. Hier ist es der Blick des Zuschauers, der durch die Kamerafahrten vermittelt in die Weiten des Raums getragen wird. Die unmittelbare visuelle Erfahrung des Raums steht in dieser Sequenz im Vordergrund.

Schuss/Gegenschuss: Raum als montiertes, zeitliches Diskontinuum

572.-603. Einstellung (=32), Dauer: 07'27

Diese Sequenz, die unmittelbar an die Lichttunnelsequenz anschließt, ist in ihrer Einzigartigkeit und Rätselhaftigkeit längst zur filmhistorischen Legende geworden. Bowman findet sich in einem Raum wieder, der mit Möbeln im französischen Stil des 18. Jahrhunderts eingerichtet ist. Die hellen Wände und vor allem die Beleuchtung durch den Fußboden erzeugen aber eine eigentümlich sterile Atmosphäre. Das Zimmer wird zuerst durch den Blick aus der Gondel heraus sichtbar, die auf nicht nachvollziehbare Weise dorthin gelangt ist. In der vorhergehenden Einstellung war die Detailaufnahme von Bowmans Auge zu sehen, das sich mehr-

Beispielanalyse: 2001: A SPACE ODYSSEY

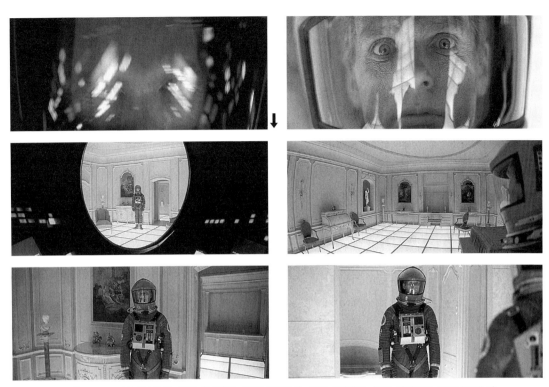

2001: Einstellungen 577 (00'06), 578 (00'05), 579 (00'06), 580 (00'05), 581 (00'31), 583 (00'11) ...

fach verfärbt hat. Auf der Tonspur kam es während dieser Einstellung zu einem deutlichen Bruch. Die hohen Töne, die gleichzeitig mit einem Grollen erklangen, wurden von hallenden Geräuschen abgelöst, von denen sich manche wie verzerrte Stimmlaute anhören. Diese Geräusche werden in der nächsten Einstellung, in der das Zimmer sichtbar ist, fortgeführt. Durch diese Verknüpfung der beiden Einstellungen auf der Ebene des Tons wird dem Zuschauer suggeriert, dass sich Bowman schon in dem Zimmer befindet, bevor es für den Zuschauer sichtbar wird.

Hier beginnt bereits die Irritation in der Darstellung der Zeit. Einerseits kam es zu einem Sprung vom Raum der duochrom gefärbten Landschaft in das Zimmer, der visuell nicht dargestellt wurde, andererseits bildet die wiederholte Detailaufnahme des Auges auf visueller Ebene das Bindeglied zwischen den beiden Sequenzen. Da das Auge zuvor wiederholt eingeblendet wurde und anschließend die Kamerafahrt durch die verschiedenen Raumkonstruktionen der Lichttunnelsequenz fortgeführt wurde, entsteht durch den plötzlichen Bewegungsstillstand in dem Zimmer eine Art Zeitvakuum. Im Grunde wird auch in der Lichttunnelsequenz mit dem Schuss/Gegenschuss-Verfahren gearbeitet, da zunächst Bowmans Gesicht, anschließend die Detailaufnahme eines Auges zwischen die rasanten Fahraufnahmen montiert ist. Hier wird der Zuschauer in identifikatorische Nähe zur Figur gesetzt: Er sieht, was Bowman sieht. Durch eine Verbindung auf der Blickachse zwischen der Figur und dem Raum, den die Kamera durchmisst, entsteht der Eindruck von raumzeitlicher Kontinuität. Auf der semantischen Ebene entsteht zusätzlich der Eindruck von Gleichzeitigkeit. Bowmans Gesicht ist durch die rasende Geschwindigkeit, der er ausgesetzt wird, verzerrt.

III. Typologie und Beispielanalyse

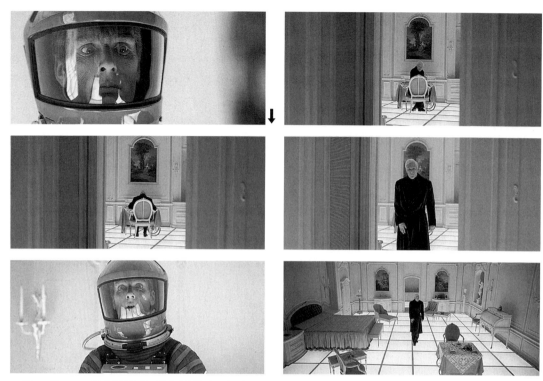

... Einstellungen 586 (00'21), 589 (00'34), 590 (00'04), 591 (01'08; 2 Fotos), 592 (00'30) ...

Der Zuschauer konstruiert aus den Einstellungen die Fahrt des Astronauten durch die Korridore, Strukturen und Landschaften.

Das Schuss/Gegenschuss-Verfahren wird anschließend weitergeführt. Zunächst sieht der Zuschauer aus der Gondel heraus in das Zimmer, worauf sich wieder eine Großaufnahme von Bowman anschließt. Die nächsten Einstellungen zeigen die Gondel in dem Zimmer aus verschiedenen Blickwinkeln, die sich aber nur geringfügig unterscheiden. Außerdem ist ab der ersten Außenaufnahme der Gondel ein Atmen zu hören. Diese Einstellungen dienen dazu, dem Zuschauer einen Eindruck von dem Zimmer zu geben, vor allem aber verlangsamt die Statik dieser Einstellungen das Tempo aus der vorhergehenden Sequenz. Weder die Kamera bewegt sich, noch bewegt sich etwas vor ihr. Wieder wird eine Großaufnahme von Bowman eingeblendet, und in der darauffolgenden Einstellung ist Bowman aus der Gondel heraus in einer Halbtotalen im Zimmer stehend zu sehen. In dieser Einstellungsfolge wird das erste Mal die Konvention des Schuss/Gegenschuss-Verfahrens durchbrochen, das bis zu dieser Sequenz auch in diesem Film konventionell verwendet wird.

Nach der bisherigen Anschluss-Logik müsste Bowman eigentlich in der Gondel sitzen, wobei sich die Kamera lediglich auf der Position befindet, von der aus er in den Raum schaut. Bowman steht aber vor der Gondel und sieht der Kamera entgegen. Eine Erklärung bietet der Film nicht. Um ein Spiegelbild kann es sich nicht handeln. Auch eine Halluzination kann nach der bisher etablierten immanenten Logik des Films nahezu ausgeschlossen werden. Noch irritierender wird es, als Bowman in der gleichen Position zunächst in einer Amerikanischen (Einstellung 579) und an-

Beispielanalyse: 2001: A SPACE ODYSSEY

... Einstellungen 593 (00'32), 595 (00'22), 596 (00'11), 597 (00'30), 598 (00'08), 601 (00'09)

schließend in Großaufnahme (Einstellung 580) erscheint, wobei an den Falten und den grauen Haaren erkennbar wird, dass er offenbar um etliche Jahre gealtert ist.

Durch einen *over shoulder shot* in der nächsten Einstellung (Einstellung 581) wird die Blickrichtung Bowmans für den Zuschauer nachvollzogen. Die Gondel, die nach dem herkömmlichen Schuss/Gegenschuss-Verfahren auf seiner Blickachse liegen müsste, ist verschwunden. Damit steigt die Wahrscheinlichkeit, dass es in diesem Zimmer nur einen Bowman gibt, der gealtert zu sein scheint. Irritierend bleibt die Gestaltung der Zeit, da durch die Verbindung auf der Blickachse Gleichzeitigkeit, oder zumindest zeitliche Nähe, suggeriert wird, die Gondel aber plötzlich verschwunden ist. Der Eindruck zeitlicher Geschlossenheit der Sequenz wird zusätzlich durch das über die Einstellungen kontinuierlich fortgeführte Atmen auf der Tonspur verstärkt.

Bowman geht um das Bett herum und betritt einen anderen Raum, in dem er sich vor einem Spiegel, so scheint es, seiner selbst vergewissert (Einstellung 585 und 586), bis er Geräusche hört, die dem Klang nach aus dem Zimmer kommen müssten, aus dem er gerade gekommen ist.

Er geht zurück und sieht durch den Türrahmen einen älteren Mann von hinten an einem Tisch sitzen (Einstellung 589). Bowman wird anschließend noch einmal in Großaufnahme gezeigt (Einstellung 590). Das Atmen verstummt mit Beginn der Großaufnahme. In der folgenden Einstellung ist wieder der ältere Mann zu sehen, der sich langsam umdreht und als Bowman auf einer noch höheren Altersstufe erkennbar wird (Einstellung 591). Er blickt in Richtung der Kamera bzw. seines jüngeren Ichs und geht ihr bzw. ihm entgegen. Er bleibt stehen und schaut sich um, scheint aber nichts Auffälliges zu bemerken. Nach der bisheri-

III. Typologie und Beispielanalyse

gen Entwicklung der Sequenz liegt die Vermutung nahe, dass der jüngere Bowman sich nicht mehr dort befindet, wo er in der vorhergehenden Einstellung noch stand.

Die folgende Einstellung stellt wieder einen Gegenschuss zur vorhergehenden dar. Jetzt wird sichtbar, dass der Bowman, der eben noch in seinem Raumanzug in das Schlafzimmer blickte, verschwunden ist (Einstellung 592). Der alte Bowman setzt sich wieder an den Tisch und isst weiter, bis er versehentlich ein Glas vom Tisch herunterstößt (Einstellung 593). Als er auf die Scherben blickt, beginnt wieder das Atmen (Einstellung 595). Er sieht sich um, und in dem anschließenden *over shoulder shot* (Einstellung 596), der wiederum einen Gegenschuss darstellt, ist ein Greis zu sehen, der in dem Bett liegt, das auch schon zuvor in dem Zimmer zu sehen war (siehe Einstellung 592). Der Greis ist gerade noch als Bowman identifizierbar. Einstellung 596 ist die einzige, in der Bowman auf zwei verschiedenen Altersstufen gleichzeitig sichtbar ist.

In der nächsten Einstellung (597) ist Bowman in Nahaufnahme von der Seite zu sehen. Er hebt die rechte Hand und zeigt in Richtung des Fußendes. Es erfolgt ein Schnitt, und in einer Halbtotalen (598), vom Kopfende des Bettes her, ist Bowman im Bett liegend zu sehen. Vor ihm steht der Monolith. Der »jüngere« Bowman, der an dem Esstisch saß, ist verschwunden.

Im Prinzip folgt nun noch eine weitere im Schuss/Gegenschuss-Verfahren inszenierte Verwandlung, mit dem Unterschied, dass keine Blickachse zwischen Figuren, oder Verkörperungen einer Figur auf verschiedenen Altersstufen, existiert, sondern auf der einen Seite ein Gegenstand steht. In der 600. Einstellung ist der Monolith in einer halbtotalen Einstellung von vorne gefilmt. Darauf folgt wieder die Aufnahme des Bettes, diesmal vom Fußende her, also exakt von der Position, auf der sich der Monolith befindet. Bowman in seiner greisenhaften Erscheinung ist verschwunden, und an seiner Stelle liegt ein Fötus in einer Fruchtblase auf dem Bett (Einstellung 601, vgl. auch Farbteil, Abb. 20).

Die Konvention des Schuss/Gegenschuss-Verfahrens, das in der Regel dazu dient, ein kohärentes Raum-Zeit-Gefüge zu suggerieren, wird in dieser Sequenz bewusst durchbrochen, um eine diskontinuierliche Raum-Zeit-Erfahrung zu konstituieren. Bowman ist nicht biologisch schneller gealtert, sondern seine Zeitwahrnehmung scheint gerafft, was ihn seinen Alterungsprozess entfremdet oder depersonalisiert erleben lässt, bis er während der Begegnung mit dem Monolithen wiedergeboren wird.

Kubrick schafft hier einen Gegensatz von Zeit, welche die Figur (und mit ihr der Zuschauer) empfindet und der Zeit, die objektiv verstreicht. Der Protagonist wird sowohl als einzige konstante als auch sich verändernde Größe dargestellt. Die Gegenstände in dem Zimmer sind in der einen Einstellung vorhanden und in der nächsten wieder verschwunden, ohne dass erkennbar wird, wo sie herkommen und wohin sie verschwunden sind. Dadurch verändert sich zwar der Raum von Einstellung zu Einstellung, aber außer Bowman bewegt sich nichts in ihm. Er wirkt so wie eine statische Größe. Das Fortschreiten der Zeit ist einzig an der Figur Bowman wahrnehmbar. Er hat also nur sich selbst als Bezugspunkt für die Wahrnehmung von Zeit, während der Raum, der ihn umgibt, zeitlos zu sein scheint. Bowman durchlebt seinen Alterungsprozess, der sich normalerweise über viele Jahre erstreckt, scheinbar in ein paar Minuten. In welcher Zeit der Alterungsprozess Bowmans tatsächlich abläuft, bleibt offen. Alle alltäglichen dynamischen Prozesse, wie der Wechsel von Tag und Nacht, an denen der Mensch sein Zeitempfinden orientiert, scheinen in diesem Raum zu fehlen. Diese Selbstbezüglichkeit führt zu einer Entfremdung, die Kubrick als Selbstbeobachtung visualisiert.

Eine vergleichbare Sequenz ist in David Lynchs MULHOLLAND DRIVE (2001; R: David Lynch) zu finden. Diane (Naomi Watts), die sich als Schauspielerin in Hollywood notdürftig über Wasser hält und an der unglücklichen Liebe zu einer Frau zu zerbrechen droht, sieht eben diese Frau plötzlich neben sich in ihrer Küche stehen. In der ersten Einstellung dieser Sequenz nähert sich die Kamera von links diagonal Diane ungefähr aus einer halbnahen Einstellungsgröße und bleibt in einer nahen Einstellung stehen. Diane dreht sich circa um 90

Beispielanalyse: 2001: A SPACE ODYSSEY

Selbstbeobachtung und derangiertes Zeitempfinden in MULHOLLAND DRIVE

Grad in Richtung Kamera, sodass sie ins linke Off schaut, wobei ihr Gesicht gut erkennbar ist. Sehnsüchtig haucht sie den Namen der Verflossenen, die in der nächsten Einstellung in derselben Einstellungsgröße erscheint. Camilla (Laura Elena Harring) schaut ins rechte Off. Die Verbindung auf der Blickachse und die Nennung ihres Namens durch Diane suggerieren einen raum-zeitlichen Zusammenhang zwischen den beiden Einstellungen. In der nächsten Einstellung ist wieder Diane zu sehen, deren verlangendes Hoffen sich in Verzweiflung zu wandeln scheint. Auch die darauffolgende Einstellung zeigt Diane, die jetzt aber exakt auf der Position steht, auf der eben noch Camilla sichtbar war, wie an der Umgebung und der Beleuchtung eindeutig erkennbar ist. Diane wendet sich von ihrem verzweifelten »Ich« ab, als wäre sie dessen überdrüssig. Entscheidend für den Eindruck eines raumzeitlichen Zusammenhangs ist auch hier die Verbindung auf der Blickachse. In der darauffolgenden Einstellung ist ein größerer Raumausschnitt zu sehen, der deutlich macht, dass es sich nicht um

III. Typologie und Beispielanalyse

Das Raum-Zeit-Kontinuum gerät aus den Fugen: ...

stellungen von Gegenwart, Erinnerung und Vorstellung unauflöslich durchdringen. Ein Mann (Giorgio Albertazzi) versucht auf einer Gesellschaft in einem barocken Schloss eine Frau (Delphine Seyrig) davon zu überzeugen, dass sie sich letztes Jahr schon einmal begegnet sind.

In einem Gespräch auf einem der endlos scheinenden Flure des Schlosses beschreibt er ihr eine Situation von ihrer letzten Begegnung. Er ist in der linken Bildhälfte in Nahaufnahme sichtbar und schaut nach rechts, während die Frau zunächst in der rechten Bildhälfte durch einen Spiegel in einer Halbtotalen erscheint. In der nächsten Einstellung ist die Frau in Nahaufnahme zu sehen, wie sie nach links schaut, sodass sich ihre Blicke auf einer Achse treffen. Die nächste Einstellung stellt den ersten raum-zeitlichen Sprung dar. Die Frau steht plötzlich mit dem Mann auf einer Balustrade und schaut auf den Schlosspark oder zu dem Mann, der in der Halbtotalen rechts im Bild steht. Beide tragen die gleiche Kleidung wie in den vorhergehenden Einstellungen. Sie ist von hinten in einer halbnahen Aufnahme gefilmt und erwidert etwas auf das, was der Mann zu ihr gesagt hat, sodass die Unterhaltung trotz des scheinbar veränderten Raum-Zeit-Gefüges, in dem sich die beiden nun befinden, nahtlos weitergeht. Daraufhin zeigt eine ähnliche Nahaufnahme wie zuvor die Frau wieder von vorne. Der Mann erzählt, wie er damals in ihr Zimmer eingedrungen ist. In der nächsten Einstellung, in der die Frau in einer Halbtotalen zu sehen ist, ohne dass sich ihre Körperhaltung oder ihr Aussehen verändert hat, wird deutlich erkennbar, dass sie nun in einem Schlafzimmer steht. Durch die vorhergehende Nahaufnahme wird suggeriert,

eine Doppelgängerin handelt. Die Handlung geht nun mit der Diane weiter, die sich an der Stelle von Camilla befindet, was die Interpretation nahe legt, dass es sich nicht um eine Halluzination oder eine Projektion handelt, sondern Lynch hier auch eine Art Selbstbeobachtung inszeniert hat, die durch ein derangiertes Zeitempfinden ausgelöst sein könnte.

Die Handlung von L'ANNÉE DERNIÈRE À MARIENBAD (Letztes Jahr in Marienbad; 1961; R: Alain Resnais) ist auf mehreren Zeit- und Vorstellungsebenen angesiedelt, wobei sich die Darstellungsebenen angesiedelt, wobei sich die Dar-

Beispielanalyse: 2001: A SPACE ODYSSEY

dass sich die Frau in ihrer Vorstellung in die von dem Mann beschriebene Situation versetzt. Nur wenn man genau hinschaut, ist an dem Hintergrund erkennbar, dass sie sich bereits in dieser Einstellung, also der Nahaufnahme, in dem Schlafzimmer »befand«. Unklar bleibt, ob sie sich tatsächlich an die Begebenheit erinnert, ob der Mann ihr diese Erinnerung einredet oder ob sie sich die Situation einfach vorstellt. Sie fleht den Mann an, sie in Ruhe zu lassen. Darauf folgt ein *over shoulder shot* über die Schulter der Frau auf den Mann, der wiederum einen Gegenschuss zu ihrem Blick aus den beiden vorhergehenden Einstellungen darstellt. Sie fährt mit ihrem Bitten fort, wodurch der Eindruck eines nahtlosen Übergangs zwischen den verschiedenen Zeitebenen oder zwischen Vorstellung und Realität wieder auf der Tonebene unterstützt wird.

Diese Einstellungsfolge ist noch komplexer als die zuvor beschriebenen Sequenzen, da sich die Erinnerungen oder Vorstellungen des Mannes mit denen der Frau zu vermischen scheinen. Das Continuity-System wird auch hier durchbrochen, da trotz der Verbindung auf der Blickachse durch die Montage verschiedene Raum-Zeit-Gefüge erzeugt werden, die ineinander übergehen und durch ihre Verschachtelung nicht mehr auseinanderzuhalten sind.

... Brüche im Continuity-System in L'ANNÉE DERNIÈRE À MARIENBAD

Bei diesen Sequenzen wird eine gleichzeitige Präsenz von Figuren und Zuständen und damit verbundenen Raum-Zeit-Zusammenhängen suggeriert, die, gemessen an der Realität, unmöglich ist. Die Gleichzeitigkeit der in den einzelnen Einstellungen gezeigten Raum-Zeit-Gefüge wird über die Blickachse der Figuren hergestellt. In manchen Fällen erscheint diese unmögliche Gleichzeitigkeit auch innerhalb einer Einstellung, wie zum Beispiel beim auf zwei Altersstufen in einem Bild sichtbaren Bowman, oder als die Frau in L'ANNÉE DERNIÈRE À MARIENBAD plötzlich in dem von dem Mann beschriebenen Raum steht. Während die Sequenz aus 2001: A SPACE ODYSSEY jedoch als Realität innerhalb der Diegese erscheint, können die beiden anderen Beispielsequenzen wenigstens zum Teil als Vorstellungen oder Träume dechiffriert werden. In allen drei Fällen gibt es keine lineare Zeitwahrnehmung.

III. Typologie und Beispielanalyse

Aufhebung gewohnter Größenverhältnisse in Jack Arnolds THE INCREDIBLE SHRINKING MAN ...

Der Raum bleibt statisch, während die Menschen, die sich in ihm bewegen, alle möglichen Zeiten erleben können.

Aufhebung vertrauter Größenverhältnisse

604.-605. Einstellung (=2), Dauer: 01'09 (vgl. Farbteil, Abb. 20, 3. und 4. Bild)

Die vorletzte Einstellung (Einstellung 604) von 2001 zeigt, wie der Fötus, der in der Literatur auch als »Sternenkind« (z.B. Nelson 1984: 184) bezeichnet wird, auf die Erde zutreibt. In Einstellung 601 erscheint er zum ersten Mal. Aus dem Größenverhältnis zu dem Bett, auf dem er liegt, lässt sich eindeutig schließen, dass er kleiner als Bowman ist. Im Verhältnis zur Erde, deren Größe dem Zuschauer im Verhältnis zu einem Menschen vertraut (wenn auch kaum vorstellbar) ist, wirkt er extrem groß. Diese Veränderung in der Größenwahrnehmung ist durch die Entfernung des Fötus zur Erde erklärbar, die wiederum nicht einschätzbar ist, weil keine Tiefenkriterien (wie Texturgradient oder ähnliches) vorhanden sind, die eine Entfernungseinschätzung ermöglichen. Trotz besseren Wissens erscheint das Sternenkind nicht viel kleiner als die Erde. Dieser Eindruck bleibt auch in der nächsten Einstellung erhalten, in welcher der Fötus vor der Schwärze des Weltalls fast den gesamten Bildraum ausfüllt.

Zusätzlich zu der Tatsache, dass Fötus und Erde die einzigen Objekte im Bild darstellen, bestärkt deren Größenähnlichkeit den Zuschauer darin, eine Verbindung zwischen den beiden Objekten zu konstruieren.

»Ähnliche Größe verbindet Dinge miteinander. Es ist fast unmöglich, etwa zwischen einer menschlichen Figur und einem großen Gebäude eine visuelle Beziehung herzustellen, wenn beide maßstabsgetreu gezeichnet sind.« (Arnheim 1978: 192)

In diesem Fall wird die Größenrelation nicht tatsächlich verändert, sondern nur durch Auslassung von Tiefenkriterien die Illusion erzeugt, dass sie verändert worden sind. Kubrick verleiht dem Sternenkind durch diese scheinbare Veränderung des Maßstabs eine stärkere Präsenz und damit, so könnte man formulieren, den Eindruck, dass es so bedeutsam und mächtig ist wie die Erde. Durch die Größe des Sternenkinds im Bildraum im Verhältnis zur Erde wird also dessen ideelle Bedeutung visualisiert.

In Jack Arnolds Filmen THE INCREDIBLE SHRINKING MAN und TARANTULA (1955) sind die Größenverhältnisse in einem profaneren Zusammenhang auf den Kopf gestellt. Im ersten Film schrumpft ein Mann, bis eine Katze und eine Vogelspinne zu gewaltigen Monstern werden; im zweiten mutiert eine Vogelspinne zu der Größe eines Hauses.

In THE INCREDIBLE SHRINKING MAN verwandelt sich die alltägliche, bürgerliche Umgebung für den schrumpfenden Protagonisten in ein bedrohli-

Zusammenfassung

... und in TARANTULA

ches Universum. Der Zuschauer adaptiert die Größenverhältnisse, die für den Protagonisten gelten, weil andere normalgroße Figuren als Vergleichsmöglichkeit in dem Film nicht mehr auftauchen: Eine Stecknadel wird zu einem Schwert, eine Streichholzschachtel zu einer Behausung etc. Erst als er noch kleiner geworden ist, kann er durch die Maschen eines Gitters aus dem Keller fliehen. So endet das Drama versöhnlich, als der Protagonist seine Freiheit wiedergewinnt, indem er klein genug wird und sich in seinem fortschreitenden Schrumpfen im Kreislauf alles Seienden aufgehoben fühlt (vgl. dazu auch Vogel 1997: 317).

In einer der wirkungsvollsten Szenen in TARANTULA greift die mutierte Spinne eine Frau an, die sich in ihrem Schlafzimmer befindet. Zunächst werden die Augen der Spinne aus dem Zimmer heraus durch ein großes Fenster sichtbar. Die Frau bemerkt die Gefahr nicht. Erst als die Spinne versucht, an die Frau heranzukommen, und damit das gesamte Haus ins Wanken gerät, ergreift sie die Flucht. Der Zuschauer sieht die Bedrohung noch in einmontierten Einstellungen in einigem Abstand vom Haus aus, sodass er die Größe der Spinne im Verhältnis zum Haus gut einschätzen kann. Die meisten Einstellungen der Sequenz sind jedoch im Schlafzimmer der Frau aufgenommen, wobei sie sich zwischen Kamera und Fenster bewegt. Das Schlafzimmer, das ein in der Regel besonders geschütztes Refugium darstellt, droht zur tödlichen Falle zu werden. Die Bedrohung geht dabei von einem eigentlich eher ungefährlichen, wenn auch angstbesetzten Tier aus, das durch den Eingriff des Menschen eine gefährliche physische Dimension erreicht.

Die letzte Einstellung von 2001 zeigt das Sternenkind, wie es sich langsam der Kamera und damit dem Zuschauer zuwendet. Der moderne Odysseus Bowman ist wieder zu seiner Heimat, der Erde, zurückgekehrt.

In dieser Einstellung vollzieht der Film eine interessante Wendung. Zunächst sieht der Zuschauer unbeteiligt zu, wie sich das Sternenkind durch das All bewegt. Indem es sich aber dem Zuschauer zuwendet und ihn ansieht, öffnet sich der filmische Raum auf den Zuschauerraum hin. Durch den Blick des Sternenkinds in die Kamera wird die Hermetik der diegetischen Welt des Films aufgebrochen. Die Vieldeutigkeit des Bildes wirft Fragen auf, die durch die Hinwendung der Figur zur Kamera direkt an den Zuschauer gerichtet werden. Der Blick des Sternenkinds appelliert an den Zuschauer, »sein Geheimnis zu meditieren« (Nelson 1984: 184).

Zusammenfassung

Nachdem in Teil II ausdifferenziert wurde, auf welche unterschiedlichen Weisen mit filmischen Mitteln Raumillusionen erzeugt werden können, stand in diesem die Ästhetik filmischer Raumkonstruktionen im Vordergrund.

III. Typologie und Beispielanalyse

Zuerst wurde eine Typologie erstellt, um Raumkonstruktionen nach ästhetischen Kriterien beschreiben zu können. Danach wurden Teile des Films 2001: A SPACE ODYSSEY von Stanley Kubrick in diese Kategorien eingeordnet.

Der Film wurde in seiner Gesamtheit betrachtet, um nachzuzeichnen, an welcher Stelle bestimmte Raumtypen bevorzugt verwendet wurden.

Am Anfang des ersten Kapitels *The Dawn of Man* herrschen leere Räume und Bühnenräume vor. Der Raum wurde als lebensfeindliches Territorium inszeniert, das seinen Bewohner notdürftig das Überleben ermöglicht. Erst mit der Entdeckung, die Umgebung für sich instrumentalisieren zu können, beginnt die Eroberung des Raums. Kubrick stellt diese Entdeckung anhand von Knochen dar, die von den Primaten als Waffen zur Jagd und zur Vertreibung ihrer Feinde verwendet werden. Der Knochen dient dabei gleichzeitig als Symbol des Todes. Der Schnitt von dem Knochen auf das Raumschiff verdeutlicht dem Zuschauer im Bruchteil einer Sekunde, dass dem Menschen die Erde nicht ausreicht und er seine Raumeroberung auf das Weltall ausdehnt.

Im zweiten Kapitel *Jupiter Mission – 18 Months Later* stehen nichteuklidische Raumkonstruktionen im Vordergrund, die häufig mit Interaktionsräumen kombiniert sind. Kubrick zeigt ausführlich das Leben in einem Raumschiff mit seinen veränderten Koordinaten. Die Aufnahmen außerhalb des Raumschiffs sind als agoraphobische und als tiefe Räume vor dem Hintergrund der Leere des Alls inszeniert. Im Gegensatz zum ersten Kapitel, in dem der Mond noch so etwas wie einen natürlichen Boden bildete, umgibt die Astronauten in der Discovery nur noch die Schwärze des Alls.

Im letzen Kapitel des Films, *Jupiter and Beyond the Infinite*, scheint die Menschheit oder, stellvertretend für sie, Bowman am Ziel angelangt zu sein. Der Planet markiert so etwas wie eine Grenze. An diesem Punkt der Reise durchmisst Bowman Räume mit unterschiedlichen Konstruktionen, die sich als Fluchten, weite und amorphe Räume einordnen lassen. Bei manchen spielt die Sogwirkung der rasanten Kamerafahrt in die Tiefe des Raums die entscheidende Rolle, dann wieder sind es rätselhafte Formen, die Assoziationen an Embryos, Spermatozoen oder Ähnliches erzeugen. Nach dieser spektakulären Fahrt durch verschiedenste Räume findet sich Bowman in einem Raum mit rätselhaften Zeitverhältnissen wieder, in dem er altert, stirbt und als eine Art Astralwesen wiedergeboren wird. Hier spielt die Montage eine wesentliche Rolle. Über sie wird die Zeit bzw. das Zeitempfinden in dem Raum maßgeblich inszeniert, indem das Schuss/Gegenschuss-Verfahren immer wieder durchbrochen wird. Da eine Figur im Mittelpunkt steht, werden hier häufig figurenzentrierte Räume verwendet. Aber auch Mischungen aus tiefen und weiten Räumen werden eingesetzt, wenn es zum Beispiel darum geht, einen Überblick über das Zimmer zu geben.

Der Film endet mit der Aufhebung vertrauter Größenverhältnisse. Der Astralfötus treibt in einer Fruchtblase auf die Erde zu, wobei der Fötus fast genauso groß wie die Erde erscheint. In der letzten Einstellung erwidert das Sternenkind den Blick des Zuschauers, indem es sich langsam zu ihm hinwendet.

Eine einheitliche Raumkonzeption ist bei 2001: A SPACE ODYSSEY also nicht festzustellen. Vielmehr scheint Kubrick die Menschheit in seiner *mythological documentary* (Kubrick zitiert nach Lehmann 1983: 590) bei ihrer Erkundung des Raums immer wieder Grenzerfahrungen durchleben zu lassen, bis sie in der Einsamkeit des Alls auf sich zurückgeworfen wird und als »erleuchtet« oder als höher geborenes Wesen zur Erde zurückkehrt.

Die Raumkategorien haben als Instrumentarium gedient, um die verschiedenen Raumkonstruktionen in diesem Film benennen zu können. Darüber hinaus konnte mit Beispielen aus anderen Filmen das Spektrum für die Möglichkeiten, die verschiedenen Raumkonstruktionen zu verwenden, erweitert werden. Dabei hat sich herausgestellt, dass es sich bei den meisten Raumkonstruktionen um Mischtypen handelt. Die Kategorien schließen sich also nicht gegenseitig aus. Im Gegenteil: Sie ergänzen sich, wobei zumeist die Ästhetik eines Typus im Vordergrund steht und Elemente anderer hinzukommen. ❑

IV. Zur Ambivalenz filmischer Raumerfahrung

Die vorliegende Arbeit schließt eine Lücke in der Filmwissenschaft: Sie erbringt eine vom filmästhetischen Material ausgehende systematische Darstellung filmischer Räume. Auf der Basis von Analysen einzelner Einstellungen und Sequenzen konnte der mechanische Bildraum in verschiedene Standard-Raumkonstruktionen kategorisiert werden. Die sich daraus ergebende Typologie ermöglicht die Differenzierung dieser Raumkonstruktionen und ihrer Elemente. Vorbereitend wurden für diese Kategorisierung die wahrnehmungspsychologischen Voraussetzungen für die Wahrnehmung von Räumlichkeit im Filmbild erörtert.

Die Systematisierung filmischer Möglichkeiten der Raumillusionierung und die Typologie filmischer Räume bilden einen Beitrag zur filmanalytischen Methodenforschung. Die dabei entwickelten Kategorien können ergänzend zu dem in der Filmwissenschaft bisher etablierten Instrumentarium herangezogen werden, um filmische Bildkompositionen zu analysieren.

Bei der Detailanalyse von 2001 – A SPACE ODYSSEY (2001 – Odyssee im Weltraum; 1968; R: Stanley Kubrick) konnten bei jeder Einstellung Elemente verschiedener Raumtypen festgestellt werden. Daraus lässt sich ableiten, dass Raumkonstruktionen im Film in der Regel Mischformen darstellen. Über die Bewegungen im Bild und durch die Montage wird die Akzentuierung der Elemente ständig verschoben, wodurch auch innerhalb einer Sequenz der Raumtyp wechseln kann. Der Raum unterliegt beim Film also einer ständigen Transformation.

Innerhalb des Bildraums kann durch Kamerabewegung, Bewegung der Objekte, Zoom, Lichtsetzung, Schärfenverlagerung etc. der Raumeindruck verändert werden. Die Montage ermöglicht in Bruchteilen von Sekunden Sprünge zwischen, zum Beispiel, klaustrophobisch engen Räumen und Räumen überwältigender Weite. Diese ständige Transformation des visuellen Raums stellt ein wesentliches Spezifikum des Films dar und erreicht mit fortschreitender technologischer Entwicklung immer neue Qualitäten. Die Computertechnologie ermöglicht simulierte Kamerafahrten, die mit einer realen Kamera nicht möglich wären. Die Entfesselung der Kamera metamorphosiert zu einer potenziellen Ubiquität der (virtuellen) Kamera. Diese sich weiterentwickelnde Spezifität des Mediums verändert auch die Raumerfahrung des Zuschauers grundsätzlich, oder präziser müsste man sagen: Sie erweitert sie. Wer hat schon einmal Schwerelosigkeit miterlebt wie in 2001: A SPACE ODYSSEY oder eine endoskopische Fahrt durch ein Gehirn erfahren wie in FIGHT CLUB (1999; R: David Fincher) außer im Kino? Wie fühlt es sich an, wenn man auf der Spitze des Empire State Building den Boden unter den Füßen verliert wie in KING KONG (2005; R: Peter Jackson)? Was literarische Texte mühsam beschreiben müssen, um im Kopf des Lesers eine Raumvorstellung zu erzeugen, wird im Film nach außen in ein Flächenbild verlagert, mit einem Grad an Realismus und dadurch einer nahezu physisch spürbaren Präsenz, die kein anderer medialer Text erreicht.

Beim Film verschränken sich ein extrem starker Realitätseindruck, den das filmische Bild erzeugt, und Indizien, die den Zuschauer die im Film dargestellte Welt als nicht wirklich erkennen lassen. Der filmische Raum ist vom Zuschauerraum physisch klar abgetrennt. Er bleibt letztlich ein vom Zuschauer konstruierter Raum. Beide Räume beeinflussen sich in einer eigentümlichen, gleichwohl begrenzten Weise. Vor allem bei Kamera-

IV. Zur Ambivalenz filmischer Raumerfahrung

fahrten wird deutlich, dass die Wahrnehmung des Zuschauers im Kino dissoziert, sich also aufspaltet. Der Körper des Zuschauers empfängt gleichzeitig zwei sich widersprechende Signale, die sich aber nicht gegenseitig aufheben oder kollabieren. Einerseits nimmt er wahr, dass er ruhig in seinem Kinosessel sitzt, andererseits erzeugt eine Kamerafahrt bis zu einem gewissen Grad gleichzeitig die Illusion, sich durch den dargestellten Raum zu bewegen. Beide Wahrnehmungen halten gewissermaßen die Balance zwischen der Illusion und dem Bewusstsein einer Illusion. Der Bühnenraum im Theater ist real präsent und imitiert mit Kulissen, die der Welt des Zuschauers angehören, eine vorzustellende Welt, das heißt, der Zuschauer muss von den Kulissen abstrahieren. Der Film dagegen erzeugt konkrete Bilder dieser vorgestellten Welt. Die Bewegung der Kamera und die Montage führen den Zuschauer auf der Ebene einer visuell gestalteten Vorstellung wie keine andere Kunst in einen illusionierten Raum. Diese Bewegung im Raum bedeutet, auch wenn sie nur illusioniert ist, eine imaginäre Bewegung des Körpers.

Auf physiologischer Ebene wird der Zuschauer durch die fiktive Welt, die der Film entwirft, also nicht nur visuell und auditiv, sondern auch kinästhetisch affiziert. Letzteres stellt aber nicht nur einfach einen zusätzlichen Aspekt bei der Untersuchung filmischen Raums dar. Vielmehr bildet die kinästhetische Wahrnehmung beim Film vermutlich, auch über Einstellungen mit Kamerabewegung hinaus, einen zentralen Bestandteil der Filmwahrnehmung im Ganzen und damit der Ästhetik des Films. Dafür spricht, dass auch bei einem Flächenbild der Eindruck von Tiefe erzeugt werden kann, die als genau solche wahrgenommen wird, ohne, wie schon gesagt, der Illusion von Räumlichkeit völlig zu verfallen.

Die ständige Transformation des Bildraums durch Bewegung und Montage erfordert eine fortdauernd neue Orientierungsleistung in einem sich wandelnden Raumgefüge. Wie die Beispielanalysen gezeigt haben, gewährleistet die Inszenierung des Raums in der Regel nicht nur eine geografische Orientierung und Zuordnung von Figuren. Über den Raum können Charakterisierungen, Wahrnehmungszustände und Beziehungsgefüge visualisiert werden. Filmemacher gestalten so eine subtile, vom Zuschauer oft nicht bewusst wahrgenommene Bedeutungsebene, die durch eine subkutane Wirkung das Filmerlebnis entscheidend prägt. Die Sequenzialität und die Informationsdichte filmischer Bilder erlauben dem Zuschauer nicht die Reflexion aller Details, sodass der Prozess der Filmrezeption durch Selektion und Zurücklassen unbearbeiteter Probleme geprägt ist. Jede neue Information muss vom Zuschauer sofort auf der raum-zeitlichen Ebene und der Ebene der Handlungslogik eingeordnet werden. Häufig erfolgt diese Einordnung erst im Nachhinein durch zusätzliche Informationen. Dabei können von den Filmemachern Irritationen auch bewusst erzeugt werden [1].

In der Regel entstehen bei jedem Film Leerstellen, die der Zuschauer in dem Vertrauen akzeptiert, dass sie zu einem späteren Zeitpunkt geschlossen werden. Das gilt auch auf der Ebene der Raumkonstruktion. Ein Einstellungswechsel, der den Zuschauer im Bruchteil einer Sekunde an einen anderen, zuvor noch nicht eingeführten Ort katapultiert und eine unmittelbare Orientierung aus diesem Grund unmöglich macht, ist nichts Ungewöhnliches. Ungewöhnlich wäre, wenn die Einordnung im weiteren Verlauf des Films nicht ermöglicht würde.

Die Möglichkeit des Films, den Raum jederzeit nahezu beliebig zu transformieren, stellt ein wesentliches Potenzial bei der Konstitution der für ihn spezifischen ästhetischen Erfahrung dar. Dieser Aspekt wird von Filmemachern sehr unterschiedlich genutzt.

Die Konstruktionen eines homogenen Raums, der dem Zuschauer vertraut ist, oder eines Raums, der über seine alltägliche Erfahrung physischer Räume hinausgeht, wurden schon erwähnt. Aber im Film werden auch Räume geschaffen, die auf anderen Realitätsebenen liegen, zum Beispiel der des Traums oder der Halluzination. Auch können sich verschiedene Wirklichkeiten durchdringen. In der letzten Sequenz von 2001: A SPACE ODYSSEY wird die Gleichzeitigkeit von Ungleichzeitigem inszeniert. Die Erfahrung eines kohärenten Raum-Zeit-Kontinuums wird damit aufgebrochen.

In David Lynchs MULHOLLAND DRIVE (2001) werden Markierungen wie der Übergang in einen

IV. Zur Ambivalenz filmischer Raumerfahrung

Traum so verschleiert, dass der Zuschauer sie in der Regel zunächst nicht wahrnimmt. Falsche Anschlüsse suggerieren eine Diskontinuität der Ereignisse und lassen Figuren auftauchen, die sich als Halluzinationen oder als Schemen einer verzerrten Selbstwahrnehmung erweisen. Der Realismus des filmischen Bildes wird zur Falle. Ihm kann nicht mehr getraut werden. Der Zuschauer wird verunsichert, weil er nicht mehr weiß, was in der diegetischen Welt des Films Realität sein soll und was nicht.

Der mechanische Raum dieser verschiedenen Ebenen unterscheidet sich nicht, sondern die Beziehungen zwischen den Personen und ihr Aussehen. Die Räume in MULHOLLAND DRIVE werden dadurch zu psychologischen Räumen, die keine zuverlässigen Referenzen einer Wirklichkeit mehr besitzen, obwohl sie sie auf der bildlichen Ebene suggerieren. Diese Fragilität einer filmisch illusionierten Realität wird immer wieder durch eine verwackelte Kamera und damit verbundene Unschärfen visualisiert. Gleichzeitig wird durch diese filmästhetischen Mittel die derangierte Psyche der Protagonistin erfahrbar. MULHOLLAND DRIVE ist ein gutes Beispiel für eine Tendenz in aktuellen, auch populären Filmen (wie etwa THE OTHERS [2001; R: Alejandro Amenábar], THE SIXTH SENSE [1999; R: M. Night Shyamalan], FIGHT CLUB), in denen die Zuverlässigkeit des Gezeigten hintertrieben wird, indem sie sich den Realitätseindruck des Filmbildes zunutze machen – und damit auch die Konvention, nach der das, was gezeigt wird, vom Zuschauer innerhalb der diegetischen Welt auch als real angenommen wird, solange es nicht entsprechend den Konventionen als Traum oder Ähnliches markiert wird.

Der Film entfesselt also erstens in zunehmender Weise die Darstellung des physischen Raums, eine Entwicklung, die auch durch neue Technologien beschleunigt wird, und er löst zweitens herkömmliche Erzählstrukturen auf, lässt die Zuverlässigkeit des Gezeigten in Frage stellen und macht damit die Grenzen der verschiedenen narrativen Räume innerhalb einer Erzählung durchlässiger.

Der sich durch die Filmgeschichte ziehende, auf theoretischer wie ästhetischer Ebene ausgetragene Streit zwischen Realismus und Illusionismus scheint endgültig zugunsten des Letzteren entschieden zu werden. Auf der anderen Seite erhält sich in Filmen wie THE BLAIR WITCH PROJECT (1999; R: Daniel Myrick / Eduardo Sanchez) eine Art fiktionaler Realismus durch einen dokumentarischen Stil. Die Low-Budget-Produktion wurde mit Handkamera auf Videomaterial gedreht. Solche Bilder sind als realistisch oder realitätsnah codiert, obwohl kaum jemand wirklich glauben wird, dass in einem amerikanischen Wald eine übernatürliche Macht ihr Unwesen treibt. Der Eindruck, bei einem sich tatsächlich ereignenden Geschehen Zeuge zu sein, stellt sich dennoch trotz besseren Wissens bis zu einem gewissen Grad durch die inszenierte Nicht-Inszenierung ein.

Die Rolle filmischer Raumkonstruktionen innerhalb unserer Alltagswirklichkeit verändert sich durch die zunehmende Unabhängigkeit des Films von den großen und schweren Apparaturen, die die Produktion und Rezeption dieser filmischen Räume früher allein möglich machten. Diese neue, technisch bedingte Flexibilität fördert eine Durchdringung von technisch illusionierten und wirklichen Räumen. Mit nahezu jedem Mobiltelefon können mittlerweile Fotos produziert werden, mit vielen auch schon kurze Videos, die wiederum an beliebigen Orten rezipiert werden können. Bei Digitalkameras entsteht auf dem Display ein Bewegungsbild, wenn der Sucher eingeschaltet wird. Die Fotografien stellen dann gewissermaßen Stills dar, die aus der auf dem Display ablaufenden filmischen Aufnahme ausgewählt werden können.

Filmische Raumkonstruktionen dringen immer mehr auch in andere mediale Texte und Kommunikationsformen ein und beanspruchen dadurch auch eine stärkere Präsenz in der Alltagswirklichkeit. Filmisches Wahrnehmen ist damit längst nicht mehr auf Kino und Fernsehen beschränkt. Die spezifisch filmischen Räume, die durch Bewegung und Montage bereitgestellt und vom Betrachter konstruiert werden, stellen einen Teil unseres Lebensraums dar. Ob und wie sich die zunehmende Präsenz filmischer Räume und die implizite Forderung, die sie an die Wahrnehmung stellen, auf die Konstruktion von realen Räumen auswirkt, muss an dieser Stelle offen bleiben. ❑

Anmerkungen

Einleitung

1 Mit Bildraum ist hier die gesamte Fläche gemeint, in der sich die filmische Darstellung abspielt. Das für den Zuschauer sichtbare Bild beim Film wird projiziert. Deshalb könnte man hier auch vom Bildformat sprechen (z.B. 2,35:1, 1,33:1), denn dieses bestimmt die Seitenverhältnisse, also letztlich die Form des Bildes – die Größe bleibt durch die Projektionstechnik variabel. Synonym dazu wird der Begriff Kadrierung verwendet.
2 Um das Thema einzugrenzen, konzentriert sich die Arbeit auf die visuellen Aspekte der Raumerfahrung. Die bedeutende Rolle des Tons für die Raumillusionierung wird jedoch im Laufe der Analyse immer wieder exemplarisch hervorgehoben, Teil II widmet dem Thema zudem einen Exkurs.

I. Stand der Forschung

1 Als Texturgradient bezeichnet man den Effekt, dass gleich weit voneinander entfernte und gleich große Objekte mit wachsender Entfernung näher zusammenzurücken scheinen. Für eine ausführlichere Beschreibung dieses Phänomens siehe Teil II, S. 53.
2 Der Begriff »Handlungssequenzialität« meint eine auf der Leinwand wahrnehmbare Zustandsveränderung. Diese kann durch den realen Eindruck einer Bewegung als unmittelbar präsent erscheinen, der Zuschauer kann sie aber auch aus einer von der Montage gesetzten Ellipse konstruieren. Geht zum Beispiel eine Person von A nach B, kann sie die Kamera den ganzen Weg begleiten, sie kann aber stattdessen in zwei aufeinanderfolgenden Einstellungen auch nur Aufbruch und Ankunft der Person zeigen. Im letzteren Fall konstruiert der Zuschauer den nicht gezeigten Teil der Bewegung. In der Regel können solche Zustandsveränderungen als Momente einer Geschichte oder eines Geschehens eingeordnet werden.
3 Ausnahmen sind die sogenannten »Stills« oder einfach Aufnahmen von Räumen oder Landschaften, in denen sich nichts bewegt. Bei solchen Darstellungen geschieht aber meistens etwas auf der Tonebene, auf der Handlung vorbereitet oder die Szenerie kommentiert wird. Bewegungslosigkeit im Film ist eine Ausnahme.
4 Wichtige Schriften dazu sind: *Dramaturgie der Film-Form*, *Perspektiven* und *Jenseits der Einstellung* aus dem Jahr 1929 (siehe Eisenstein 1988).
5 Auf die Beschreibung der anderen Methoden kann hier verzichtet werden, da sie nur Variationen darstellen, die für die Raumproblematik nicht weiter erhellend sind.
6 Es sei denn, es handelt sich bei der zweiten Aufnahme um einen Achsensprung. Die gestalterischen Details zur Raumkonstruktion durch Montage werden in Teil II, S. 86ff. diskutiert.
7 Siegfried Kracauer, der theoriegeschichtlich einer der wichtigsten Vertreter von filmischem Realismus ist, vertritt mit seinem filmtheoretischen Hauptwerk *Theorie des Films: Die Errettung der äußeren Wirklichkeit*, das 1960 zum ersten Mal erschien, denselben normativen Standpunkt, jedoch ohne sich dezidierter mit dem filmischen Raum auseinanderzusetzen. Aus diesem Grund wird seine Theorie hier nicht eigens diskutiert.
8 David Bordwell entmystifiziert CITIZEN KANE im Hinblick auf die Verwendung der von Bazin so gelobten Tiefenschärfe. Viele Einstellungen sind tricktechnisch entstanden. So ist zum Beispiel die Einstellung, in der der Selbstmordversuch von Kanes Frau entdeckt wird, mit Doppelbelichtung hergestellt worden (Bordwell 1995: 138).
9 Zum Beispiel in dem Film MICROCOSMOS – LE PEUPLE DE L'HERBE (Mikrokosmos – Das Volk der Gräser; 1995; R: Claude Nuridsany, Marie Pérennou), in dem das Leben von Insekten auf ein paar Quadratmetern Wiese gezeigt wird und der Zuschauer mit den Tieren stets auf Augenhöhe ist.
10 Siegfried Kracauer verwendet in seiner *Theorie des Films: Die Errettung der äußeren Wirklichkeit* dem Begriff der »äußeren Realität« analoge Formulierun-

MICROCOSMOS – LE PEUPLE DE L'HERBE

Anmerkungen

gen wie etwa »physische Realität« (Kracauer 1996: 389). Er und Panofsky, und Benjamin kann auch dazu gezählt werden, verfolgen mit ihren filmästhetischen Schriften ein politisches Interesse, dessen ideologische Grundlage grob als materialistisch charakterisiert werden kann. Bazin hingegen schreibt mit seiner Realismus-Theorie gegen die Marxisten der Montage-Schulen (vor allem Eisenstein) an.

11 In diesem Zusammenhang sei noch einmal auf Kracauer verwiesen, der dem Film die Möglichkeit zugesteht, durch Kamerabewegung eine Identifizierung des Zuschauers mit der Kamera zu erzeugen. Er nennt solche Techniken »›subjektive‹ Bewegungen« (Kracauer 1996: 61). Kracauer sieht darin allerdings nicht die Bestimmung des Films.

12 Bordwell nennt nur den amerikanischen Verleihtitel THE CONFRONTATION.

II. Gestaltung und Wahrnehmung filmischer Raumkonstruktionen

1 Es wird hier kein Unterschied zwischen Licht und Beleuchtung gemacht, wie zum Beispiel in den Ausführungen Arnheims (Arnheim 1978: 302ff.).

2 Die sogenannten Dogma-Filme einer Gruppe skandinavischer Regisseure, die sich einem filmischen Purismus verpflichtet fühlen, sind ohne Farbfilter gedreht, wodurch die mit natürlichem Licht aufgenommenen Bilder einen deutlichen Gelbstich erhalten.

3 Der Begriff Perspektive meint hier nicht eine den Bildraum umfassende Konstruktion wie die Zentralperspektive, sondern lediglich den Eindruck von Tiefe.

4 Das Flächenbild gleicht einer Abbildung auf der ebenso flachen Netzhaut, als würde die Bild im dargestellte Szenerie mit einem Auge gesehen und genau dieser Seheindruck als Bild festgehalten. Beim Sehen mit beiden Augen, also beim stereoskopischen Sehen, fügt der Betrachter zwei Bilder zu einem zusammen – für die Reproduktion dieses Seheindrucks wäre ein 3-D-Verfahren notwendig.

III. Der filmische Raum: Typologie und Beispielanalyse

1 Bordwell behauptet in diesem Fall zunächst die Existenz einer filmästhetischen Strömung und zieht dann einige Filme als Belege heran. Ob auf der Grundlage weniger Beispiele schon von einer Strömung gesprochen werden kann, bleibt fraglich.

2 Die Kategorien Labyrinth und Zerstörung des Raums werden in 2001: A SPACE ODYSSEY nicht verwendet. Da es sich um Ausnahmen handelt, werden diese Raumtypen nicht noch einmal gesondert diskutiert.

3 Dieses Vorgehen entstand in Anlehnung an die Methode in Jörg Tykwers Arbeit *Distanz und Nähe. Zur sozialen Konstitution ästhetischer Erfahrung. Eine soziologische Sinnexplikation der ersten Szenen des Spielfilms* ROTE SONNE.

4 In einem späteren Teil des Films sind manche Einstellungen im Weltraum ohne Ton. An gegebener Stelle wird die Thematik noch einmal aufgegriffen.

5 In der Literatur wird der Film sehr häufig in vier Teile gegliedert. Die Reise Dr. Floyds zu Clavius wird dann als ein eigenständiger zweiter Teil betrachtet (z.B. Nelson 1984: 145). Diese Einteilung ignoriert jedoch, dass Kubrick im Unterschied zu den anderen Teilen hier keine Kapitelüberschrift verwendet. Dies legt nahe, dass der mit dem Schnitt auf das Raumschiff beginnende Abschnitt des Films, ungeachtet des gewaltigen Zeitsprungs, noch *The Dawn of Man* zuzuschlagen ist. Dies ist auch im Sinne der Interpretation schlüssig, nach der die Entwicklung vom Knochen zum Raumschiff nur einen quantitativen, keinen qualitativen Fortschritt darstellt, die Menschheit sich also auch nach vier Millionen Jahren noch immer in ihrem ersten Entwicklungsstadium befindet.

6 Das Motiv des Auges wird in der Lichttunnelsequenz im letzten Kapitel des Films wieder aufgegriffen. Hier ist es ein Auge Bowmans, das sich genau in der oben beschriebenen Weise bewegt.

IV. Zur Ambivalenz filmischer Raumerfahrung

1 Auch auf der Ebene des Tons kommt es bei Filmanalysen häufig zu Überraschungen, da der Einsatz von Musik und Geräuschen entweder nicht erinnert oder falsch erinnert bzw. falsch eingeschätzt wird.

Literaturverzeichnis

Adorno, Theodor W. (1973): Ästhetische Theorie. Frankfurt/Main: Suhrkamp.
Albersmeier, Franz-Josef (Hg.) (1995): Texte zur Theorie des Films. Stuttgart: Reclam.
Arnheim, Rudolf (1978): Kunst und Sehen: Eine Psychologie des schöpferischen Auges. Neufassung. Berlin, New York: de Gruyter.
Balázs, Béla (1972): Der Film. Werden und Wesen einer neuen Kunst. Wien: Globus.
Baudry, Jean-Louis (1994): Das Dispositiv: Metapsychologische Betrachtungen des Realitätseindrucks. In: Psyche: Zeitschrift für Psychoanalyse und ihre Anwendungen, 11/1994.
Beller, Hans (1993): Aspekte der Filmmontage – Eine Art Einführung. In: H.B. (Hg.): Handbuch der Filmmontage: Praxis und Prinzipien des Filmschnitts. München: TR-Verlagsunion, S. 9-32.
– (2000): Filmräume als Freiräume. In: H.B. u.a. (Hg.): Onscreen/Offscreen. Ostfildern: Hatje Cantz.
Beller, Hans u.a. (Hg.) (2000): Onscreen/Offscreen. Grenzen, Übergänge und Wandel des filmischen Raumes. Ostfildern: Hatje Cantz.
Benjamin, Walter (1996): Das Kunstwerk im Zeitalter seiner technischen Reproduzierbarkeit. Frankfurt/Main: Suhrkamp.
Block, Bruce (2001): The Visual Story: Seeing the Structure of Film, TV, and New Media. Boston: Focal Press.
Bordwell, David (1985): Narration in the Fiction Film. Wisconsin: University of Wisconsin Press.
– (1992): Kognition und Verstehen. Sehen und Vergessen in MILDRED PIERCE. In: montage/av; 1/1/1992, S. 5-24.
– (1995): CITIZEN KANE und die Künstlichkeit des klassischen Studio-Systems. In: Ken Adam / Peter Greenaway / D.B. / Jack Lang: Der schöne Schein der Künstlichkeit. (Hg. von Andreas Rost.) Frankfurt/Main: Verlag der Autoren, S. 117-149.
– (1995a): DIE HARD und die Rückkehr des klassischen Hollywood-Kinos. In: Ken Adam / Peter Greenaway / D.B. / Jack Lang: Der schöne Schein der Künstlichkeit. (Hg. von Andreas Rost.) Frankfurt/Main: Verlag der Autoren, S. 151-201.
– (1997): Modelle der Rauminszenierung im zeitgenössischen europäischen Kino. In: D.B. u.a.: Zeit, Schnitt, Raum (Hg. von Andreas Rost). Frankfurt/Main: Verlag der Autoren, S. 17-42.
– (2001): Visual Style in Cinema. Frankfurt/Main: Verlag der Autoren.
– (2002): Das Kino als Synthese aller Künste – Filmgeschichte und Filmtheorie auf neuen Wegen. D.B. im Gespräch mit Marli Feldvoß. In: epd Film, 3/2002, S. 26-31.
Bordwell, David / Kristin Thompson (1990): Film Art. An Introduction. New York: Mc Graw-Hill Publishing Company.
Branigan, Edward (1981): The Spectator and Film Space – Two Theories. In: Screen, Vol. 22, 1/1981, S. 55-78.
– (1992): Narrative Comprehension and Film. London: Routledge.
Browne, Nick (1986): The Spectator-in-the-Text: The Rethoric of STAGE COACH. In: Philip Rosen (Hg.): Narrative, Apparatus, Ideology: A Film Theory Reader. New York: Columbia University Press, S. 102-119.
Burch, Noël (1973): Theory of Film Practice. London: Praeger Publishers, Inc.
Curtis, Robin (2004): Über die Grenzen des Körpers hinaus: Zur sinnhaften und sinnenhaften Rezeption filmischen Raums. In: Sprache und Literatur 35 (2004, 2. Halbjahr), Themenschwerpunkt: »Räume der Wahrnehmung«, S. 130-144.
Deleuze, Gilles (1997): Das Zeit-Bild. Kino 2. Frankfurt/Main: Suhrkamp.
Dunker, Achim (2001): Licht- und Schattengestaltung im Film: »Die chinesische Sonne scheint immer von unten«. München: TR-Verlagsunion.
Eisenstein, Sergej (1961): Montage 1938. In: S.E.: Gesammelte Aufsätze I. Zürich: Arche, S. 229-280.
– (1988): Das dynamische Quadrat. Schriften zum Film. Leipzig: Reclam.
– (1995): Dramaturgie der Film-Form. Der dialektische Zugang zur Film-Form. In: Franz-Josef Albersmeier (Hg.): Texte zur Theorie des Films. Stuttgart: Reclam, S. 278-307.
Eisner, Lotte H. (1980): Die dämonische Leinwand. Frankfurt/Main: Fischer.
Gallagher, Tag (2003): Max Ophüls: A New Art – But Who Notices? http://www.filmint.nu/netonly/eng/ophuls.html
Gibson, James J. (1982): Wahrnehmung und Umwelt. München: Urban & Schwarzenberg.
Godard, Jean-Luc (1971): Godard/Kritiker. Ausgewählte Kritiken und Aufsätze über Film (1950-1970). München: Hanser.
Goldstein, Bruce E. (2001): Wahrnehmungspsychologie: Eine Einführung. Heidelberg, Berlin, Oxford: Spektrum, Akad. Verl.
Gombrich, Ernst H.(1984): Bild und Auge: Neue Studien zur Psychologie der bildlichen Darstellung. Stuttgart: Klett Cotta.

– (2002): Kunst und Illusion. Berlin: Phaidon.
Gregory, Richard L. (2001): Auge und Gehirn: Psychologie des Sehens. Reinbek: Rowohlt.
Grodal, Torben (1999): Moving Pictures: A New Theory of Film Genres, Feelings, and Cognition. Oxford: Oxford University Press.
Guski, Rainer (1996): Wahrnehmen: Ein Lehrbuch. Stuttgart: Kohlhammer.
Hartmann, Britta / Hans J. Wulff (1995): Vom Spezifischen des Films. In: montage/av, 4/1/1995, S. 5-22.
– (2002): Neoformalismus – Kognitivismus – Historische Poetik des Kinos. In: Jürgen Felix (Hg.): Moderne Film Theorie. Mainz: Bender, S. 191-216.
Heath, Stephen (1981): Narrative Space. In: S.H.: Questions of Cinema. London: The Macmillan Press, S. 19-75.
Hickethier, Knut (1996): Film- und Fernsehanalyse. Stuttgart: Metzler.
– (2002): Genretheorie und Genreanalyse, Filmanalyse: PULP FICTION. In: Jürgen Felix (Hg.): Moderne Film Theorie. Mainz: Bender, S. 62-103.
Hoberg, Almut (1999): Film und Computer. Frankfurt/Main: Campus.
Hochberg, Julian / Virginia Brooks (1978): The Perception of Motion Pictures. In: Handbook of Perception, Vol. X. New York: Academic Press, S. 259-304.
Jansen, Peter W. (1983): Stanley Kubrick. München: Hanser.
Kamp, Werner / Manfred Rüsel (1998): Vom Umgang mit Film. Berlin: Volk und Wissen.
Katz, Steven D. (2000): Die richtige Einstellung: Zur Bildsprache des Films. Frankfurt/Main: Zweitausendeins.
Kersting, Rudolf (1989): Wie die Sinne auf Montage gehen: Zur ästhetischen Theorie des Kinos/Films. Basel, Frankfurt/Main: Stroemfeld / Roter Stern.
Kirchmann, Kay (2001): Stanley Kubrick. Das Schweigen der Bilder. Bochum: Schnitt, der Filmverlag.
Kracauer, Siegfried (1996): Theorie des Films. Die Errettung der äußeren Wirklichkeit. Frankfurt/Main: Suhrkamp.
Lee, David / Eric Aronson (1974): Visual Proprioceptive Control of Standing in Human Infants. In: Perception & Psychophysics; Vol. 15, 3/1974, S. 529-532.
Lehmann, Hans-Thies (1983): Die Raumfabrik – Mythos im Kino und Kinomythos. In: Karl Heinz Bohrer (Hg.): Mythos und Moderne: Begriff und Bild einer Rekonstruktion. Frankfurt/Main: Suhrkamp.
McLuhan, Marshall (1992): Die magischen Kanäle. Düsseldorf: Econ.
Merleau-Ponty, Maurice (1966): Phänomenologie der Wahrnehmung. Berlin: de Gruyter.
Metz, Christian (1972): Semiologie des Films. München: Fink.
Metzger, Wolfgang (1975): Gesetze des Sehens. Frankfurt/Main: Verlag Waldemar Kramer.

Mikunda, Christian (2002): Kino spüren: Strategien der emotionalen Filmgestaltung. Wien: WUV-Univ.-Verl.
Monaco, James (1995): Film verstehen. Reinbek: Rowohlt.
Münsterberg, Hugo (1996): Das Lichtspiel. Eine psychologische Studie [1916]. Wien: Synema.
Nelson, Thomas Allen (1984): Stanley Kubrick. München: Heyne.
Ohler, Peter (1990): Zur Begründung einer schematheoretisch orientierten kognitiven Filmpsychologie in Auseinandersetzung mit der ökologischen Wahrnehmungspsychologie von James Jerome Gibson. In: Gerhard Schumm / Hans J. Wulff (Hg.): Film und Psychologie I. Kognition – Rezeption – Perzeption. Münster: MakS Publikationen, S. 79-107.
Panofsky, Erwin (1992): Die Perspektive als »symbolische Form«. In: E.P.: Aufsätze zu Grundfragen der Kunstwissenschaft. Berlin: Wissenschaftsverlag Volker Spiess.
– (1993): Stil und Medium im Film (1947, erw. Fassung v. 1937). In: E.P.: Die ideologischen Vorläufer des Rolls-Royce-Kühlers. Frankfurt/Main: Campus, S. 19-48.
Persson, Per (2003): Understanding Cinema. A Psychological Theory of Moving Imagery. Cambridge: Cambridge University Press.
Plantinga, Carl R. / Greg M. Smith (1999): Passionate Views. Film, Cognition, and Emotion. Baltimore: John Hopkins University Press.
Reisz, Karel / Gavin Millar (1968): The Technique of Film Editing. London: Focal Press.
Restat, Jan (1999): Kognitive Kinästhetik. Die modale Grundlage der amodalen Raumkognition. Lengerich: Pabst Science Publ. (zugl.: Göttingen, Univ., Diss., 1999).
Rohmer, Eric (1980): Murnaus Faustfilm. Analyse und szenisches Protokoll. München: Hanser.
Salt, Barry (1992): Film Style and Technology. History and Analysis. London: Starword.
Schmidt, Heinrich (1982): Philosophisches Wörterbuch. Stuttgart: Kröner.
Schwan, Stephan (2001): Filmverstehen und Alltagserfahrung: Grundzüge einer kognitiven Psychologie des Mediums Film. Wiesbaden: Deutscher Universitätsverlag.
Schweitzer, Bernhard (1953): Vom Sinn der Perspektive. In: Die Gestalt: Abhandlungen zu einer allgemeinen Morphologie, Nr. 24. Tübingen: Niemeyer.
Shintani, Joyce (2003): http://www.universaledition.com/truman/en_templates/view.php3?f_id=826
Tan, Ed (1996): Emotion and the Structure of Narrative Film. Film as an Emotion Machine. Mahwah (N.J.): Erlbaum.
Thompson, Kristin (1995): Neoformalistische Filmanalyse. Ein Ansatz, viele Methoden. In: montage/av, 4/1/1995, S. 23-62.

Verzeichnis der besprochenen Filme

Tykwer, Jörg (1992): Distanz und Nähe. Zur sozialen Konstitution ästhetischer Erfahrung. Eine soziologische Sinnexplikation der ersten Szenen des Spielfilms ROTE SONNE. Diss. Frankfurt/Main.

Vogel, Amos (1997): Film als subversive Kunst. Kino wider die Tabus – von Eisenstein bis Kubrick. St. Ändra-Wördern: Hannibal.

Winkler, Hartmut (1992): Der filmische Raum und der Zuschauer: »Apparatus« – Semantik – »Ideology«. Heidelberg: Carl Winter Universitätsverlag.

Wulff, Hans J. (1999): Darstellen und Mitteilen: Elemente einer Pragmasemiotik des Films. Tübingen: Narr.

Wuss, Peter (1990): Kunstwert des Films und Massencharakter des Mediums. Konspekte zur Geschichte der Theorie des Spielfilms. Berlin: Henschel.

– (1993): Filmanalyse und Psychologie: Strukturen des Films im Wahrnehmungsprozess. Berlin: Sigma.

Zimbardo, Philip G. (1995): Psychologie. Berlin, Heidelberg: Springer.

Verzeichnis der besprochenen Filme

L'ANNÉE DERNIÈRE À MARIENBAD (Letztes Jahr in Marienbad; Frankreich/Italien 1961; R: Alain Resnais).
ASPHALT (Deutschland 1929; R: Joe May).
AUS DER FERNE (Deutschland 1989; R: Matthias Müller).
BARRY LYNDON (GB 1976; R: Stanley Kubrick).
BELLE DE JOUR (Frankreich/Italien 1967; R: Luis Buñuel).
THE BIRDS (Die Vögel; USA 1963; R: Alfred Hitchcock).
THE BLAIR WITCH PROJECT (USA 1999; R: Daniel Myrick / Eduardo Sanchez).
BLAST OF SILENCE (Explosion des Schweigens; USA 1961; R: Allen Baron).
LE BONHEUR (Glück aus dem Blickwinkel des Mannes; Frankreich 1965; R: Agnès Varda).
DAS BOOT (Deutschland 1981 / 1985 [TV-Fassung]; R: Wolfgang Petersen).
BREAKING THE WAVES (Dänemark 1996; R: Lars von Trier).
BRING ME THE HEAD OF ALFREDO GARCIA (Bring mir den Kopf von Alfredo Garcia; USA 1974; R: Sam Peckinpah).
BRONENOSEC POTJOMKIN (Panzerkreuzer Potemkin; UdSSR 1925; R: Sergej Eisenstein).
BUFFET FROID (Den Mörder trifft man am Buffet; Frankreich 1979; R: Bertrand Blier).
IL BUONO, IL BRUTTO, IL CATTIVO (Zwei glorreiche Halunken; Italien 1966; R: Sergio Leone).
DAS CABINET DES DR. CALIGARI (Deutschland 1920; R: Robert Wiene).
CAUGHT (Gefangen; USA 1949; R: Max Ophüls).
C'ERA UNA VOLTA IL WEST (Spiel mir das Lied vom Tod; Italien/USA 1968; R: Sergio Leone).
CITIZEN KANE (USA 1941; R: Orson Welles).
A CLOCKWORK ORANGE (Uhrwerk Orange; GB 1971; R: Stanley Kubrick).
CONFLICT (Konflikt; USA 1943; R: Curtis Bernhardt).
CROUCHING TIGER, HIDDEN DRAGON (Tiger & Dragon; Hongkong/Taiwan/USA 2001; R: Ang Lee).
LE DÉCLIN DE L'EMPIRE AMÉRICAIN (Der Untergang des amerikanischen Imperiums; Kanada 1986; R: Denys Arcand).
IL DESERTO ROSSO (Rote Wüste; Italien/Frankreich 1964; R: Michelangelo Antonioni).
DR. JEKYLL AND MR. HYDE (Dr. Jekyll und Mr. Hyde; USA 1931; R: Rouben Mamoulian).
EVIL DEAD II – DEAD BY DAWN (Tanz der Teufel II; USA 1987; R: Sam Raimi).
THE FEARLESS VAMPIRE KILLERS (Tanz der Vampire; GB/USA 1967; R: Roman Polanski).
FÉNYES SZELEK / THE CONFRONTATION (Ungarn 1969; R: Miklós Jancsó).
FIGHT CLUB (USA 1999; R: David Fincher).
THE FOG (USA 1980; R: John Carpenter).
FULL METAL JACKET (USA/GB 1987; R: Stanley Kubrick).
THE GOLDWYN FOLLIES (USA 1938; R: George Marshall).
HAPPINESS (USA 1998; R: Todd Solondz).
THE HULK (USA 2003; R: Ang Lee).
IN THE MOOD FOR LOVE (Hongkong 2000; R: Wong Kar-Wai).
THE INCREDIBLE SHRINKING MAN (Die unglaubliche Geschichte des Mr. C.; USA 1957; R: Jack Arnold).
IRRÉVERSIBLE (Irreversibel; Frankreich 2002; R: Gaspar Noé).
JAWS (Der weiße Hai; USA 1975; R: Steven Spielberg).
KING KONG (Neuseeland/USA 2005; R: Peter Jackson).
DER KRIEGER UND DIE KAISERIN (Deutschland 2000; R: Tom Tykwer).
DER LETZTE MANN (Deutschland 1924; R: Friedrich Wilhelm Murnau).
LOLA RENNT (Deutschland 1998; R: Tom Tykwer).
LOST HIGHWAY (USA 1997; R: David Lynch).
THE MAN WHO KNEW TOO MUCH (Der Mann, der zuviel wusste; USA 1956; R: Alfred Hitchcock).
MARTHA (Deutschland 1974; R: Rainer Werner Fassbinder).

Verzeichnis der besprochenen Filme

MARY POPPINS (USA 1964; R: Robert Stevenson).
THE MASQUE OF THE RED DEATH (Satanas – Schloss der blutigen Bestie; USA 1964; R: Roger Corman).
MICROCOSMOS – LE PEUPLE DE L'HERBE (Mikrokosmos – Das Volk der Gräser; Frankreich/Schweiz/Italien 1995; R: Claude Nuridsany, Marie Pérennou).
MONA LISA (GB 1986; R: Neil Jordan).
MR. ARKADIN (Herr Satan persönlich; Frankreich/Spanien/Schweiz 1955; R: Orson Welles).
MULHOLLAND DRIVE (USA/Frankreich 2001; R: David Lynch).
DER NAME DER ROSE (Deutschland/Italien/Frankreich 1986; R: Jean-Jacques Annaud).
NETTOYAGE À SEC (Eine saubere Affäre; Frankreich/Spanien 1997; R: Anne Fontaine).
NORTH BY NORTHWEST (Der unsichtbare Dritte; USA 1959; R: Alfred Hitchcock).
NOSFERATU – EINE SYMPHONIE DES GRAUENS (Deutschland 1922; R: Friedrich W. Murnau).
OKTJABR (Oktober; UdSSR 1928; R: Sergej Eisenstein).
ONCE UPON A TIME IN AMERICA (Es war einmal in Amerika; USA 1984; R: Sergio Leone).
THE OTHERS (Spanien/USA 2001; R: Alejandro Amenábar).
PANIC (USA 2000; R: Henry Bromell).
LA PASSION DE JEANNE D'ARC (Die Passion der Jungfrau von Orléans; Frankreich 1928; R: Carl Theodor Dreyer).
THE PERFECT STORM (Der Sturm; USA 2000; R: Wolfgang Petersen).
PULP FICTION (USA 1994; R: Quentin Tarantino).
REAR WINDOW (Das Fenster zum Hof; USA 1954; R: Alfred Hitchcock).
SE7EN (Sieben; USA 1995; R: David Fincher).
THE SEARCHERS (Der schwarze Falke; USA 1956; R: John Ford).
THE SHINING (USA 1980; R: Stanley Kubrick).
THE SIXTH SENSE (USA 1999; R: M. Night Shyamalan).
SOLARIS (UdSSR 1972; R: Andrej Tarkowskij).
SOMEBODY UP THERE LIKES ME (Die Hölle ist in mir / Eine Handvoll Dreck; USA 1956; R: Robert Wise).
STATSCHKA (Streik; UdSSR 1924; R: Sergej Eisenstein).
TALES OF TERROR (Der grauenvolle Mr. X; USA 1962; R: Roger Corman).
TARANTULA (USA 1955; R: Jack Arnold).
THE 39 STEPS (Die 39 Stufen; GB 1935; R: Alfred Hitchcock).
TOKYO MONOGATARI (Die Reise nach Tokio; Japan 1953; R: Yasujiro Ozu).
2001: A SPACE ODYSSEY (2001: Odyssee im Weltraum; GB 1968; R: Stanley Kubrick).
VERTIGO (Vertigo – Aus dem Reich der Toten; USA 1958; R: Alfred Hitchcock).
WEEK END (Weekend; Frankreich/Italien 1967; R: Jean-Luc Godard).

Index

A
Abendmahl, Das (Leonardo da Vinci) 85
Adams, Jane 90
Adorno, Theodor W. 39
Albertazzi, Giorgio 176
Also sprach Zarathustra (Richard Strauss) 131
Amenábar, Alejandro 133
Ames, Adelbert 46, 47
Annaud, Jean J. 122
ANNÉE DERNIÈRE À MARIENBAD, L' 176, 177
Antonioni, Michelangelo 35
Arcand, Denys 135
Arnheim, Rudolf 34, 36, 40, 41, 47, 55, 56, 84, 185
Arnold, Jack 48, 122, 178
Arp, Hans 40
Arquette, Patricia 44
ASPHALT 31
Atmosphères (György Ligeti) 125
AUS DER FERNE 14, 37

B
Balázs, Béla 22-32, 138
BANSHUN 140
Baron, Allen 40, 123, 126
BARRY LYNDON 68, 96, 138
Battista Alberti, Leon 79
Baudry, Jean-Louis 32
Bazin, André 15, 16, 22-32, 38, 75, 123, 184, 185
BELLE DE JOUR 135, 136
Beller, Hans 9, 88
Benjamin, Walter 16, 22-32, 185
Bernhardt, Curtis 156
BIRDS, THE 120, 165
BLAIR WITCH PROJECT, THE 183
BLAST OF SILENCE 40, 123, 126
Blier, Bertrand 169, 170
Block, Bruce 113, 118-122
Bogart, Humphrey 156
Böhm, Karlheinz 71
Bond, Ward 83
BONHEUR, LE 86
BOOT, DAS 50, 98, 128
Bordwell, David 10, 15, 16, 33, 36-39, 44, 45, 47, 55, 60, 85, 93, 95, 118, 121, 129, 184, 185
Branigan, Edward 86, 87, 89
BREAKING THE WAVES 61, 76
BRING ME THE HEAD OF ALFREDO GARCIA 158
BRING MIR DEN KOPF VON ALFREDO GARCIA 158
Bromell, Henry 169, 170
BRONENOSEC POTJOMKIN 19
Bronson, Charles 95, 144
Brunelleschi, Filippo 79
BUFFET FROID 169, 170
Buñuel, Luis 135, 136
BUONO, IL BRUTTO, IL CATTIVO, IL 148
Burch, Noël 92, 139

C
C'ERA UNA VOLTA IL WEST 53, 63, 75, 95, 102, 143, 144, 158
CABINET DES DR. CALIGARI, DAS 26, 28, 79
Carpenter, John 169
Carstensen, Margit 71
CAUGHT 76
Chang Pei-Pei 160
CITIZEN KANE 23, 24, 26, 30, 53, 119, 162, 184
CLOCKWORK ORANGE, A 66, 67, 69, 101, 120
Comingore, Dorothy 23
Comolli, Jean-Louis 32
CONFLICT 156
Corman, Roger 50, 54
Cotten, Joseph 26
CROUCHING TIGER, HIDDEN DRAGON 129, 131, 144, 148, 160
Curtis, Robin 9

D
da Vinci, Leonardo 79, 85
Day, Doris 141
De Niro, Robert 51
DÉCLIN DE L'EMPIRE AMÉRICAIN, LE 134-136
Deleuze, Gilles 140
Deneuve, Catherine 136
DESERTO ROSSO, IL 35
DR. JEKYLL AND MR. HYDE 62, 76
Dreyer, Carl Theodor 28, 31
Dullea, Keir 59
Dunker, Achim 46

E
Eichenbaum, Boris 36
Eisenstein, Sergej 15-21, 23, 37, 88, 185
ES WAR EINMAL IN AMERIKA 12, 51, 99
EVIL DEAD II – DEAD BY DAWN 65
EXPLOSION DES SCHWEIGENS 40, 123, 126

F
Fassbinder, Rainer Werner 71
FAUST – EINE DEUTSCHE VOLKSSAGE 56
FEARLESS VAMPIRE KILLERS, THE 161
FENSTER ZUM HOF, DAS 34
FÉNYES SZELEK 37
FIGHT CLUB 60, 67, 74, 77, 79, 103, 124, 181, 183
Fincher, David 48, 60, 77, 78, 124, 181
Flückiger, Barbara 94
FOG, THE 169
Fonda, Henry 95
Fontaine, Anne 70
Ford, John 83
Foucault, Michel 35
Freeman, Morgan 49
FULL METAL JACKET 169

G
Gance, Abel 23
GEFANGEN 76
Gibson, James J. 36, 48, 55-58, 87
GLÜCK AUS DEM BLICKWINKEL DES MANNES 86
Godard, Jean-Luc 69, 70, 89, 91
GOLDWYN FOLLIES, THE 87
Gombrich, E.H. 34, 36, 37, 79, 82
Grant, Cary 89
GRAUENVOLLE MR. X, DER 54
Greenstreet, Sydney 156
Gregory, Richard L. 36, 48
Grodal, Torben 120

H
HAPPINESS 90
Harring, Laura Elena 175
Hedren, Tippi 165
HERR SATAN PERSÖNLICH 81
Hitchcock, Alfred 34, 68, 87, 89, 116, 120, 141, 164, 165
Hochberg, Julian 36
HÖLLE IST IN MIR, DIE 90
HULK, THE 92

I
IN THE MOOD FOR LOVE 165
INCREDIBLE SHRINKING MAN, THE 48, 122, 178
IRRÉVERSIBLE 75, 76

J
Jackson, Peter 181
Jancsó, Miklós 37
JAWS 68, 164
Jordan, Neil 81

K
KING KONG 181
KONFLIKT 156
Kracauer, Siegfried 184, 185
KRIEGER UND DIE KAISERIN, DER 109, 152
Kubrick, Stanley 10, 13, 35, 40, 43, 44, 61, 64, 66, 68, 96, 114, 115, 120, 122, 138, 169, 180, 181
Kuleschow, Lew 20-23

L
Laban, Rudolf von 55
Lee, Ang 92, 129, 148
Leone, Sergio 12, 51-53, 143, 148
LETZTE MANN, DER 60
LETZTES JAHR IN MARIENBAD 176, 177
Ligeti, György 125, 140, 167
Lloyd, Danny 65
LOLA RENNT 155
LOST HIGHWAY 44, 97
Lovitz, Jon 90
Lumière, Auguste 59
Lumière, Louis 59
Lynch, David 44, 174, 183

M
Magee, Patrick 69
Mamoulian, Rouben 62
MAN, WHO KNEW TOO MUCH, THE 106, 116, 141
MANN, DER ZUVIEL WUSSTE, DER 106, 116, 141
Marshall, George 87
MARTHA 71, 75
MARY POPPINS 46
MASQUE OF THE RED DEATH, THE 50, 99
May, Joe 31
Mayne, Ferdy 161
McDowell, Malcolm 66, 120
McGowran, Jack 161
McLuhan, Marshall 31

Index

Meat Loaf 74
MEMENTO 13
MICROCOSMOS – LE PEUPLE DE L'HERBE 184
MIKROKOSMOS – DAS VOLK DER GRÄSER 184
MONA LISA 81
MÖRDER TRIFFT MAN AM BUFFET, DEN 169, 170
Morricone, Ennio 64, 95
MR. ARKADIN 81
MULHOLLAND DRIVE 174, 183
Müller, Matthias 14
Mulvey, Laura 35
Murnau, Friedrich Wilhelm 44, 56, 60
Myrick, Daniel 183

N

NAME DER ROSE, DER 122
NETTOYAGE À SEC 70, 71
39 STUFEN, DIE 87
Newman, Paul 90
Nicholson, Jack 62
Noé, Gaspar 75
Nolan, Christopher 13
NORTH BY NORTHWEST 34, 89, 92, 108
Norton, Edward 74
NOSFERATU – EINE SYMPHONIE DES GRAUENS 44, 91, 93
Nuridsany, Claude 184

O

O'Neal, Ryan 68
Ohler, Peter 58
OKTJABR 16, 20
OKTOBER 16, 20
ONCE UPON A TIME IN AMERICA 12, 51, 99
Ophüls, Max 76
OTHERS, THE 183
Ozu, Yasujiro 130, 141

P

Paech, Joachim 9
PANIC 169, 170
Panofsky, Erwin 16, 22-34, 79-83, 185

PANZERKREUZER POTEMKIN 19
PASSION DE JEANNE D'ARC, LA 28, 31
PASSION DER JUNGFRAU VON ORLÉANS, DIE 28, 31
Peckinpah, Sam 158
Pérennou, Marie 184
PERFECT STORM, THE 163
Persson, Per 113, 115, 116
Petersen, Wolfgang 50, 128, 163
Pitt, Brad 49
Plantinga, Carl R. 120
Platon 32
Pleynet, Marcelin 32
Polanski, Roman 161
Potente, Franka 155
Price, Vincent 54
Pudowkin, Wsewolod I. 11, 14, 15, 20-22, 26, 37, 87, 93
Pullman, Bill 44
PULP FICTION 12, 138

R

Raimi, Sam 65
REAR WINDOW 34
REISE NACH TOKIO, DIE 130, 141
Requiem (György Ligeti) 167
Resnais, Alain 176
Rohmer, Eric 56, 57
ROTE WÜSTE 35
Rubin, Edgar J. 40

S

Salt, Barry 59
Sanchez, Eduardo 183
SATANAS – SCHLOSS DER BLUTIGEN BESTIE 50, 99
SAUBERE AFFÄRE, EINE 70, 71
Scheider, Roy 68, 164
Schklowski, Wiktor 36
Schreck, Max 91
Schröder, Greta 91
Schwan, Stephan 121
SCHWARZE FALKE, DER 83

Schweitzer, Bernhard 79
SE7EN 48
SEARCHERS, THE 83
Seyrig, Delphine 176
SHINING, THE 13, 35, 40, 62, 65, 100, 122
Shyamalan, M. Night 183
SIEBEN 48
SIXTH SENSE, THE 183
Smith, Greg M. 120
SOLARIS 56, 65, 98, 123
Solondz, Todd 90
SOMEBODY UP THERE LIKES ME 90
Spacey, Kevin 49
SPÄTER FRÜHLING 140
SPIEL MIR DAS LIED VOM TOD 53, 63, 75, 95, 102, 143, 144, 158
Spielberg, Steven 68, 164
STATSCHKA 16, 20
Stevenson, Robert 46
Stewart, James 116, 117
Strauss, Richard 131
STREIK 16, 20
STURM, DER 163

T

TALES OF TERROR 54
Tan, Ed 120
TANZ DER TEUFEL II 65
TANZ DER VAMPIRE 161
Tarantino, Quentin 12, 138
TARANTULA 178, 179
Tarkowski, Andrej 56, 65, 123
39 STEPS, THE 87
Thompson, Kristin 36, 58, 60, 95
TIGER & DRAGON 129, 131, 144, 148, 160
TOKYO MONOGATARI 130, 141
Trier, Lars von 61
2001: A SPACE ODYSSEY 10, 13, 30, 43, 53, 59, 61, 64, 76, 88, 96, 104, 105, 107, 109-112, 114-116, 121, 122, 124-182
Tykwer, Tom 152, 155
Tynjanow, Juri 36

U

UHRWERK ORANGE 66, 67, 69, 101, 120
UNGLAUBLICHE GESCHICHTE DES MR. C., DIE 48, 122, 178
UNSICHTBARE DRITTE, DER 34, 89, 92, 108
UNTERGANG DES AMERIKANISCHEN IMPERIUMS, DER 134-136

V

van der Kooij, Fred 9
Varda, Agnès 86
VERTIGO 68, 164
Virilio, Paul 35
VÖGEL, DIE 120, 165

W

Wangenheim, Gustav von 91
Watts, Naomi 174
Wayne, John 84
WEEK-END 69
WEISSE HAI, DER 68, 164
Welles, Orson 23, 26, 53, 81, 119
Wiene, Robert 26
Winkler, Hartmut 15, 16, 32-36, 38, 78
Wise, Robert 90
Wölfflin, Heinrich 118
Wong Kar-Wai 165
Woods, James 52
Wulff, Hans J. 114
Wuss, Peter 87

Y

Yeoh, Michelle 129

Z

Zhang Ziyi 160
ZWEI GLORREICHE HALUNKEN 148
2001: ODYSSEE IM WELTRAUM 10, 13, 30, 43, 53, 59, 61, 64, 76, 88, 96, 104, 105, 107, 109-112, 114-116, 121, 122, 124-182

Reihe *film* : »Die derzeit beste deutsche Filmbuchreihe« (FAZ)

Fischer / Körte / Seeßlen
QUENTIN TARANTINO. film : 1
17 x 22 cm, ca. 320 S., 400 Fotos
5. Auflage in Vorbereitung (ca. 2008)
»Bestes Filmbuch« epd Film, 2005

Peter Körte / Georg Seeßlen (Hg.)
JOEL & ETHAN COEN. film : 2
17 x 22 cm, 320 S., 617 Fotos
vergriffen!
»Bestes Filmbuch« epd Film, 1999

Lars-Olav Beier / Robert Müller (Hg.)
ARTHUR PENN. film : 3
17 x 22 cm, 320 S., 580 Fotos
vergriffen!

Lars-Olav Beier / Georg Seeßlen (Hg.)
ALFRED HITCHCOCK. film : 7
17 x 22 cm, 480 S., 1678 Fotos
ISBN 978-3-929470-76-5

Thomas Elsaesser
R. W. FASSBINDER. film : 9
17 x 22 cm, 536 S., 282 Fotos
ISBN 978-3-929470-79-6

Rolf Aurich / Stefan Reinecke (Hg.)
JIM JARMUSCH. film : 10
17 x 22 cm, 304 S., 511 Fotos
ISBN 978-3-929470-80-2

Georg Seeßlen
MARTIN SCORSESE. film : 6
17 x 22 cm, 576 S., 1063 Fotos
ISBN 978-3-929470-72-7
»Bestes Filmbuch« epd Film, 2004

Frank Schnelle (Hg.)
DAVID FINCHER. film : 11
17 x 22 cm, 272 S., 774 Fotos
ISBN 978-3-929470-81-9

Sabine Horst (Hg.)
ROBERT DE NIRO. film : 12
17 x 22 cm, 280 S., 498 Fotos
ISBN 978-3-929470-82-6

Ralph Eue / Linda Söffker (Hg.)
AKI KAURISMÄKI. film : 13
17 x 22 cm, 224 S., 207 Fotos
ISBN 978-3-929470-89-5
»Bestes Filmbuch« epd Film, 2006

G. Landsgesell / A. Ungerböck (Hg.)
SPIKE LEE. film : 14
17 x 22 cm, 304 S., 242 Fotos
ISBN 978-3-929470-87-1

Marli Feldvoß, Marion Löhndorf u.a.
MARLON BRANDO. film : 15
17 x 22 cm, 336 S., 588 Fotos
ISBN 978-3-929470-86-4

---

www.bertz-fischer.de

Bertz + Fischer, Wrangelstr. 67, 10997 Berlin
Tel. 030 / 6128 67 41, Fax 030 / 6128 67 51
mail@bertz-fischer.de

BERTZ + FISCHER